FSC
www.fsc.org

MIX

Papier aus ver-
antwortungsvollen
Quellen
Paper from
responsible sources

FSC® C105338

MORD, MAGIE UND WIRRE TRÄUME

DIE DUNKLE SEITE DER PFLANZEN

Dr. Hans W. Kothe

Impressum

Bibliografische Information der Deutschen Nationalbibliothek:
Die Deutsche Nationalbibliothek verzeichnet diese Publikation in
der Deutschen Nationalbibliografie; detaillierte bibliografische Daten
sind im Internet über http://dnb.dnb.de abrufbar.
© 2022 Dr. Hans W. Kothe

© 2022 Dr. Hans W. Kothe
Herstellung und Verlag: BoD – Books on Demand, Norderstedt
ISBN: 9783754384176

INHALT

I

IV

EINFÜHRUNG

Und Gott sprach: Seht da, ich habe euch gegeben allerlei Kraut, das sich besamt, auf der ganzen Erde und allerlei fruchtbare Bäume, die sich besamen, zu eurer Speise ...   1. Mose 1, 29[1]

Ohne Pflanzen geht wenig auf dieser Erde, was vor allem daran liegt, dass diese etwas können, wozu die meisten anderen Lebewesen nicht in der Lage sind. Gemeint ist die Fotosynthese, also die Fähigkeit, mithilfe der Sonnenenergie aus Kohlendioxid und Wasser organische Substanzen herzustellen und diese anschließend zu speichern. Von der auf diese Weise entstehenden Biomasse leben dann die unterschiedlichsten Tiere, ebenso wie Pilze und viele Mikroorganismen, die alle zum Leben notwendigen Nährstoffe mit ihrer Nahrung aufnehmen müssen. Und das gilt natürlich auch für den Menschen, für den Pflanzen aber schon immer mehr waren, als nur ein unverzichtbarer Bestandteil ihrer Nahrung. So wurden sie außerdem für den Bau von Behausungen genutzt, aber auch, um Feuer zu machen oder Kleidung daraus herzustellen.

Allerdings ist die Nutzung von Pflanzen für Nahrungszwecke nicht ganz unproblematisch, denn es gibt bekanntlich Arten, deren Verzehr schwere körperliche Schäden oder sogar den Tod verursachen können. Unsere Vorfahren haben sich über den Grund dieser Eigenschaften vermutlich wenig Gedanken gemacht, aber heute weiß man, dass diese Inhaltsstoffe dazu dienen, die entsprechenden Pflanzen vor Fressfeinden schützen. Natürlich ist ein solcher Schutz keine geplante Strategie, sondern es handelt sich bei den Substanzen oft um Nebenprodukte des Stoffwechsels, bei denen die Evolution im Verlauf von Jahrtausenden dafür gesorgt hat, dass sie dort abgelagert werden,

11

wo sie wenig Schaden anrichten können, etwa in den Zellvakuolen. Im einfachsten Fall handelt es sich dabei um ungenießbare Substanzen, etwa Bitterstoffe, wie sie beispielsweise Enziane (*Gentiana*) besitzen, die den Geschmack so sehr verschlechtern, dass die meisten Tiere sie verschmähen. Bei anderen Arten sind es dagegen starke Gifte, die Fressfeinde nicht nur abschrecken, sondern sogar töten können.

Sehr gut geschützt sind dabei häufig die Samen, denn sie sind für die Verbreitung und damit für das Überleben einer Art besonders wichtig. So bilden viele Rosengewächse (Rosaceae), darunter die Bittermandel (*Prunus dulcis* var. *amara*), so gefährliche Toxine, dass schon der Verzehr weniger Samen auch beim Menschen tödliche Vergiftungen verursachen kann. Grund dafür ist, dass sie Amygdalin enthalten, eine Substanz, die während des Verdauungsprozesses zu Cyanwasserstoff, also Blausäure umgewandelt wird, die den typischen Bittermandelgeruch besitzt und deren Kaliumsalz das berüchtigte Zyankali ist. Aber auch die Kerne anderer Steinobstfrüchte, etwa Aprikose oder Pfirsich enthalten in kleineren Mengen Blausäure. Der Schlafmohn (*Papaver somniferum*) hat ebenfalls gut geschützte Samen, denn der giftige Milchsaft, den man in getrocknetem Zustand Opium nennt, ist in der Samenkapsel besonders hoch konzentriert. Und dieser Schutz ist für einjährige Pflanzen wie Mohn besonders wichtig, weil sie nur durch ihre Samen den Winter überleben.

Auch wenn unsere frühen Vorfahren über solche Zusammenhänge nichts wussten, war eine gute Kenntnis über die essbaren und giftigen Kräuter, Sträucher und Bäume ihres Lebensraumes dennoch sehr wichtig, denn sie konnte schließlich über Leben und Tod entscheiden. Man kann annehmen, dass sich die Menschen dieses Wissen zumeist durch sicher manchmal schmerzhaftes Ausprobieren aneigneten. Aber vor allem bei der Erkennung giftiger Pflanzen könnte auch die Beobachtung von Tieren eine Rolle gespielt haben. So kann man auch heute noch beobachten, dass Weidetiere wie Schafe, Rinder oder Pferde gelernt haben, welche Pflanzen als Nahrung ungeeignet sind, sodass sie diese nicht fressen. Das gilt zum Beispiel für das giftige Jakobs-Kreuzkraut (*Senecio jacobaea*), das zumeist unberührt auf der Weide stehen bleibt, während andere, um die giftige Pflanze herumstehende Kräuter abgefressen werden. Notwendig war es aber auch, dass die Menschen lernten, die entsprechenden Pflanzen später sicher wiederzuerkennen. Außerdem war es wichtig, das neue Wissen nicht nur in der Gruppe zu teilen, sondern auch an nachfolgende Generationen weiterzugeben.

Natürlich gibt es aus der Frühphase der menschlichen Existenz nur wenige Informationen darüber, was unsere Vorfahren genau über die unterschiedlichen Eigenschaften der in ihrem Lebensraum wachsenden Pflanzen wussten. Man kann aber davon ausgehen, dass sie relativ schnell gemerkt haben, dass es Pflanzen gibt, die nicht nur den Hunger stillen, sondern eine wohltuende Wirkung auf das körperliche Befinden haben oder sogar bestimmte Beschwerden lindern können, während andere das genaue Gegenteil bewirken. Anschließend wird es dann wohl auch nicht mehr lange gedauert haben, bis jemand auf die Idee gekommen ist, Giftpflanzen für die Jagd einzusetzen oder bei kriegerischen Auseinandersetzungen. Und vermutlich haben einige Menschen auch schon bald die Möglichkeit erkannt, mithilfe von Pflanzen unliebsame Zeitgenossen aus dem Weg zu räumen. Daher ist die Beschäftigung mit Giftpflanzen auch immer so etwas wie eine Beschäftigung mit der Geschichte des Verbrechens.

Eine ganz besondere Erfahrung der damaligen Menschen muss es aber gewesen sein, als sie auf Pflanzen mit halluzinogenen Inhaltsstoffen stießen, deren Konsum ihnen etwas Unglaubliches zu ermöglichen schien. Denn die teilweise fantastischen und irrealen Bilder, die ihnen das Gehirn nach dem Konsum psychoaktiver Pflanzen vorgaukelte, konnten sie sich nur so erklären, dass es ihnen gelungen war, in die Welt übernatürlicher Mächte vorzudringen.

Und dies muss Ihnen wie ein wahrer Glücksfall vorgekommen sein. Schließlich waren die Menschen über Jahrtausende davon überzeugt, dass gute und böse Mächte praktisch alle Bereiche ihres Lebens bestimmten. So hatten sie beispielsweise Einfluss darauf, ob eine Jagd erfolgreich war oder ob man vor Angriffen gefährlicher Tiere verschont blieb, sie konnten aber auch beim Auftreten von Krankheiten ihre Finger im Spiel haben. Zwar behandelten die Menschen leichtere Beschwerden mit Kräuterarzneien, aber wenn es sich um Fälle handelte, bei denen sich die Symptome nicht ohne Weiteres erklären ließen oder alle Behandlungsversuche keinen Erfolg brachten, machte man häufig eine Störung der Harmonie zwischen der physischen und der Geisterwelt dafür verantwortlich. So glaubte man, ein Erkrankter habe möglicherweise ein Tabu gebrochen oder den Ärger der Geisterwelt durch ein anderes Fehlverhalten heraufbeschworen, und die Krankheit sei nun die Strafe. Daher gab es in solchen Fällen auch keine andere Möglichkeit, als zu versuchen, die überirdischen Kräfte zu besänftigen. Und wenn das gelang, konnte man vielleicht erfahren, ob es doch noch Abhilfe gab und wie man diese erreichen konnte.

Vor allem bei sehr ursprünglich lebenden Bewohnern abgelegener Regionen Südamerikas, die immer noch wenig Kontakt mit der Außenwelt haben, sind derartige Praktiken bis heute üblich. Daher wissen wir auch, wie solche Rituale in etwa abgelaufen sein könnten. Hergestellt werden die Kontakte mit der Geisterwelt zumeist durch einen Schamanen, der nicht nur wusste, welche Pflanzen ihn in einen Zustand versetzen, in dem er glaubte, mit der Geisterwelt kommunizieren zu können, sondern der auch in der Lage war, die Pflanzen so zu dosieren, dass es nicht zu einer tödlichen Vergiftung kam. Und augenscheinlich ist es den Menschen in vielen Regionen der Erde gelungen, Pflanzen für solche Zwecke zu finden und einzusetzen, wobei in den unterschiedlichen Kulturen verschiedene Arten zum Einsatz kamen, deren Wirkung aber vergleichbar ist.

Sehr frühe Hinweise auf eine Nutzung von Pflanzen, die nicht allein der Nahrungsaufnahme dienten, hat man bei der Untersuchung rund 50.000 Jahre alter Skelette von Neandertalern, den vor etwa 30.000 Jahren ausgestorbenen Verwandten des heutigen Menschen gefunden. So ließen sich in ihren Zähnen hohe Konzentrationen von Substanzen nachweisen, die man typischerweise in Heilpflanzen findet, vor allem Azulen- und Cumarinverbindungen. Diese sind beispielsweise in Schafgarben (*Achillea*) oder Kamille (*Matricaria*) reichlich vorhanden, beides Pflanzen mit einem eher bitteren Geschmack, die zudem nicht sehr nahrhaft sind. Daher glaubt man auch, dass sie nicht der Ernährung, sondern medizinischen Zwecken gedient haben.

Bei der Ausgrabung jungsteinzeitlicher Siedlungen in Mitteleuropa hat man ebenfalls Hinweise auf eine frühe Verwendung von Heilkräutern gefunden. So ließen sich dort zwischen dem üblichen Hausrat, der über die Jahrtausende erhalten geblieben ist, auch Samen von typischen Heilpflanzen wie Holunder (*Sambucus*) oder Schlehdorn (*Prunus spinosa*) nachweisen, und zwar in Mengen, die auf eine Vorratshaltung der Kräuter hindeuten könnten. Daher nimmt man an, dass Heilkräuter spätestens zu dieser Zeit im täglichen Leben unserer Vorfahren eine größere Rolle gespielt haben.

Zunächst wurden die Kenntnisse über Pflanzen mit einer bestimmten Wirkung sicher ausschließlich mündlich von Generation zu Generation weitergegeben. Aber aus der Zeit vor etwa 4000 bis 5000 Jahren sind dann erste, wenn auch sehr vereinzelte schriftliche Belege in Keilschrift über den Einsatz von Kräutern bei der Behandlung unterschiedlicher Krankheiten erhalten geblieben. Allerdings handelt es sich dabei überwiegend um kurze Erwähnungen einzelner Pflanzen und knappe Angaben zu ihrer Verwendung, die wenig Rückschlüsse auf den wirklichen Umfang ihrer Benutzung zulassen.

Das änderte sich mit dem sogenannten *Papyrus Ebers*, einer ägyptischen Papyrusrolle aus dem 16. Jhdt. v. Chr., die nach dem deutschen Ägyptologen Georg Ebers (1837-1898) benannt wurde, der die aus einer Raubgrabung nahe Luxor stammende Kostbarkeit 1873 im Auftrag der Stadt Leipzig für eine beträchtliche Geldsumme erworben hatte. Der *Papyrus Ebers* enthält auf über 18,63 Metern insgesamt 879 Einzeltexte, von denen sehr viele Anwendungen aus der ägyptischen Heilkunde betreffen. Dabei werden auch zahlreiche Heilkräuter erwähnt, und es gibt eine Reihe von Anweisungen zur Behandlung von Erkrankungen des Verdauungstraktes, der Augen oder der Haut, wie auch Hinweise zur Bekämpfung von Parasiten oder Linderung von Zahnbeschwerden. Außerdem beschäftigt sich der *Papyrus* mit Empfängnisverhütung und gynäkologischen Beschwerden, beschreibt aber auch, wie man Verbrennungen, Abszesse oder Knochenbrüche behandelt.

Erwähnt werden außerdem das Bilsenkraut (*Hyoscyamus*), eine Pflanze mit halluzinogenen Inhaltsstoffen und der Schlafmohn, aus dem sich bekanntlich Opium und andere Wirkstoffe gewinnen lassen. Vermutlich wusste man zu dieser Zeit aber auch schon, dass eine klare Abgrenzung zwischen Heil- und Giftpflanzen nicht möglich ist, weil es fließende Übergänge gibt, was einer der berühmtesten Ärzte des Mittelalters, Paracelsus (1493–1541) später so zusammenfasste: *Alle Dinge sind Gift, und nichts ist ohne Gift; allein die Dosis machts, dass ein Ding kein Gift sei.*[2]

Insgesamt muss die gesamte medizinische Versorgung der Menschen im alten Ägypten bereits ziemlich umfassend gewesen sein, denn vor allem griechische Geschichtsschreiber, aber auch

Reiseberichte aus jener Zeit erwähnen übereinstimmend die große Zahl von Ärzten, die es dort gegeben habe, wobei viele von Ihnen sogar auf bestimmte Leiden spezialisiert gewesen seien. Doch selbst in einer hoch entwickelten Gesellschaft wie der ägyptischen zur Pharaonenzeit war man weiterhin überzeugt, dass es sich bei vielen Krankheiten, besonders solchen, deren Symptome man nicht ohne Weiteres erklären konnte oder die einen dramatisch schlechten Verlauf nahmen, um eine göttliche Bestrafung handelte.

Daher gibt es im *Papyrus Ebers* neben den Heilkräuterrezepturen auch noch zahlreiche Beschwörungsformel, mit deren Hilfe bestimmte Gottheiten oder andere überirdische Mächte um Unterstützung bei der Heilung gebeten wurden. Dies geschah durch Gebete, Reinigungszeremonien, Besänftigungsrituale oder Opfergaben, sodass die Ärzte jener Zeit nicht nur über medizinische Kenntnisse verfügen, sondern auch noch Zaubersprüche und magische Beschwörungsformeln kennen mussten, die für eine erfolgreiche Behandlung unerlässlich waren. Daher heißt es im *Papyrus Ebers* auch: *Wirksam ist der Zauber zusammen mit dem Heilmittel, wirksam ist das Heilmittel zusammen mit dem Zauber.*[3]

Mit der Entstehung der antiken Hochkulturen im Mittelmeerraum begann sich die Heilkunde dann aber langsam aus der Welt der Magie und des Übernatürlichen zu lösen. Für diesen Wandel steht vor allem ein Name: Hippokrates von Kos, der um 460-377 v. Chr. lebte und oft als „Vater der Medizin" bezeichnet wird. Anders als die meisten seiner Vorgänger betrachtete er Krankheiten als natürliche und nicht als übernatürliche Phänomene, sodass er bei der Behandlung auch auf rituelle Zeremonien oder Zauberformeln verzichtete. Nicht zuletzt durch das Wirken dieses berühmten Arztes, entstanden in den folgenden Jahrhunderten in Griechenland und Rom dann auch die ersten größeren Abhandlungen zur Heilkunde. Eine davon ist die *Naturalis historia* von Plinius dem Älteren, einem römischen Gelehrten, der etwa von 23-79 n. Chr. lebte. Bei seinem Werk handelt es sich um eine umfassende Enzyklopädie aus 37 Bänden, in der das naturkundliche Wissen er damaligen Zeit zusammengefasst war.

Aus dieser Zeit stammt auch die *Materia medica* des griechischen Arztes Pedanios Dioskurides, der heute als der berühmteste Pharmakologe des Altertums gilt. Er war viele Jahre unter den römischen Kaisern Claudius (10 v. Chr. bis 54 n. Chr.) und Nero (37-68 n. Chr.) Militärarzt und verfasste in dieser Zeit auch sein umfangreiches Werk, dessen Titel übersetzt etwa „Über Heilmittel" bedeutet. Darin wurden bereits mehr als 800 Pflanzen erwähnt, die für die unterschiedlichsten Behandlungen eingesetzt werden konnten, wobei das Werk aber nicht nur eine Beschreibung der jeweiligen Pflanze und ihrer Wirkung enthielt, sondern auch Angaben über die genaue Zubereitung und manchmal sogar Ratschläge zur richtigen Lagerung. Außerdem waren häufig Hinweise zur Herkunft der einzelnen Kräuter angegeben, denn zu dieser Zeit bestand bereits ein reger Handel zwischen Europa, dem Nahen Osten, Indien und anderen Regionen Asiens, sodass einige der damals angewendeten Heilkräuter aus weit entfernten Regionen stammten. Und natürlich äußerte sich Dioskurides auch zu Giftpflanzen, denn er schreibt:

Die Vorbeugung gegen Gifte ist schwierig, weil die, welche heimlich Gift geben, es so anstellen, dass auch die Erfahrensten getäuscht werden. Die Bitterkeit nehmen sie den Giften dadurch, dass sie Süßes hinzufügen, und den schlechten Geruch decken sie durch Duftmittel. Sie mischen Gifte auch Arzneimitteln hinzu, die, wie sie wissen, zu Gesundungszwecken gegeben werden ... Sie tun sie in Getränke, in Wein, Suppen, in Honigwasser, in Linsengerichte und anderes, was essbar ist.[4]

Und er wusste wohl, wovon er sprach, denn es heißt, im antiken Rom seien Giftmorde nicht gerade selten gewesen. Aber auch für die Vollstreckung von Todesurteilen wurden Pflanzengifte verwendet, ebenso wie für militärische Zwecke, etwa zur Vergiftung von Pfeilen, Speeren und Schwertern, sodass selbst kleine Wunden tödliche Folgen haben konnten. In der *Materia medica* kann man außerdem etwas über die Gewinnung von Opium nachlesen und es gibt zahlreiche Rezepte, die angeben, wofür und wie sich die Droge anwenden ließ. Die *Materia medica* war aber nicht nur das wichtigste Heilkräuterbuch ihrer Zeit, sondern sie galt in Europa sogar bis zum 17. Jahrhundert als Standardwerk und wurde im Laufe der Jahre in zahlreiche andere Sprachen übersetzt.

Beträchtlichen Einfluss auf die Entwicklung der Pflanzenheilkunde hatte zudem Galen, auch als Claudius Galenos oder Aelius Galenus bekannt, der ebenfalls zu den einflussreichsten Gelehrten der Antike gehörte. Er wurde um 130 in Pergamon, einer damals griechischen Ansiedlung in der heutigen Türkei geboren und arbeite nach Ende seiner medizinischen Ausbildung zunächst als Arzt für Gladiatoren, wo er sich vermutlich gute Kenntnisse über die Behandlung von Wunden und Knochenbrüchen aneignete. Im Jahre 161, als er sich schon einen Ruf als erfolgreicher Arzt erworben hatte, siedelte er dann nach Rom über, wo er zahlreiche aristokratische Patienten hatte und einige Zeit auch als Leibarzt des römischen Kaisers Marc Aurel (121-180) tätig war. Und als solcher macht er sich notgedrungen auch Gedanken über Gifte, denn die Herrscher der damaligen Zeit rechneten fast ständig mit einem Anschlag auf ihr Leben. So schreibt er denn auch, dass es unter all den Übeln des Lebens nichts Gefährliches gäbe als Gift und giftige Tiere. Opium lobte er in seinen Schriften als gutes Mittel zur Behandlung der unterschiedlichsten Krankheiten, warnte aber auch vor einem Dauergebrauch der Droge.

In China und Indien gab es um diese Zeit ebenfalls bereits fortschrittliche medizinische Traditionen, die sich in Form der Traditionellen Chinesischen Medizin (TCM) bzw. der traditionellen indische Heilkunst, die man unter dem Begriff *Ayurveda* kennt, was übersetzt etwa „Wissen über das lange Leben" bedeutet, bis heute erhalten haben. Und sie spielen neben der westlichen Schulmedizin immer noch eine wichtige Rolle, nicht zuletzt als preisgünstige Alternative für ärmere Bevölkerungsschichten.

Mit dem Zerfall des Römischen Reiches in der Spätantike endete dann die Phase, in der griechische und römische Gelehrte die wichtigsten Beiträge zur Weiterentwicklung der Pflanzenheilkunde beitrugen. Dafür begann nun die Blütezeit der arabischen Medizin. Ihre Vertreter orientierten sich zunächst an griechischen Texten, von denen viele auch ins Arabische und Persische übersetzt wurden. Später erweiterten dann einheimische Mediziner die antiken Schriften ganz erheblich durch eigene Ansätze. Zu ihnen gehörte vor allen Dingen der persische Arzt und Philosoph Avicenna, der von 980-1037 lebte. Seine Enzyklopädie „Kanon der Medizin" war später über Jahrhunderte auch in Europa eines der wichtigsten medizinischen Handbücher.

In Europa spielten inzwischen vor allem Klöster eine wichtige Rolle in der alltäglichen medizinischen Praxis, denn für die Nonnen und Mönche war die Behandlung und Pflege von Kranken ein Akt christlicher Nächstenliebe. Ihre Fähigkeiten verdankten sie vor allem dem Studium antiker medizinischer Texte, die aus dem arabischen Raum inzwischen vermehrt in die abendländische Kultur zurückgelangt waren und nun in Klöstern gesammelt und kopiert oder ins Lateinische übersetzt wurden. Daher war es den Angehörigen der Klostergemeinschaften möglich, sich grundlegende Kenntnisse über Diagnose von Krankheiten und über die anschließende Behandlung, hauptsächlich mit Heilpflanzen, anzueignen. Und weil sich die Klöster nicht nur für die Gesundheit ihrer Mitglieder verantwortlich fühlten, sondern auch für Menschen, die in der Umgebung des Klosters lebten, leisteten die Nonnen und Mönche in vielen Regionen einen großen Beitrag für die medizinische Versorgung der Bevölkerung.

So gab es in vielen Klöstern Krankenstationen und natürlich hatten alle einen Kräutergarten, in dem die Heilpflanzen für die Behandlung der Kranken angepflanzt wurden. Diese stammten zum großen Teil aus dem Mittelmeerraum, weil sich die Heilkundigen weiterhin an überlieferten Rezepten aus der Antike orientierten. Zu den typischen Pflanzen der Klostergärten gehörten aber auch Kräuter, von denen es hieß, sie könnten helfen, das Keuschheitsgelübde, also die Verpflichtung zur sexuellen Enthaltsamkeit, leichter einzuhalten, etwa der Mönchspfeffer (*Vitex agnus-castus*).

Von pflanzlichen Rauschmitteln ist dagegen aus dieser Phase praktisch nichts überliefert, ebenso wenig wie über den Einsatz von Gift aus niederen Beweggründen. Literarisch gibt es allerdings eine Ausnahme, denn im Roman *Der Name der Rose* von Umberto Eco (1932-2016) spielt ein tödliches Gift durchaus eine Rolle. Aber vielleicht war es hinter dicken Klostermauern auch einfach nur leichter, derartige Dinge zu verheimlichen. Die Phase der Klostermedizin endete – jedenfalls offiziell – mit dem Konzil von Clermont im Jahre 1130, auf dem beschlossen wurde, allen Nonnen und Mönchen die Ausübung einer ärztlichen Tätigkeit zu untersagen, weil dadurch die weltabgewandte, klösterliche Lebensweise zu stark beeinträchtigt werde.

Außerhalb der Klöster lag die Behandlung von Krankheiten der ländlichen Bevölkerung hauptsächlich in den Händen heilkundiger Frauen und Männer der Dorfgemeinschaften. Deren Kenntnisse stammten aus oft jahrhundertealten Überlieferungen, die aber ständig durch eigene Erfahrungen bei der Behandlung von Kranken oder in der Geburtshilfe erweitert wurden. Diese Heilkundigen verfügten zumeist über eine ausgezeichnete Kenntnis heimischer Pflanzen, die sie als eine Art natürlich Apotheke nutzten. Viele kannten sich zweifellos auch mit Pflanzengiften aus und man kann annehmen, dass einige von ihnen mit den halluzinogenen Inhaltsstoffen von Nachtschattengewächsen wie Bilsenkraut und Tollkirsche (*Atropa belladonna*), die auch in Mitteleuropa vorkommen, vertraut waren. Nicht zuletzt diese gute Pflanzenkenntnis wurde vor allem vielen Frauen unter den Kräuterkundigen später zum Verhängnis, als man sie beschuldigte, Hexen zu sein und anschließen häufig zum Tod auf dem Scheiterhaufen verurteilte.

Im Spätmittelalter und in der Frühen Neuzeit erfuhr die Pflanzenkunde dann einen Aufschwung, weil vermehrt Kräuterbücher in deutscher Sprache erschienen. Möglich war das durch die Erfindung des Buchdrucks durch Johannes Gutenberg (1400-1468), die es ermöglichte, solche Bücher in größerer Zahl und zu einem erschwinglichen Preis herzustellen. Beispiele dafür sind das Neu Kreutterbuch von Hieronymus Bock (1498-1554) und das New Kreüterbuch von Leonhart Fuchs (1501-1566).

In dieser Phase fällt auch die Entdeckung des amerikanischen Kontinents, in deren Folge völlig neue Pflanzen nach Europa kamen. Dazu gehörten nicht nur Mais, Kartoffel oder die Tomate, sondern auch der Kokastrauch (*Erythroxylum coca*) mit seinem Inhaltsstoff Kokain oder der Tabak und damit das Nikotin. Aber auch das geheimnisumwitterte Pfeilgift Curare, das indigene Völker, etwa in den Tropen Süd- und Mittelamerikas, für die Jagd mit Blasrohren benutzten, fand seinen Weg nach Europa. Und als starkes Nervengift hätte man es hier eigentlich auch gut für hinterhältige Anschläge missbrauchen können, aber das geschah praktisch nicht. Vermutlich hielten sich Giftmörder wohl doch lieber an Substanzen, die sich über Jahrhunderte bewährt hatten. Und um diese soll es im 1. Kapitel gehen.

KAPITEL 1

GIFTMISCHER UND MEUCHELMÖRDER

Gift in den Händen eines Weisen ist ein Heilmittel, ein Heilmittel in den Händen des Toren ist Gift.
Giacomo Casanova[5]

Weil Pflanzen ein unverzichtbarer Teil der Nahrung vieler Tiere sind, ist es für sie natürlich besonders fatal, dass sie fest an ihrem Standort verwurzelt sind, also nicht fliehen können, wenn sich ein Fressfeind nähert. Daher haben sie im Verlauf von Millionen von Jahren die verschiedensten Abwehrmechanismen entwickelt, um Tiere davon abzuhalten, sie zu fressen. Typische Beispiele dafür sind Dornen und Stacheln, an denen sich ihre Feinde das Maul verletzten können oder auch widerlich schmeckende Substanzen, die sie praktisch ungenießbar machen. Aber am wirkungsvollsten ist es aber wohl, wenn Pflanzen zur Abschreckung ihrer Feinde starke Gifte produzieren. Und unter denen gibt es durchaus einige mit Killerpotenzial.

EIN GUT ABGESCHIRMTES VERBRECHEN

Eine solche Killersubstanz wurde beim Anschlag auf den regimekritischen bulgarischen Schriftsteller Georgi Markow verwendet, der Ende der 60er-Jahre des vorigen Jahrhunderts aus seinem Heimatland nach Italien emigriert war, um dann später nach London überzusiedeln, wo er als Journalist für die BBC arbeitete. Markow ahnte sicher nichts von dem sich anbahnenden Unheil, als er am 7. September 1978 an einer Haltestelle auf der Waterloo Bridge auf den Bus wartete. Und auch als ihn ein vorbeieilender Passant mit dem Schirm anstieß, sodass Markow einen leichten Schmerz in der rechten Wade verspürte, ärgerte er sich vermutlich über den ungeschickten Zeitgenossen, maß dem Vorfall ansonsten aber wohl wenig Bedeutung bei.

Doch bereits einige Stunden später muss der Schriftsteller, damals 49 Jahre alt, geahnt haben, dass es sich bei dieser Begegnung nicht um einen harmlosen Vorfall gehandelt hatte, denn er bekam plötzlich Kreislaufbeschwerden und zudem hohes Fieber. Als er daraufhin die Notaufnahme einer Klinik aufsuchte, erzählte er den Ärzten von der Begebenheit mit dem Regenschirm und fügte hinzu, er sei ganz sicher, vom russischen Geheimdienst KGB vergiftet worden zu sein und dass vermutlich niemand mehr etwas für ihn tun könne. Tatsächlich fiel Markow schon kurz darauf ins Koma und starb dann am 11. September 1978, ohne das Bewusstsein wiedererlangt zu haben.

Aufgrund der Aussage des Schriftstellers und weil man die Todesursache auch nicht genau feststellen konnte, benachrichtigte die Klinik die Polizei, die eine Obduktion anordnete. Dabei wurde auch eine kleine Wunde an Markow Bein genauer untersucht, in der der Pathologe zu seiner Verblüffung eine winzige, nur etwa eineinhalb Millimeter große Platinkugel fand. Aber das war noch nicht die einzige Überraschung, denn bei einer genaueren Untersuchung des Objekts fanden Experten schnell heraus, dass in sich der Platinkugel zwei röhrenförmige Hohlräume befanden, in denen sich noch Reste einer hochgiftigen Substanz, die Rizin genannt wird, feststellen ließen. Außerdem konnten sie ermitteln, dass die Öffnungen mit einer verfestigten Zuckerlösung verschlossen worden waren, um das Austreten des Giftes zu verhindern. Allerdings hatte man diese Lösung so angesetzt, dass sie sich bei Körpertemperatur verflüssigte. Dadurch gelangte das Rizin über kurz oder lang in den Körper des Dissidenten und entfaltete dort schon bald seine unheilvolle Wirkung.

Über Rizin muss man wissen, dass es zu den gefährlichsten natürlichen Giften gehört, die wir kennen. Produziert wird es von einer

Pflanze, die wegen ihres schnellen Wachstums zumeist Wunderbaum (*Ricinus communis*) genannt wird, aber auch als Christuspalme, Hunds- oder Läusebaum bekannt ist. Sie stammt ursprünglich aus Afrika und dem Nahen Osten, wird inzwischen aber in vielen tropischen und subtropischen Regionen zu kommerziellen Zwecken angebaut und ist auch in Mitteleuropa manchmal in Gärten zu finden.

Die zu den Wolfsmilchgewächsen (Euphorbiaceae) gehörende Pflanze, die unter optimalen Bedingungen innerhalb weniger Monate mehrere Meter hoch werden kann, hat große, handförmig geteilte Blätter und auffällige stachlige Früchte. In diesen sitzen bohnenförmige Samen, die beträchtliche Mengen des genannten Toxins enthalten. Chemisch betrachtet handelt es sich dabei um ein Glykoprotein, also ein Makromolekül aus einem Protein mit einer oder mehreren Kohlenhydratgruppen. Die toxische Wirkung entsteht dadurch, dass sich eine Untereinheit des Moleküls außen an eine Zelle bindet, während die zweite in das Zellinnere geschleust wird. Dort verhindert sie dann die Produktion neuer Proteine an den Ribosomen, den „Proteinfabriken" der Zelle, was den baldigen Zelltod zur Folge hat und bei einer hohen Dosis schließlich den Tod des Organismus.

So gesehen war es auch nicht überraschend, dass Markow das Attentat nicht überlebte. Aber zunächst war noch unklar, wie die kleine Kugel in den Körper des Dissidenten gelangt war. Aufgrund der vorliegenden Informationen kamen die untersuchenden Experten zu dem Ergebnis, dass man dafür vermutlich einen speziell konstruierten Regenschirm verwendet hatte, sodass man in der Folge auch vom „Londoner Regenschirmattentat" sprach. Danach soll der Schirm im unteren Teil einen Zylinder mit komprimiertem Gas besessen haben und an der Spitze eine Art Injektionsnadel. Außerdem gab es im Griff einen Auslöseknopf, der betätigt wurde, sobald die Nadel die Kleidung und die Haut des Opfers durchdrungen hatte. Das führte dazu, dass die winzige Kugel durch das sich ausdehnende Gas in den Körper gedrückt wurde und das Gift, nachdem der Zuckerverschluss sich aufgelöst hatte, seine Wirkung entfalten konnte.

Sollte das Attentat tatsächlich in dieser Form ausgeführt worden sein, kann man die Planung durchaus als raffiniert bezeichnen, denn in einem Land, wo viele Menschen fast ständig mit einem Schirm unterwegs sind, gibt es vermutlich keine viel unauffälligere Mordwaffe. Mittlerweile zweifeln viele Experten allerdings an dieser Theorie. Sie nehmen vielmehr an, dass der Regenschirm, der nach der Berührung Markows zu Boden fiel, nur zur Ablenkung diente, während die Kugel mit einer kleineren und daher handlicheren Apparatur in die Wade injiziert wurde.

Sehr viel später gelang es dann sogar, einen Verdächtigen auszumachen, von dem man annahm, dass er das Attentat ausgeführt hatte. Dabei handelt es sich um Francesco Guillino, einen Dänen italienischer Herkunft, der auch zur Tat vernommen, aber aufgrund mangelnder Beweise wieder freigelassen wurde. Kurz darauf verschwand Guillino von der Bildfläche und tauchte, wie es heißt, in den Untergrund ab, aus dem er bisher auch nicht wieder aufgetaucht ist.

Was die Identität der Auftraggeber für das Attentats betraf, gab es schon bald erste Vermutungen. So waren sich die Ermittler schnell sicher, dass der Mord eigentlich nur durch Angehörige des bulgarischen Geheimdienstes geplant und in Auftrag gegeben worden sein konnte. Beteiligt war aber wohl auch der russische Geheimdienst KGB, der angeblich das Gift und die kleine präparierte Platinkugel zur Verfügung gestellt hatte. Ausgeführt wurde das Attentat dann vermutlich auf Befehl des bulgarischen Partei- und Staatschef Todor Schiwkow, den Markow nicht nur immer wieder kritisiert, sondern auch persönlich angegriffen und sogar lächerlich gemacht hatte. Als Datum für den Anschlag wählte man den 7. September – Schiwkows

Geburtstag. Im Großen und Ganzen bestätigt wurden diese Vermutungen später durch ein Interview, das der ehemalige Generalmajor des sowjetischen Geheimdienstes Oleg Kalugin einem bulgarischen Radiosender gab.

WEITERE VERSUCHE MIT WECHSELNDEM ERFOLG

Vermutlich war dies aber nicht der einzige Versuch, einen unliebsamen Kritiker auf diese Weise mundtot zu machen. Wie später herauskam, wurde wohl schon einige Wochen vorher ein ähnliches Attentat auf Wladimir Kostow verübt, einen weiteren bulgarischen Dissidenten. Dieser gab an, er habe bei einer Fahrt in der Pariser Metro einen Schlag im Rücken verspürt und einen Knall gehört. Später entdeckte er eine kleine Wunde im Rücken, aus der ihm ein Arzt mehrere Objekte entfernen musste, über deren Beschaffenheit es aber keine weiteren Informationen gibt. Immerhin überlebte Kostow das Attentat.

Jahre später gab es dann sogar einen Nachahmer dieser Tat, den möglicherweise die sehr ungewöhnliche Methode des Anschlages fasziniert hatte, denn im Jahr 2011 stach ein Unbekannter in Hannover einem Familienvater eine Spritze ins Gesäß, die an einem Regenschirm befestigt. Darin befand sich eine giftige Quecksilberverbindung, die einige Monate später den Tod des Opfers verursachte. Über die genauen Gründe und den Verursacher des Anschlags ist nichts weiter bekannt.

Und auch Drohbriefe, die 2013 unter anderem an den Präsidenten der Vereinigten Staaten Barack Obama geschickt wurden, enthielten Rizin, allerdings in Pulverform, das leicht in die Atemwege gelangt. Als Täter wurde später der Kampfsportlehrer James Everett Dutschke aus Mississippi festgenommen und zu 25 Jahren Haft verurteilt. Der Grund für den Anschlag war wohl, dass er versuchen wollte, den Verdacht auf einen Mann zu lenken, mit dem er sich im Streit befand.

Dieser wurde zunächst verhaftet, aber wieder freigelassen, nachdem sich seine Unschuld herausgestellt hatte.

Und auch die Schauspielerin Shannon Richardson verurteilte man wegen eines solchen Verbrechens zu 18 Jahren Gefängnis. Sie hatte ebenfalls Briefe mit Rizin an den US-Präsidenten geschickt und versucht, ihren Ehemann, der sich von ihr scheiden lassen wollte, mit dieser Tat in Verbindung zu bringen. In beiden Fällen gelang es, zum Glück für die Adressaten, die Briefe rechtzeitig abzufangen, denn für eine Rizin-Vergiftung gibt kein Gegengift und auch keine wirkungsvolle Behandlungsmöglichkeit. Und weil es sich um ein so starkes Toxin handelt, haben die Vereinigten Staaten in den 1960er-Jahren auch schon darüber nachgedacht, ob sich die pulverisierten Samen des Wunderbaumes nicht vielleicht als Kampfmittel einsetzen ließen. Vorsichtshalber ließ man sich schon einmal ein Patent darauf sichern, aber eine Anwendung hat es wohl nicht gegeben und inzwischen wäre ein Einsatz aufgrund der vereinbarten Chemiewaffenkonvention auch verboten, was natürlich nicht immer etwas zu bedeuten hat.

In Deutschland gab es ebenfalls schon Versuche, einen Anschlag mit Rizin durchzuführen. So plante ein Tunesier, der 2016 nach Deutschland gekommen war, gemeinsam mit seiner deutschen Ehefrau einen Terroranschlag, bei dem möglichst viele Menschen ums Leben kommen sollten. Durchführen wollten sie das Attentat in einem geschlossenen Raum mit einer Streubombe, die mit Rizin und 250 Stahlkugeln bestückt war. Dafür hatte das Ehepaar bereits Tausende von Rizinsamen verarbeitet, die Stahlkugeln besorgt und den Sprengstoff hergestellt, während sich der Zünder noch in Arbeit befand.

Auf die Schliche kamen ihnen die Sicherheitsbehörden nur deswegen, weil einem ausländischen Geheimdienst die Online-Beschaffung der Unmengen von Rizinsamen aufgefallen war, und er diese Informationen an die deutschen Behörden weitergegeben hatte. Daraufhin wurden die Bombenbauer im Juni 2018 festgenommen und der Mann später zu zehn, die Frau zu acht Jahren Haft verurteilt. Wie ein Gutachten zuvor festgestellt hatte, wäre die Menge an Rizin ausreichend gewesen, um mehr als 13.000 Menschen umzubringen.

Obwohl die Samen des Wunderbaumes so toxisch sind, dass sie für Mordanschläge verwendet wurden oder dass man sie als Kriegswaffen nutzen wollte, lässt dennoch ein giftfreies Öl (*Ricini oleum*) daraus gewinnen, das man in der richtigen Dosierung schon seit vielen Jahrhunderten als Arznei einsetzt. So wird die Pflanze bereits im *Papyrus Ebers* erwähnt, wobei Rizinusöl im Ägypten der Pharaonenzeit vor allem als sehr wirksames Abführmittel verwendet wurde. Der Grund ist, dass die im Öl enthaltenen Substanzen die Gleitfähigkeit des Darminhalts erhöhen, durch Reizung der Darmschleimhaut für eine verstärkte Kontraktion des Dickdarms sorgen und zudem die Aufnahme von Flüssigkeit aus dem Darm hemmen.

Die ägyptischen Ärzte nutzen das Öl außerdem zur Behandlung von Kopfschmerzen sowie Hautausschlag und die frisch gepflückten Blätter des Baumes als Wundverschluss. Vor allem wegen der abführenden Wirkung hat sich die Anwendung dieses sehr effektiven Mittels bis in unsere Zeit erhalten, denn man verwendet es bei Vergiftungsfällen immer noch zur Entleerung des Darms. Aber auch für verschiedene äußere Anwendungen, etwa zur Behandlung von Warzen oder Akne, als Massageöl, das die Durchblutung fördern soll und als Haut- oder Haarpflegemittel lässt sich das Öl einsetzen,

Neben der medizinischen Anwendung nutzt man Rizinusöl außerdem zur Herstellung von Schmierstoffen für Motoren, als Zusatz für Farben und Lacke, als Weichmacher in der Kunststoffindustrie, zur Produktion von Kosmetika, etwa Cremes, Salben oder Lippenstiften oder bei der Fertigung von Seifen und Kerzen. Gewonnen wird es durch kalte Pressung der geschälten Samen und eine anschließende

Wärmebehandlung. Dass giftige Rizin ist darin nicht enthalten, weil es nicht fettlöslich ist und daher in den Pressrückständen verbleibt. Diese werden dann häufig von noch vorhandenen Restöl befreit und nach einer zusätzlichen Entgiftung durch eine Hitzebehandlung als Tierfutter oder Düngemittel verwendet.

Mord und Totschlag in der Ewigen Stadt

Der Mord an Georgi Markow ist aber nur ein Fall aus einer längeren Liste von Mordversuchen mit Giftpflanzen, die es im Laufe der vergangenen Jahrhunderte gegeben hat oder gegeben haben soll. Dabei sind vor allem aus dem antiken Rom mehrere Berichte über heimtückische Giftanschläge überliefert. Zumeist handelt es sich dabei aber um Gerüchte, was nicht verwundert, weil Giftmörder ihre Taten normalerweise nicht an die große Glocke hängen, aber auch, weil die Täter gute Chancen hatten, unentdeckt zu bleiben, denn Giftmorde waren zu jener Zeit nur schwer nachzuweisen. Unglücklicherweise sind die genauen Umstände häufig nur lückenhaft überliefert, sodass der Wahrheitsgehalt aus heutiger Sicht zumeist nur schwer einzuschätzen ist. Dennoch kann man wohl davon ausgehen, dass Giftmorde im antiken Rom nicht wirklich selten waren, wobei es sich besonders häufig um Mordversuche an und von Mitgliedern einflussreicher Familien handelte, die dazu dienten, eigene Machtansprüche durchzusetzen.

Tücken einer Ehe

Einer dieser Fälle, bei denen der Wahrheitsgehalt wohl höher ist als bei anderen Gerüchten, betrifft Kaiser Claudius (Tiberius Claudius Caesar Augustus Germanicus; 10 v. Chr. bis 54 n. Chr.). Er gehörte zur mächtigen julisch-claudischen Dynastie, aber seine Familie hatte ihn zunächst von allen öffentlichen Ämtern ferngehalten, weil er stets kränklich war, eine Gehbehinderung hatte und zudem stotterte. Trotz seiner körperlichen Schwächen, scheint Claudius aber durchaus das Leben eines privilegierten römischen Edelmannes geführt zu haben, wozu auch ein recht ausschweifendes Eheleben gehörte.

Erst Caligula, der 37 n. Chr. römischer Kaiser geworden war, ermöglichte Claudius eine politische Karriere, denn er ernannte ihn zu seinem Mitkonsul. Als Caligula 41 n. Chr. einer Verschwörung zum Opfer fiel und von Angehörigen der Prätorianer, also seiner Leibgarde, ermordet wurde, übernahm Claudius, der zu diesem Zeitpunkt bereits über 50 Jahre alt war, die Macht in Rom. Bis dahin war der neue Kaiser bereits dreimal verheiratet gewesen, darunter mit Valeria Messalina (um 20-48 n. Chr.), die fast 30 Jahre jünger war als er. Mit ihr hatte er einen Sohn und damit einen potenziellen Nachfolger. Dieser hieß Tiberius Claudius Caesar Germanicus (41-55 n. Chr.), ist aber besser unter dem Namen Britannicus bekannt. Messalina wird von der Geschichtsschreibung als habgierig, herrschsüchtig sowie ausgesprochen leichtlebig beschrieben und soll ihren Ehemann ständig betrogen haben. Daher ließ dieser sie schließlich zusammen mit ihrem aktuellen Geliebten hinrichten. Danach beschloss er, dass dies seine letzte Ehe gewesen sein sollte. Angeblich gab er seinen Prätorianern sogar das Versprechen, sie dürften ihn töten, wenn er jemals wieder heiraten würde.

Allerdings hielten die guten Vorsätze nicht sehr lange, denn schon bald kam es zu einer neuen Eheschließung. Seine vierte Ehefrau wurde seine Nichte Agrippina die Jüngere (um 15-59 n. Chr.), eine Schwester von Kaiser Caligula, die bereits ebenfalls zweimal verheiratet gewesen war und aus ihrer ersten Ehe einen Sohn hatte, der Lucius Domitius Ahenobarbus hieß, später aber unter dem Namen Nero bekannt wurde. Damit diese Ehe geschlossen werden konnte, änderte der Senat sogar das gültige Inzuchtgesetz, das eine Heirat zwischen nahen Verwandten verbot.

Agrippina erwies sich jedoch als ähnlich herrschsüchtig und arglistig wie Messalina, denn ihr gelang es schon kurz nach der Eheschließung, ihren gutgläubigen Gatten zu überreden, Nero, ihren Sohn aus erster Ehe zu adoptieren. Damit brachte der Kaiser allerdings seinen eigenen Sohn, der jünger war als Nero, um die Erbfolge. Wie der römische Schriftsteller Sueton (Gaius Suetonius Tranquillus; um 70-130 n. Chr.), dem wir ein achtbändiges Werk über die römischen Kaiser seit Caesar verdanken, berichtet, deutete Claudius später offen an, dass er seine Heirat mit Agrippina und die Adoption Neros bereue und überlege, seinen leiblichen Sohn wieder für die Nachfolge einzusetzen oder zumindest eine Machtteilung ins Auge zu fassen. Dies soll dann dazu geführt haben, dass Agrippina glaubte, zum Wohle ihres Sohnes handeln zu müssen, sodass sie sich entschied, ihren Gatten umzubringen, noch bevor Britannicus schließlich volljährig wurde. Dazu schreibt Sueton:

Daß er durch Gift ermordet wurde, steht allgemein fest ... nur über das Wo? und Von wem? weichen die Angeber ab. Einige sagen: bei einem Festschmause mit den Priestern auf der Burg D. i. auf dem Kapitol durch den Verschnittenen Halotus, seinen Vorkoster, andere: an seiner Haustafel durch die Agrippina selbst, die ihm Pilze, sein Lieblingsgericht, vergiftet vorgesetzt habe. Auch über den weiteren Verlauf lautet das Gerücht verschieden. Viele versichern: er habe gleich nach dem Genusse des Giftes die Sprache verloren und sei, nachdem er die ganze Nacht in furchtbarer Schmerzenspein zugebracht, gegen Tagesanbruch gestorben. Einige sagen: er sei anfangs in Schlummer versunken, dann habe er, weil der Magen mit Speise überladen war, alles wieder von sich gegeben, worauf man ihm eine neue Dosis Gift beigebracht habe, ungewiß, ob mittels eines Klystiers, mit welchem man ihm, wie wenn er an Magenüberfüllung litte, scheinbar auch von dieser Seite zu Hilfe kommen wollte ...[6]

In den Annalen des berühmten römischen Geschichtsschreibers Tacitus (Publius Cornelius Tacitus; ca. 58-120 n. Chr.), die zu den wichtigsten Quellen für die Geschichte des alten Roms gehören, finden wir eine ähnliche Darstellung.

Da nahm Agrippina, schon seit langem zu dem Verbrechen entschlossen, die sich bietende Gelegenheit schleunigst wahr. An Helfershelfern fehlte es ihr dabei nicht. Nur über die Art des Giftes war sie sich noch nicht klar. Denn durch ein ganz plötzlich und unmittelbar wirkendes Gift konnte das Verbrechen ans Tageslicht kommen. Wählte sie aber ein langsames, schleichendes Gift, so stand zu befürchten, daß Claudius, wenn er sich dem Tode nahe fühlte, die Machenschaften durchschaute und sich wieder seinem Sohne näherte.

Sie entschied sich für ein ganz ausgezeichnetes Gift, das zunächst den Verstand verwirrte und den Tod erst nach einiger Zeit herbeiführte. Die Wahl fiel auf Locusta, die sich auf dergleichen Dinge vorzüglich verstand. Erst kurz vorher wegen Giftmischerei verurteilt, blieb sie trotzdem noch lange ein Werkzeug der Regierung. Dieses erfinderische Weib bereitete also das Gift; und der Eunuch Halotus, der die Speisen vorzusetzen und vorzukosten hatte, brachte es dem Kaiser bei.

Alles wurde bald so bekannt, daß zeitgenössische Schriftsteller berichtet haben, das Gift sei in ein Pilzgericht, seine Lieblingsspeise, geträufelt worden. Die Wirkung des Giftes sei aber (von den Eingeweihten) nicht sofort gemerkt worden, weil man sich nicht darauf verstand oder sie auf die Trunkenheit des Claudius zurückführte. Zugleich schien ein Durchfall die Wirkung abzuschwächen.

Da erschrak Agrippina. Und weil alles auf dem Spiele stand, kümmerte sie sich nicht um den schlechten Eindruck, den ihr Handeln im Augenblick machen mußte, sondern zog den schon längst eingeweihten Arzt Xenophon hinzu. Dieser soll dem Claudius, als wolle er ihm durch Erbrechen Erleichterung schaffen, mit einer Feder, die mit einem rasch wirkenden Gift bestrichen war, in den Hals gefahren sein. Er wußte, daß es zwar gefährlich sei, sich zu solch verruchten Freveltaten herzugeben, daß aber andrerseits der Erfolg belohnt werde ...[7]

Der Geschichtsschreiber Lucius Cassius Dio (ca. 163-235) berichtet ebenfalls, dass Agrippina bei ihrem Anschlag die Hilfe von Locusta in Anspruch genommen habe, die sicherlich bekannteste Giftmischerin im alten Rom. Über das Leben dieser geheimnisvollen Frau ist wenig bekannt. Sie war vermutlich als gallische Sklavin in die Ewige Stadt gekommen, wo sie sich dank ihrer Kenntnis über Giftpflanzen und deren effektive Anwendung schnell einen Namen und daher für einige der Mächtigen unentbehrlich machte. Zur Zeit des Todes von Claudius war sie bereits wegen Giftmischerei verurteilt und in Gewahrsam, was aber augenscheinlich kein Hinderungsgrund für ihre Unterstützung bei Agrippinas Mordkomplott war.

Da Claudius letzte Mahlzeit ein Pilzgericht war, ist immer wieder vermutet worden, Locusta hätte diesem einen Giftpilz untergemischt, etwa den tödlich giftigen Grünen Knollenblätterpilz (*Amanita phalloides*). Aus Sicht des neutralen Beobachters würde man eine solche Wahl als durchaus gelungen bezeichnen müssen, denn die ersten Vergiftungssymptome durch diesen Pilz werden erst viele Stunden nach dem Konsum sichtbar. Das wäre insofern wichtig gewesen, als die Herrscher der damaligen Zeit, die stets mit Anschlägen solcher Art rechneten, einen Vorkoster beschäftigen. Dieser probierte die kaiserliche Mahlzeit, und wenn er anschließend nicht tot umfiel, fühlte sich Majestät einigermaßen sicher, dass sein Essen nicht vergiftet war.

Daher war es nicht so einfach, mit einem schnell wirkenden Gift zum Ziel zu kommen. Und weil beim Genuss von Knollenblätterpilzen zunächst nichts passiert, hätte ein in das Komplott eingeweihter Vorkoster – in diesem Fall war es ein wohl in jeder Beziehung als unglücklich zu bezeichnender Eunuch namens Halotus – ohne besonders große Bedenken von dem Mahl kosten können, denn sein Risiko war im Vergleich mit der sicherlich fürstlichen Belohnung eher gering, da er die Pilze schon kurz darauf wieder erbrechen konnte, während das Gift im Körper des ahnungslosen Kaisers sein unheilvolles Werk begann. Allerdings lassen sich die beim Ableben des Kaisers beschriebenen Symptome einer Knollenblätterpilzvergiftung nicht problemlos zuordnen, denn die Vergiftung setzte viel zu schnell ein. Daher muss man wohl davon ausgehen, dass Locusta eine andere Substanz für das Attentat ausgewählt hatte.

Weiter ist überliefert, dass der Kaiser sich schon bald nach der Mahlzeit übergeben musste und Durchfall bekam, aber mehr passierte zunächst nicht. Daher gerieten die Verschwörer, die mit einem schnelleren Tod des Kaisers gerechnet hatten, schon bald Panik, weil sie fürchteten, die Symptome, die Claudius zeigte, seien nicht auf das verabreichte Gift zurückzuführen war, sondern auf den reichlichen Weingenuss. Daher sorgte Agrippina wohl in aller Eile dafür, dass sein ebenfalls eingeweihter Leibarzt hinzugezogen wurde, der sofort ein Erbrechen herbeizuführen versuchte, indem er ihm eine Pfauen- oder Gänsefeder tief in den Rachen steckte. Dies war eine übliche und eigentlich sinnvolle Maßnahme, denn durch Erbrechen ließ sich Gift zumindest teilweise aus dem Körper entfernen, wäre da nur nicht der Umstand gewesen, dass der Arzt die Feder zuvor mit Gift bestrichen hatte. Und dies sorgte nun endgültig dafür, dass der Kaiser den nächsten Tag nicht mehr erlebte.

BEWÄHRTES BEWAHREN

Seither ist viel darüber gerätselt worden, welches Gift die Verschwörer tatsächlich für den Anschlag verwendet haben könnten. Bei den antiken Geschichtsschreibern Sueton und Tacitus finden wir dazu keine Angaben, aber die Experten späterer Jahrhunderte hatten schnell eine Giftpflanze ausgemacht, die in Rom zweifellos in ausreichender Menge zur Verfügung gestanden hätte, und deren Vergiftungssymptome auch sehr gut zu denen passten, die bei Claudius Tod beschrieben wurden: Starke Schmerzen bei vollem Bewusstsein, Übelkeit und Durchfall, außerdem nicht selten auch eine Lähmung der Zunge sowie Gleichgewichtsstörungen. Gemeint ist der Blaue Eisenhut (*Aconitum napellus*), dessen Wurzel damals schon seit Jahrhunderten als Pfeilgift für die Jagd benutzt wurde. Dazu rieb man die Spitzen von Pfeilen oder Speeren mit einem Extrakt der giftigen Pflanze ein, um so zu erreichen, dass die Beute bei einem Treffer getötet oder zumindest gelähmt wurde.

Der Blaue Eisenhut wird unter anderem vom griechischen Philosophen und Naturforscher Theophrastus (etwa 372-287 v. Chr.) erwähnt, wie auch vom griechischen Arzt Dioskurides, der im 1. Jhdt. n. Chr. lebte. Der Legende nach entstand die Pflanze aus dem giftigen Speichel des dreiköpfigen Höllenhundes Cerberus, der auf den Boden tropfte, als der griechische Sagenheld Herkules ihn im Rahmen der zwölf Aufgaben, die ihm gestellt worden waren, am Berg Akonitos in Kleinasien ans Tageslicht zerrte.

Die Menschen der damaligen Zeit wussten aber nicht nur von der Gefährlichkeit des Eisenhutgiftes, sondern ihnen war natürlich außerdem klar, dass man es nicht nur für die Jagd oder kriegerische

Auseinandersetzungen, sondern auch für eher hinterhältige Zwecke einsetzen konnte. Daher erließ bereits die Obrigkeit im antiken Griechenland strenge Gesetze, die der Bevölkerung untersagten, den Eisenhut anzupflanzen. Aber auch der Handel mit Extrakten der Pflanze war streng verboten, und unter Umständen konnte schon der Besitz des Blauen Eisenhuts mit dem Tode bestraft werden.

Unter behördlicher Aufsicht wurde der Eisenhut aber durchaus kultiviert, denn man benutzte ihn nicht nur als wirksames Pfeilgift, sondern auch als Giftcocktail zur Hinrichtung von Todeskandidaten. Letzteres galt aber nun nur für Delinquenten, die sich eines besonders abscheulichen Verbrechens schuldig gemacht hatten. Bei anderen kam dagegen zumeist der Schierlingsbecher zum Einsatz (siehe unten), bei dem das Ableben als weniger qualvoll galt. Außerdem wurde der Eisenhut – wie ebenfalls Dioskurides berichtet – zum Vergiften von Wölfen benutzt, indem man Wurzelstücke in Fleisch steckte und dieses dann auslegte. Eine solche Praxis war aber vermutlich auch bei anderen Völkern üblich, wie die deutschen Trivialnamen Fuchswurzel oder Wolfsgift nahelegen. In einigen Landstrichen wurde diese Praxis später sogar auf die Abwehr von Werwölfen ausgeweitet, also auf Menschen, die nach einem früher weit verbreiteten Aberglauben zeitweilig Wolfsgestalt annahmen und dann Untaten verübten.

Aber nicht nur in Griechenland, sondern auch in der Ewigen Stadt wurde der Eisenhut zum Vergiften von Pfeilen, Speerspitzen und Schwertklingen eingesetzt, was durchaus dazu führen konnte, dass ein feindlicher Soldat, der in einer Schlacht zunächst geglaubt hatte, glimpflich davongekommen zu sein, weil er im Kampf mit einem Legionär nur einen Kratzer abbekommen hatte, später ein böses Erwachen erlebte. Und auch in Rom versuchte die Obrigkeit, aus Furcht vor eigener Gefährdung, die Verfügbarkeit des gefährlichen Giftes für die normale Bevölkerung so weit wie möglich einzuschränken. So erließ der römische Kaiser Trajan (53-117) während seiner Regierungszeit strenge Gesetze gegen die Giftmischerei und verbot dabei auch das Anpflanzen des Eisenhuts in Gärten. Glaubt man dem Dichter Juvenal (Decimus Iunius Iuvenalis), der im ersten Jahrhundert in Rom lebte, war vor allem die Oberschicht durch *Aconitum napellus* gefährdet, denn er schreibt: *Aconita trinkt man nicht aus irdenen Krügen. Denn nur der fürchte sie, wer einen edelsteinbesetzten Becher zum Munde führt.*[8]

GUT GETARNTE HEIMTÜCKE

Anzusehen ist dem Blauen Eisenhut seine Gefährlichkeit allerdings nicht, denn es handelt sich um eine attraktive Staude, die heute, trotz ihrer Giftigkeit, in vielen Gärten zu finden ist. Aber auch wenn man der Pflanze die eine tödliche Gefahr nicht ansieht, kann man sie doch erahnen, wenn man weiß, dass der Eisenhut im Volksmund auch Giftkraut, Giftheil, Würgling, Bösekraut, Teufelswurz, Sturmhut oder Ziegentod heißt, um nur einige zu nennen.

Verantwortlich für seine Giftigkeit ist in erste Linie ein Alkaloid mit Namen Aconitin, das zu den wirkungsvollsten Pflanzengiften gehört. Die tödliche Dosis für den Menschen liegt bei wenigen Milligramm (Reinsubstanz), was einer Aufnahme von nur einigen Gramm der Pflanzenwurzel entspricht, in der besonders viel Gift enthalten ist. Diese Gefährlichkeit betonte schon der italienische Arzt und Botaniker Pietro Andrea Mattioli (1500-1577), der den Eisenhut als tödliches Gift bezeichnete, gegen das es praktisch kein Gegenmittel gibt. Um das zu ändern, verabreichte er zum Tode verurteilten Gefangenen auf freiwilliger Basis zunächst das Gift des Eisenhuts und anschließend ein mögliches Gegengift. Dafür wurde denen, die das Experiment überlebten, die Freiheit versprochen. Man kann vermuten, dass es nicht gerade viele waren, denen diese Vergünstigung zuteilwurde.

Was Aconitin so gefährlich macht, ist der Umstand, dass es die Funktion der Ionenkanäle in der Membran von Nervenzellen beeinflussen kann. Dazu muss man wissen, dass bei Nervenzellen, die sich im Ruhezustand befinden, eine elektrische Potenzialdifferenz an der Zellmembran vorhanden ist, die vor allem durch eine ungleiche Verteilung von Kalium- und Natrium-Ionen zustande kommt. So befinden sich innerhalb der Zelle mehr geladene Kalium-, außerhalb dagegen mehr Natrium-Ionen. Und durch diesen Verteilungsunterschied an der Innen- und Außenseite der Membran entsteht eine Spannungsdifferenz, ein sogenanntes Ruhepotenzial, das Voraussetzung für die Weiterleitung von Reizen in den Nervenbahnen ist.

Wird eine Nervenzelle aktiviert, erfolgt eine Öffnung von Natriumkanälen in der Membran, sodass Natrium-Ionen aufgrund des Konzentrationsgefälles ins Zellinnere strömen können. Dadurch kehrt sich das Membranpotenzial kurzzeitig um und es entsteht ein sogenanntes Aktionspotenzial. Dieses sorgt dafür, dass Botenstoffe, sogenannte Neurotransmitter, von denen später noch ausführlicher die Rede sein wird, in den Synaptischen Spalt, also die winzige Lücke zwischen zwei Nervenzellen ausgeschüttet werden. Das ist nötig, weil an dieser Stelle elektrische Signale in chemische umgewandelt werden, denn nur so ist es möglich, den Reiz über den Spalt zur nächsten Zelle zu übertragen. Allerdings dauert die Umkehrung des Potenzials nur wenige Millisekunden. Dann schließen sich die Natriumkanäle wieder, während sich Kaliumkanäle öffnen, sodass sich erneut ein Ruhepotenzial aufbaut, das später für eine erneute Reizweiterleitung benötigt wird.

Aconitin gehört nun zu den Substanzen, die dafür sorgen können, dass sich eine Schließung der Natriumkanäle verzögert. Dadurch strömen weiterhin Natrium-Ionen ins Zellinnere, was den Aufbau eines neuen Ruhepotenzials erschwert oder gar unmöglich macht. Damit können erforderliche Reize auch nicht weitergeleitet werden. Dies kann schließlich zu einer Lähmung der Skelettmuskulatur oder einer Beeinträchtigung des Herzmuskels führen, verbunden mit einem Zusammenbruch der Koordination, sodass es zum Tod durch Atemlähmung oder Herzstillstand kommt.

Bei einer Vergiftung tritt schon nach wenigen Minuten ein Brennen im Mund und ein Kribbeln am ganzen Körper auf, gefolgt von einem starken Frösteln, zumeist verbunden mit Übelkeit, Erbrechen und Durchfall. Weitere Symptome sind Herzrhythmusstörungen, Lähmung der Zunge und der Gesichtsmuskeln sowie Gleichgewichtsstörungen. Werden keine Gegenmaßnahmen ergriffen, kann der Tod bei einer schweren Vergiftung schon nach 30-45 Minuten eintreten. Während dieser Zeit hat der Betroffene starke Schmerzen, und das bei vollem Bewusstsein. Aber nicht nur der Verzehr von Pflanzenteilen ruft Vergiftungen hervor, sondern das Aconitin kann auch über die Haut aufgenommen werden. Daher führt schon ein Berühren der hübschen Pflanze nicht selten zu schweren Hautentzündungen.

WENN ZAUBERINNEN RACHE ÜBEN

Angesichts der Zuverlässigkeit des Eisenhutgiftes mag es kaum verwundern, dass auch Medea, die zauberkundige Tochter von König Aietes sich dieser „nützlichen" Pflanze bedient haben soll. Nach der griechischen Mythologie stammt die wohl berühmteste Giftmischerin der antiken Sagenwelt mit einer beachtlichen Liste an Untaten aus Kolchis am Schwarzen Meer (heutiges Georgien), wo das Leben der Prinzessin zunächst in den üblichen Bahnen verlief. Das änderte sich jedoch, als sie den jungen thessalischen Königssohn Jason traf, der mit seinem Schiff, der Argo und fünfzig Getreuen, den Argonauten, nach Kolchis gekommen war, um das Goldene Vlies nach Griechenland zurückzuholen. Bei diesem Vlies handelte es sich um ein goldenes Schaf-

40

fell, auf dem einst die thebanischen Königskinder Phrixos und Helle vor ihrer bösartigen Stiefmutter durch die Luft nach Kolchis geflohen waren, wo das kostbare Fell anschließend in einem heiligen Hain aufbewahrt wurde. Der Kolcherkönig Aietes wollte das Vlies allerdings nur herausgeben, wenn Jason drei Aufgaben erfüllte: Er sollte einen Acker mithilfe feuerschnaubender Stiere umpflügen, darin Drachenzähne säen und anschließend die aus dieser Saat hervorgehenden gepanzerten Krieger im Kampf besiegen.

Wie immer in solchen Geschichten, wären die Aufgaben eigentlich nicht zu bewältigen gewesen, hätte Jason nicht Hilfe von Aietes Tochter Medea gehabt, die sich in den furchtlosen Griechen verliebt hatte. Da sie des Zauberns mächtig war, gab sie Jason eine Salbe, die ihn vor dem Feueratem der Stiere und vor den Hieben der gepanzerten Krieger schütze; außerdem zeigte sie ihm, wie man einen Stein so zwischen die Kämpfer schleuderte, dass diese in Streit gerieten und sich gegenseitig vernichteten.

Damit aber nicht genug, denn als der Kolcherkönig sein gegebenes Versprechen nicht halten wollte, betäubte Medea auch noch den Drachen, der das Goldene Vlies bewachte, sodass der junge Thessalier das Fell rauben konnte. Anschließend floh Medea mit Jason und seinen Argonauten über das Meer, und als ihr Vater die Flüchtigen mit seinen Soldaten verfolgte, schnitt sie ihren Bruder, der mit an Bord der Argo war, in Stücke und warf diese ins Wasser. Und weil der bedauernswerte Vater die Körperteile erst für ein Begräbnis bergen musste, konnte er die Verfolgung nicht fortsetzen.

Nachdem das junge Paar unversehrt nach Thessalien zurückgekehrt war, verjüngte Medea zunächst einmal Jasons alten Vater Aison durch einen Kräutersud. Aison, der eigentliche König des Landes, war durch seinen Halbbruder Pelias entmachtet worden und dieser hatte dann auch Jason nach dem Goldenen Vlies ausgeschickt, in der

Hoffnung, der junge Königssohn würde nicht zurückkehren. Medea versuchte, die ursprünglichen Machtverhältnisse dadurch wiederherzustellen, dass sie Pelias Töchter überredete, ihren alten Vater einer ebensolchen Verjüngungskur wie Aison zu unterziehen. Dazu sollten die Prinzessinnen ihn töten, zerstückeln und die einzelnen Körperteile dann in einem Sud, den Medea zusammengebraut hatte, solange kochen, bis dem Kräuterbad ein jugendlicher Pelias entsteigen würde. Wie kaum anders zu erwarten missglückte dieser Versuch. Aber auch Medeas Plan, Jason und seinen Vater wieder an die Macht zu bringen, ging nicht auf. Stattdessen ergriff Pelias Sohn die Herrschaft. Als er anschließend versuchte, Jason und Medea zur Rechenschaft zu ziehen, flohen die beiden nach Korinth, wo ihnen der dortige König Kreon Unterschlupf gewährte.

In Korinth lebte das Paar dann einige Jahre glücklich zusammen und in dieser Zeit gebar Medea zwei Söhne. Doch dann verstieß Jason seine Angetraute und ehelichte Glauke, die liebreizende Tochter König Kreons. Was den thessalischen Königssohn zu dieser leichtsinnigen Handlungsweise bewog, ist nicht überliefert, aber er sollte sein Verhalten schon bald bitter bereuen. Zunächst schien sich Medea allerdings willenlos in das Schicksal der verstoßenden Ehefrau zu fügen, denn sie schickte ihrer Nebenbuhlerin zur Hochzeit sogar ein wunderschönes Festtagsgewand. Dies war jedoch mit einem speziellen Pflanzensud getränkt und ging, als Glauke es anlegte, in Flammen auf. Bei diesem Anschlag kam sie ums Leben, ebenso wie ihr Vater Kreon, der versuchte, seiner Tochter zur Hilfe zu eilen. Aber damit waren Medeas Rachegelüste gegenüber Jason noch nicht gestillt, denn sie erstach auch noch die beiden gemeinsamen Söhne, bevor sie schließlich nach Athen floh.

Dort heiratete sie König Aigeus und gebar ihm schon bald darauf einen Sohn namens Medos. Anschließend vergiftete sie Theseus, den älteren Sohn des Königs, um ihrem eigenen Kind die Thronfolge zu sichern. Dazu benutze sie, wie der römische Dichter Ovid (etwa 43 v. Chr. bis 17 n. Chr.) in seinem Werk *Metamorphosen* berichtet, den Eisenhut:

Dort nimmt Aigeus sie auf, nur darob Tadel verdienend.
Wirt nicht blieb er allein: zur Gemahlin erhob er Medea.
Theseus auch war da, zur Zeit für den Vater ein Fremdling,
Er, des rüstige Kraft die Gestade des Isthmos gesichert.
Ihn ist Medea gewillt zu verderben und mischt Akoniton,
Welches mit sich ehdem sie gebracht von der skythischen Küste.
Jenes, vermeldet die Mär, sei aus des echidnischen Hundes
Zähnen erzeugt ...[9]

Nachdem Medea daraufhin auch Athen fluchtartig verlassen musste, ging sie mit ihrem Sohn in ihre eigentliche Heimat Kolchis zurück, wo sie – praktisch als Abschluss ihrer zweifelhaften Karriere – auf bewährte Art und Weise einen Usurpator beseitigte, um ihrem Vater Aietes so wieder zur Macht zu verhelfen, und damit auch Medos, der seinem Großvater später auf dem Thron folgte.

Mit einer derart gefährlichen Substanz gab es aber nicht nur Mordversuche, sondern auch Unglücksfälle. In einem Fall soll der byzantinische Kaiser Johannes II. Komnenos (1087-1143) betroffen gewesen sein, der wegen seiner wohl nicht sehr ansprechenden äußeren Erscheinung den bösartigen Beinamen Kaloioannes, also der „Schöne Johannes", bekommen hatte. Dieser befand sich im Jahr 1143 im Taurusgebirge auf der Jagd nach Schwarzwild und versuchte dabei, einen kräftigen, angeschossenen Eber mit dem Schwert zu erlegen. Als dabei sein Köcher mit vergifteten Pfeilen zerbrach, verletzte ihn einer davon an der Hand. Und weil er sich weigerte, seine Hand amputieren zu lassen, starb er schon bald darauf.

Der Blaue Eisenhut kommt auch in Mitteleuropa wild wachsend vor, allerdings hauptsächlich in höheren Lagen. Da die Art nicht besonders häufig ist, steht sie in Deutschland, Österreich und der Schweiz unter Naturschutz, ebenso wie alle ihre nahen Verwandten, etwa der Wolfs-Eisenhut, der gelbe Blüten besitzt. Und da es sich beim Eisenhut um eine beliebte, wenn auch nicht ganz ungefährliche Gartenpflanze handelt, gibt es heute außerdem zahlreiche Zuchtformen.

Wie viele Giftpflanzen, war der Blaue Eisenhut früher auch als Heilpflanze in Gebrauch, wobei er wegen seiner Giftigkeit allerdings vor allem äußerlich angewendet wurde, beispielsweise bei Nervenschmerzen, Gelenkentzündungen oder Rheumatismus. Heute werden Eisenhut-Arzneien kaum noch benutzt, abgesehen von homöopathischen Präparaten, etwa zur Behandlung von grippalen Infekten oder Schlaflosigkeit. Bei diesen Mitteln sind die Wirkstoffe allerdings so sehr verdünnt, dass selbst starke Gifte keinen Schaden mehr anrichten können (darüber, ob dann noch eine Nutzwirkung möglich ist, soll hier nicht spekuliert werden). Außerdem war der Eisenhut Bestandteil einer Reihe sogenannter Hexensalben (vgl. Kap. 2).

FORTSETZUNG MIT TRAGISCHEN FOLGEN

In Rom wurde Nero gleich nach dem Tod seines Stiefvaters zum Kaiser ausgerufen. Er war damals erst 16 Jahre alt und seine ehrgeizige Mutter Agrippina hatte wohl erwartet, ihren Einfluss in Rom als Mutter des Kaisers ausbauen zu können. Allerdings war Nero nicht bereit seine Macht zu teilen. Daher kam es zunehmend zu Streitigkeiten zwischen den beiden, wobei Agrippina, wie Tacitus berichtet, auch immer wieder einfließen ließ, dass Britannicus als leiblicher Sohn des verstorbenen Kaisers nach der bevorstehenden Volljährigkeit ja eigentlich der rechtmäßige Nachfolger sei.

Seitdem erging sich Agrippina in den heftigsten Schimpf- und Drohworten. Selbst in Gegenwart des Prinzeps scheute sie sich nicht, darauf hinzuweisen, daß Britannicus nun schon erwachsen sei. Dieser sei der wahre und würdige Erbe des väterlichen Thrones; jetzt habe ihn ein untergeschobener Adoptivsohn inne, der vor Beleidigungen seiner eigenen Mutter gegenüber nicht zurückschrecke.[10]

Weil Nero die Zweifel an der Rechtmäßigkeit seiner Stellung schließlich zu viel wurden, soll er – sozusagen „nach alter Mütter Sitte" – beschlossen haben, einen Giftanschlag auf seinen Stiefbruder zu verüben, um seine Macht dauerhaft zu festigen. Dazu schreibt Tacitus:

Da er aber keinen Grund zu einer Anklage gegen seinen Stiefbruder hatte und es auch nicht wagte, ihn offen umbringen zu lassen, versuchte er es auf geheime Weise und hieß Gift bereiten. Sein Helfer dabei war Pollio Julius, Tribun einer Prätorianerkohorte, in dessen Gewahrsam sich die wegen Giftmischerei verurteilte und durch ihre Verbrechen übel berüchtigte Locusta befand ... Das erste Mal brachten die eigenen Erzieher Britanniens das Gift bei; aber dieser gab es durch Erbrechen wieder von sich. Vielleicht war es zu schwach gewesen; möglicherweise hatte man es verdünnt, damit es nicht sofort (tödlich) wirke ...[11]

Dieser Misserfolg ließ Nero sehr zornig werden, und er drohte Pollio Iulius mit einer Bestrafung und der Giftmischerin mit Hinrichtung. Daraufhin versprachen beide, beim nächsten Mal erfolgreicher zu sein und ... *ihn so rasch umzubringen wie durch einen Schwertstreich. Neben dem Schlafgemach Neros wurde ein Gifttrank aus schon früher erprobten Giften bereitet, der auf der Stelle wirken wußte.*[12]

Allerdings war Britannicus durch den erfolglosen Giftanschlag so misstrauisch geworden, dass er sein Essen nun von einem Vorkoster überprüfen ließ, was einen zweiten Anschlag deutlich erschwerte. Irgendjemand muss dann aber eine „gute" Idee gehabt haben, denn man überreichte Britannicus bei einem gemeinsamen Essen mit seiner Familie ein Getränk, das warm sein sollte, tatsächlich aber kochend heiß war. Dieser beschwerte sich deswegen, woraufhin einer der Bediensteten kaltes Wasser hinzufügte und damit das Gift.

Dieses drang ihm dermaßen durch alle Glieder, daß es ihm gleichzeitig Stimme und Atem nahm. Ängstlich flohen die um ihn herum Sitzenden auseinander und konnten sich das nicht erklären. Diejenigen aber, die die Sache tiefer durchschauten, blieben wie gebannt an ihren Plätzen und sahen zu Nero hinüber. Der blieb (auf seinem Speisesofa) ungestört liegen und sagte, als ob er sonst von nichts wüßte, das sei einer der gewöhnlichen epileptischen Anfälle, an denen Britannicus schon seit frühester Kindheit litte; Blick und Besinnung würden sich bald wieder einstellen. Doch Agrippina durchzuckte trotz ihres Bemühens, eine gleichgültige Miene aufzusetzen, solcher Schreck und solche Bestürzung, daß daraus ihre Nichtbeteiligung klar hervorging – ebenso die der Octavia, der Schwester des Britannicus. Auch diese hatte trotz ihrer Jugend schon gelernt, Schmerz und Liebe, ja, jede Gefühlsregung zu verbergen. So nahm nach kurzem Schweigen das Mahl seinen fröhlichen Fortgang ... Der Tod des Britanniens und seine Verbrennung erfolgten in derselben Nacht. Die Vorbereitungen zu der – bescheidenen – Bestattungsfeier waren schon vorher getroffen worden. Trotzdem (er vergiftet worden war), wurde er auf dem Marsfelde beigesetzt. Dabei gingen so heftige Regengüsse nieder, daß das Volk sagte, die Götter gäben ihren Zorn über den Frevel zu erkennen.[13]

Rückschlüsse auf das verwendete Gift, so es sich denn tatsächlich um einen Anschlag gehandelt hat, lässt Tacitus knappe Schilderung kaum zu, und es kann auch nicht ausgeschlossen werden, dass Britannicus tatsächlich eines natürlichen Todes starb. Schließlich könnte er wirklich an Epilepsie gelitten haben, auch wenn immer wieder behauptet wird, seine Stiefmutter Agrippina habe dies anfangs nur als Gerücht gestreut, um deutlich zu machen, wie viel besser ihr Sohn Nero für Claudius Nachfolge geeignet sei. Vermutlich hat es in der julisch-claudischen Familie tatsächlich Epileptiker gegeben, darunter Caesar, mit dem Britannicus sowohl väterlicher- als auch mütterlicherseits blutsverwandt war, aber auch Caligula. Daher kann nicht ausgeschlossen werden, dass auch Britannicus an dieser Krankheit litt und möglicherweise am Abend des gemeinsamen Essens einen schweren epileptischen Anfall mit Todesfolge hatte oder wie man heute sagen würde ein SUDEP (Sudden Unexpected Death In Epilepsy). Statistisch gesehen treten solche Fälle jährlich bei einem von 1000 erwachsenen Epilepsiepatienten auf; Kinder sind dagegen deutlich seltener betroffen.

Bleibt noch zu erwähnen, dass auch Agrippina diese mörderischen Zeiten nicht überlebte, denn sie wurde, weil Nero glaubte, sie stelle nach wie vor eine Gefahr für seine Herrschaft dar, im Jahre 59 n. Chr. auf seine Anweisung hin in ihrem Haus ermordet. Zuvor hatte es bereits einen Anschlag bei einer Fahrt mit einem Schiff gegeben, das eine nur für diesen Zweck eingebaute Vorrichtung besaß, mit der man Agrippina von ihrem Sitzplatz ins Meer rutschen lassen wollte. Später sollte die ganze Sache dann als tragisches Schiffsunglück dargestellt werden.

Allerdings misslang der Mordversuch, denn Agrippina fiel zwar ins Wasser, konnte sich aber schwimmend zu einem in der Nähe befindlichen Boot retten. Kurz danach schickte ihr Nero dann allerdings in jugendlicher Ungeduld die Meuchelmörder ins Haus. Versuche, Agrippina zu vergiften, hat es augenscheinlich nicht gegeben. Vermutlich schätzte Nero ein solches Attentat bei einer Frau mit derartiger Erfahrung als wenig erfolgversprechend ein. Außerdem gab es das Gerücht, sie sei durch Einnahme bestimmter Arzneien längst immun gegen die üblichen Gifte jener Zeit (vgl. Kap. 3).

Über Locusta berichtet Sueton, dass Nero verfügt habe, sie für ihre früheren Verbrechen nicht weiter zu belangen. Außerdem bekam sie Grundbesitz und er schickte ihr, sicher nicht ganz ohne Eigennutz, sogar Schüler, damit sie ihr reiches Wissen weitergeben konnte. Allerdings erhielt auch sie letztlich die ihr schon seit langer Zeit zugedachte Strafe, denn sie wurde 69 n. Chr. hingerichtet.

GROß, GRÖßER, ALEXANDER

Noch weiter zurück als die römischen Intrigen liegt der überraschende Tod von Alexander dem Großen (356-323 v. Chr.), um den sich ebenfalls zahlreiche Gerüchte ranken. Die tauchen besonders dann gehäuft auf, wenn das Ableben einer wichtigen Person überraschend oder unerwartet früh erfolgte, wie es bei dem makedonischen König der Fall war, der im Alter von nur 32 Jahren starb. Zuvor hatte er nicht nur Persien, das damals mächtigste Reich der Erde erobert, sondern außerdem in gerade einmal elf Jahren ein Weltreich geschaffen, das von Griechenland bis zum Himalaja reichte und dabei unter anderem die heutigen Länder Griechenland, Türkei, Syrien, Ägypten, Irak, Iran, Afghanistan und Pakistan bis nach Kaschmir umfasste. Dass ein so mächtiger und erfolgreicher Feldherr in jungen Jahren eines normalen Todes verstorben sein sollte, konnten und können sich viele Menschen nicht vorstellen und so kam auch schon bald der Verdacht auf, es sei nicht alles mit rechten Dingen zugegangen.

Überliefert ist von mehreren antiken Autoren, dass Alexander im Juni 323 v. Chr. nach einem ausgedehnten Trinkgelage, das am Abend zuvor stattgefunden hatte, plötzlich hohes Fieber bekam, verbunden mit Muskelkrämpfen, heftigen Bauchschmerzen, Übelkeit, Erbrechen, gefolgt von zunehmender Erschöpfung und einer fortschreitenden Lähmung, sodass er schließlich sogar zum Baden sowie zum Opferzeremoniell getragen werden musste. Außerdem soll er Halluzinationen gehabt und sein Sprechvermögen verloren haben, bevor er elf Tage später schließlich verstarb.

ERKLÄRUNGSVERSUCHE DES UNERKLÄRLICHEN

Seit diesem Tag gibt es die unterschiedlichsten Vermutungen über die Ursachen seines Todes. Häufig wird in diesem Zusammenhang die Theorie geäußert, der makedonische Herrscher sei an Malaria, auch Wechsel- oder Sumpffieber genannt, verstorben. Malaria ist eine Infektionskrankheit, die durch Einzeller (Plasmodien) verursacht wird, welche zumeist von Mücken übertragen werden. Einige der genannten Symptome lassen sich auch tatsächlich mit dieser Krankheit in Verbindung bringen, aber viele Mediziner zweifeln diese Theorie dennoch an, weil ihnen die Anzeichen nicht charakteristisch genug für eine Malariaerkrankung sind.

Typischerweise dringen die Erreger nach einer Infektion in die roten Blutkörperchen ein und vermehren sich dort. Das führt schließlich zum Platzen der Blutkörperchen, sodass sich jetzt zahlreiche Plasmodien im Blut befinden. Darauf reagiert der Körper mit Fieber, um die Erreger zu bekämpfen, das aber wieder zurückgeht, wenn diese erneut Blutkörperchen befallen und daher für das Immunsystem nicht mehr erkennbar sind. Nach deren dortiger Vermehrung und dem erneuten Platzen der Blutkörperchen erfolgt dann ein neuer

Fieberschub, was schließlich zu dem charakteristischen Wechselfieber führt, das im Falle von Alexander aber augenscheinlich nicht aufgetreten ist.

Es gibt allerdings vier verschiedene Einzeller, die Malaria hervorrufen können. Einer davon ist *Plasmodium falciparum*, der die sogenannte „Malaria tropica" verursacht. Bei dieser Form der Krankheit kommt es nicht zwangsläufig zu den erwähnten Fieberschüben und es sind auch Bewusstseinsstörungen und Koma möglich. Außerdem führt eine Infektion mit dieser Form nicht selten zum Tode, sodass eine Malariaerkrankung bei Alexander durchaus vorstellbar ist.

Aber es gibt weitere Theorien. Eine davon besagt, Alexander sei sein unmäßiger Alkoholkonsum zum Verhängnis geworden. Bekannt ist, dass der Makedonier zeitlebens ein starker Trinker war, der mit seinen Kumpanen oft ganze Nächte durchzechte. Und auch am Vorabend seiner Erkrankung nahm er, wie bereits erwähnt, an einem Trinkgelage teil, das nicht nur die ganze Nacht, sondern noch bis weit in den nächsten Tag über angedauert haben soll, bevor dann plötzlich die ersten Krankheitssymptome auftraten. Daher besteht durchaus die Möglichkeit, dass das hohe Fieber auf eine akute Leberentzündung zurückzuführen ist, denn gerade die Leber wird bekanntlich durch übermäßigen Alkoholkonsum besonders stark in Mitleidenschaft gezogen. Nicht selten kommt es aber auch zu einem Mineralstoff- und Vitaminmangel, wobei etwa fehlendes Thiamin durchaus Verwirrtheit, Gehstörungen oder Augenprobleme verursachen kann. Und wenn dann noch eine akute Alkoholvergiftung hinzukommt, treten zusätzlich Gleichgewichtsstörungen, Übelkeit, Erbrechen und Bewusstseinsstörungen auf.

Bereits in der Antike war aber auch schon immer von einer Vergiftung die Rede, was wenig verwunderlich ist, denn, wie erwähnt, waren Versuche, unliebsame Personen durch Gift zu beseitigen, damals durchaus nicht unüblich. Und Alexander hatte einiges dafür getan, dass ihm viele Menschen nicht wohlgesonnen waren. So galt er schon immer als jähzornig und unberechenbar, aber besonders nach seinem Sieg über die Perser verstärkten sich diese Charaktereigenschaften noch. Deutlich wird dies etwa daran, dass er seinen Jugendfreund Kleitos, der ihn stets auf seinen Feldzügen begleitet und ihm in einer Schlacht sogar einmal das Leben gerettet hatte, im Streit ermordete und Philotas, ebenfalls ein Jugendgefährte und später einer seiner Feldherren wurde hingerichtet, nachdem er beim Makedonier in Ungnade gefallen war.

All dies trugen ihm die Familien der Getöteten natürlich nach, aber auch der Umstand, dass er nach dem Sieg über die Perser immer mehr Sitten und Gebräuche des ehemaligen Feindes annahm, erregte den Unmut vieler seiner Landsleute. So kleidete er sich wie ein Perser, heiratete zwei persische Frauen und verlangte selbst von den langjährigen Begleitern seiner Kriegszüge, dass sie vor ihm auf die Knie fielen, wie es bei vielen orientalischen Despoten üblich war. Insbesondere ältere Soldaten, die manchmal schon unter seinem Vater Philipp gedient hatten, empörten sich über das Verhalten ihres Feldherrn, und auch eine Zwangsheirat von 10.000 makedonischen Soldaten mit persischen Frauen trug dazu bei, dass die Loyalität seiner Truppenführer immer mehr in Hass umschlug. Der verstärkte sich noch, als der Feldzug gegen die Inder ein Fehlschlag wurde, der Zehntausende seiner Soldaten das Leben kostete, und Alexander trotzdem schon bald darauf davon sprach, er wolle in Kürze die Karthager angreifen.

Feinde Alexanders gab es also zuhauf, wobei die erwähnten Probleme zudem wohl nur die Spitze des Eisberges waren. Daher könnte es unter seinen Widersachern durchaus einige gegeben haben, die auch vor einem Giftmord nicht zurückgeschreckt hätten. Und sollte Alexander tatsächlich einem Anschlag zum Opfer gefallen sein, so würden, wie es der neuseeländische Toxikologe Leo Schep und einige seiner Kollegen in einem Artikel aus dem Jahr 2014 vermuten, die überlieferten Symptome am besten zum Gift des Weißen Germer (*Veratrum album*) passen.

Die zu den Liliengewächsen gehörende Pflanze, die auch Nieswurz oder Lauskraut genannt wird, ist eine in Europa und Asien heimische, bis 150 cm hohe, ausdauernde Art mit langen Trauben aus innen weißen und außen grünlichen Blüten. Sie wurde früher manchmal als Pfeilgift oder zur Vernichtung von Ungeziefer verwendet, denn die Pflanze enthält steroide Alkaloide wie Protoveratrin A und B sowie Germerin, deren Wirkung mit der von Aconitin, also dem Gift des Blauen Eisenhuts, das oben beschrieben wurde, vergleichbar ist.

Bei den Ärzten der Antike galt die Pflanze aber auch als eine Art Allheilmittel, wobei sie in geringer Dosis besonders häufig als Brechmittel genutzt wurde, denn das Erbrechen gehörte damals zu den unverzichtbaren Behandlungsmethoden. Daher besaß auch praktisch jeder Arzt einen Vorrat an fermentiertem Pflanzenextrakt des Weißen Germers, sodass das Gift für ein Anschlag durchaus verfügbar gewesen wäre.

Hätte es einen solchen Versuch gegeben, wäre es natürlich unklug gewesen, dem Makedonier eine größere Menge des Giftes in den Wein oder das Essen zu mischen, weil dann unweigerlich der Verdacht eines Anschlags aufgekommen wäre, was Verdächtigungen und Nachforschungen zur Folge gehabt hätte. In kleineren Dosen verabreicht, hätte das blutdrucksenkende Gift bei Alexander aber durchaus den schleichenden Tod im Verlauf der folgenden elf Tage nach dem Trinkgelage durch Kreislaufversagen oder eine Atemlähmung verursachen können.

Und einige der typischen Symptome einer Germer-Vergiftung, etwa plötzliche Schmerzen im Brust- und Bauchbereich, begleitet von

Übelkeit, Durchfall, Erbrechen, einer Verlangsamung des Herz-schlags, Blutdruckabfall, Muskelschwäche und Krämpfen, bis hin zu Halluzinationen und Atemnot, erinnern tatsächlich an die beschriebe-nen Beschwerden vor Alexanders Tod. Möglich ist aber auch, dass eine solche Vergiftung nicht vorsätzlich erfolgte, sondern eine Art Un-fall war, weil die Ärzte den Weißen Germers wegen der sich ständig verschlimmerten Symptome, besonders der heftigen Bauchschmerzen und ständigen Übelkeit, aber vielleicht auch wegen des hohen Fiebers so häufig einsetzten, dass es zu einer Vergiftung kam, verbunden mit den Sprachstörungen bis hin zum völligen Sprachverlust.

In einem Artikel aus dem Jahre 2003 äußerten die US-Wissenschaft-ler Marr und Calisher dann eine weitere Theorie. Ihre Vermutung war, Alexander sei am West-Nil-Fieber erkrankt und schließlich daran gestorben. Diese Krankheit, die vor allem bei Vögeln, aber auch Pfer-den auftritt, wird durch Viren verursacht, die unter Umständen durch Stechmücken auch auf Menschen übertragen werden können. Häufig bleibt eine solche Infektion bei den Betroffenen folgenlos, aber bei ei-nem schweren Verlauf kann es zu sehr hohem Fieber kommen, oft verbunden mit Schüttelfrost, Kopf- und Rückenschmerzen, Übelkeit, Abgeschlagenheit sowie Lähmungserscheinungen, Krampfanfällen, Augenproblemen und sogar Bewusstseinsstörungen, also Sympto-men, von denen viele auch in den Berichten über Alexanders Krank-heitsverlauf erwähnt werden. Und tatsächlich kann eine solche Infek-tion in seltenen Fällen auch zum Tod führen.

2018 fügte die Medizinerin Katherine Hall von der neuseeländi-schen University of Otago in einem Artikel im „Ancient History Bul-letin", der Diskussion um den frühen Tod des makedonischen Königs dann noch eine weitere Theorie hinzu. Wegen einer Reihe auffälliger Übereinstimmungen glaubt sie, Alexander habe möglicherweise am Guillain-Barré-Syndrom (GBS) gelitten, denn das könne die überlieferten Symptome deutlich besser erklären als andere Hypothesen. Ursache sei eine Infektion mit *Helicobacter pylori* gewesen, einem Bakterium, das zumeist durch verunreinigte Lebensmittel oder verschmutztes Wasser in den Körper gelangt. Dort verursacht es häufig Darmzündungen, kann in seltenen Fällen als Folgeerkrankung aber auch zum Guillain-Barré-Syndrom führen, einer sehr seltenen Autoimmunerkrankung, bei der das Immunsystem gesunde Zellen des Nervensystems angreift. Und tatsächlich kann GBS solche Symptome hervorrufen, wie sie beim Krankheitsverlauf Alexanders beschrieben wurden.

Fest steht jedenfalls, dass der Makedonier schließlich am elften Tag nach dem Auftreten der ersten Beschwerden starb und obwohl zu dieser Zeit eine große Hitze herrschte, so überliefert es der römische Historiker Quintus Curtius Rufus (1. Jhdt. n. Chr.) in seinem Werk über Alexander den Großen, zeigte der Körper des makedonischen Feldherrn selbst sechs Tage nach seinem diagnostizierten Tod keinerlei Anzeichen von Verwesung. Und auch beim griechischen Schriftsteller Plutarch (um 45-125) kann man nachlesen, der Körper Alexanders wäre, weil sich die Generäle augenscheinlich nicht auf das weitere Vorgehen einigen konnten, noch viele Tage unbestattet in der Hitze aufgebahrt liegen geblieben, ohne jedoch die geringsten Anzeichen einer Verwesung zu zeigen.

All dies hielt man bisher eher für frei erfunden, aber Hall vermutet nun, Alexander sei tatsächlich gar nicht verstorben, sondern scheintot gewesen, weil die Lähmung und der verringerte Bedarf an Sauerstoff den Atem so weit verlangsamt hätten, dass man ihn für tot halten konnte. Dazu beigetragen hätte außerdem, dass das Abklingen des Fiebers zu einer Unterkühlung des Körpers geführt und dadurch den Eindruck des Todes verstärkt hätte. In Wahrheit sei Alexander aber nur in ein tiefes Koma gefallen, bevor er dann sechs Tage später tatsächlich starb.

Beweisen lässt sich auch diese Theorie nicht. Dank neuer wissenschaftlicher Methoden ist es heute zwar oft möglich, durch Untersuchung der sterblichen Überreste einer Person auch nach langer Zeit noch Aussagen über die Todesursache zu machen, aber leider weiß niemand, wo sich die mumifizierte Leiche Alexanders befindet. Überliefert ist, dass sie nach Alexandria überführt wurde und dort in einer extra errichteten Grabstätte bestattet wurde. In der Spätantike verlieren sich dann allerdings die Spuren, sodass heute niemand mehr weiß, wo sich diese Grabstätte befunden hat. Daher ist anzunehmen, dass auch diese Theorie nicht das Ende der Diskussion um Alexanders frühen Tod sein wird. Für die Vorstellung eines normalen Ablebens ist der makedonische König und Feldherr wohl einfach zu groß.

DER FANTASIE SIND KEINE GRENZEN GESETZT

Waren es in der Antike nur wenige Pflanzengifte, mit denen die Meuchelmörder ihre Schandtaten verübten, wurde diese Palette in den nächsten Jahrhunderten nach und nach deutlich erweitert. Inzwischen kamen nun auch Gifte hinzu, die nicht von Pflanzen produziert wurden. Und eines davon lief den Giftpflanzen vorübergehend sogar den Rang ab.

DIE KÖNIGIN DER GIFTE

Die Rede ist vom Arsen, einem Halbmetall, das oft auch Königin der Gifte genannt wird. Diese Substanz hatte den großen Vorteil, dass es sich sehr leicht beschaffen ließ, denn es handelte sich um ein häufig genutztes Rattengift, das in vielen Haushalten vorrätig war, oder das man sehr einfach in jeder Apotheke beschaffen konnte. Außerdem ließ es sich deutlich besser dosieren als pflanzliche Substanzen, bei denen die Menge des Giftes in einzelnen Exemplaren oft größeren Schwankungen unterliegen. Dazu kommt, dass Arsen geruchs- und geschmacklos ist, was für Giftanschläge natürlich einen unschätzbaren Vorteil darstellt.

Verwendet wurde normalerweise Arsenik, also das Oxid des dreiwertigen Arsens (Arsen(III)-oxid), und wenn dieses richtig dosiert war, konnte der Mord kaum nachgewiesen werden. Dass lag auch daran, dass die Symptome der Vergiftung andern Krankheiten wie der früher weit verbreiteten Cholera sehr stark ähnelten. Bei den meisten Arsenverbindungen handelt es sich um Stoffwechselgifte, die unter anderem die Aktivität von Enzymen beeinträchtigen können, aber auch den zellulären Energiestoffwechsel und das Immunsystem. Die Folge sind Krämpfe, Übelkeit, Durchfall und Erbrechen sowie innere Blutungen bis hin zu einem Nieren- und Kreislaufversagen. Um einen Menschen zu töten reichten, abhängig von Körpergewicht und Verfassung, schon 50 bis 150 mg des Giftes aus, sodass Arsen nach der Spätantike zum am häufigsten verwendeten Toxin für Mordanschläge wurde.

Dabei gab es aber nicht nur Fälle, bei denen vereinzelt unliebsame Opfer beseitigt wurden, sondern die Bremerin Gesche Margarethe Gottfried (1785-1831) vergiftete beispielsweise 15 Menschen ohne erkennbaren Grund durch Arsenik, darunter ihren Vater, ihren Bruder, zwei Ehemänner, ihre beiden Töchter, ihren Sohn, aber auch Opfer außerhalb der Familie, etwa ihre Vermieterin und nicht zuletzt ein dreijähriges Kind. Außerdem wurden zahlreiche Menschen verletzt. Gottfried wurde der Taten überführt und 1831 hingerichtet.

Bis der englische Chemiker James Marsh im Jahr 1836 eine Methode entwickelte, mit der sich Arsenik bei verdächtigen Todesfällen sicher nachweisen ließ, waren etwa 90 bis 95 Prozent aller Giftmorde auf

Arsenik zurückzuführen. Wegen dieses neuen Nachweisverfahrens kamen in der Folge nun wieder vermehrt Pflanzengifte zum Einsatz, weil sich die meisten von ihnen zu dieser Zeit noch nicht sicher nachweisen ließen. Aber auch die Entwicklung solcher Nachweisverfahren waren letztlich nur eine Frage der Zeit, denn es gelang Chemikern und Pharmazeuten nach und nach immer mehr giftige Pflanzeninhaltsstoffe zu identifizieren und zu charakterisieren. Diese Kenntnisse erleichterten dann die Entwicklung von Methoden, mit denen es möglich wurde, immer mehr pflanzliche Gifte bei Mordopfern nachzuweisen. Und diese Fortschritte konnten einem Täter leicht zum Verhängnis werden, wie das folgende Beispiel zeigt.

Ein Graf auf Abwegen

Am 20. November 1850 verstarb ein Mann namens Gustave Fougnies sehr plötzlich und unter merkwürdigen Umständen auf Schloss Bury in Belgien. Dort war er bei seiner Schwester Lydie und deren Ehemann, dem Grafen Hippolyte Visart de Bocarmé zum Abendessen gewesen, bei dem er ihnen offiziell mitteilen wollte, dass er vorhabe, sich in Kürze zu vermählen. Die Eheleute Bocarmé hatten gerüchteweise schon davon gehört, und es muss ein großer Schock für sie gewesen sein, denn der belgische Graf lebte schon seit längerer Zeit über seine Verhältnisse und befand sich daher in ständiger Geldnot. Um diese zu lindern, hatte er auch seine Frau Lydie geheiratet, die Tochter eines wohlhabenden Apothekers war. Allerdings reichte die Mitgift bei Weitem nicht aus, um die finanziellen Probleme zu lindern, und auch als Lydies Vater starb, erbte ihr Bruder den Hauptteil des väterlichen Erbes, während sich seine Schwester und ihr Ehemann mit einer Art Pflichtteil begnügen mussten. Daher hofften die beiden, dass dem Apothekersohn kein besonders langes Leben beschieden sein würde, damit sie ihn beerben konnten.

Diese Hoffnung schien nicht ganz unbegründet, denn Gustave war schon immer kränklich gewesen, und sein Gesundheitszustand hatte sich weiter verschlechtert, nachdem einer seiner Unterschenkel amputiert werden musste. Daher war das Gerücht über die bevorstehende Heirat auch eine alarmierende Nachricht für das Grafenehepaar, denn bei einer Eheschließung wären sie leer ausgegangen, weil im Falle des Todes von Gustave die Ehefrau dessen Vermögen geerbt hätte. Daher beschloss Bocarmé seinen Schwager zu vergiften, bevor der seine Heiratspläne tatsächlich in die Tat umsetzen konnte. Und dies sollte bei dem besagten Abendessen geschehen.

Dieser Teil des Plans gelang zunächst auch, denn Fougnies verstarb noch am selben Abend – angeblich durch einen Schlaganfall. Allerdings hatten die Bediensteten des Schlosses, die sich das Grafenehepaar trotz der ständigen Geldnöte leistete, zuvor einen Streit und Geräusche im Speisezimmer gehört, die wie ein Handgemenge klangen. Und tatsächlich entdeckte der hinzugezogene Untersuchungsrichter Kampfspuren in Fougnies Gesicht sowie an den Händen des Grafen. Außerdem gab es an Mund, Rachen und Magen des Toten starke Verätzungen, und weil das Gehirn bei der Obduktion keinerlei Anzeichen eines Schlaganfalls aufwies, vermutete der Untersuchungsrichter eine Vergiftung, sodass er das Ehepaar in Haft nehmen ließ.

Allerdings konnte man beim Opfer zunächst kein bekanntes Gift nachweisen. Um dennoch nichts unversucht zu lassen, zog der Untersuchungsrichter als Experten den Chemieprofessor Jean Servais Stas (1813–1891) aus Brüssel hinzu, der sich beim Nachweis pflanzlicher Gifte schon erste Verdienste erworben hatte. Dieser untersuchte wochenlang die ihm zur Verfügung stehenden sterblichen Überreste des Opfers und stellte dabei zunächst fest, dass die Verätzungen an Mund, Rachen und Magen durch Essigsäure verursacht worden waren, was den Verdacht aufkommen ließ, dass man die Leiche mit

Weinessig behandelt hatte, um auf diese Weise alle Spuren einer Vergiftung zu beseitigen.

Das entmutige Stas jedoch nicht, sondern er suchte unermüdlich weiter, bis es ihm durch sehr aufwendige und gut durchdachte Untersuchungen gelang, in Fougnies' Zunge und Leber Nikotin nachzuweisen, ein in Tabakpflanzen enthaltenes Alkaloid, und zwar in einer Menge, die ausgereicht hätte, um mehrere Menschen zu töten. Damit war Stas der erste Wissenschaftler, dem es gelang, dieses Gift im Körper eines Verstorbenen aufzuspüren. Aber damit nicht genug, denn mit seiner Methode ließen sich später auch andere Pflanzenalkaloide nachweisen, und sie wird, mit gewissen Modifikationen, auch heute noch angewendet.

Nun mag man einen Mordversuch mit Nikotin zunächst für nicht besonders vielversprechend einschätzen, denn durch die weitverbreitete Angewohnheit des Rauchens scheint von Nikotin keine akute Vergiftungsgefahr auszugehen, sondern man kennt eher die langfristigen Schäden (vgl. Kap. 3). Tatsächlich ist das Alkaloid aber ein gefährliches Nervengift, das bei hoher Dosierung durchaus den schnellen Tod von Menschen verursachen kann, weil bestimmte Neurotransmitter durch Nikotin in ihrer Funktion beeinträchtigt werden. Solche Neurotransmitter wurden schon beim Blauen Eisenhut erwähnt, und auch später wird von ihnen noch häufiger die Rede sein. Zu ihren Aufgaben gehört es unter anderem, den synaptischen Spalt zwischen zwei Nervenzellen zu überbrücken. Um das zu ermöglichen, sorgt der ankommende elektrische Impuls in der erregten Zelle dafür, dass in winzigen Vesikeln gespeicherte Transmitter in den Spalt abgegeben werden. Diese binden dann an spezielle Rezeptoren in der Membran der gegenüberliegenden Zelle und sorgen so für eine Signalübertragung zwischen den beiden Zellen.

Bei den Rezeptoren handelte sich in diesem Fall um die sogenannten Nikotinischen Acetylcholin-Rezeptoren, die an verschiedenen Stellen des menschlichen Körpers sitzen. Dazu gehören auch die motorischen Endplatten, also die Stellen, wo Signale von Nervenzellen an Muskeln übertragen werden. An die dortigen Rezeptoren bindet normalerweise der Neurotransmitter Acetylcholin. Das führt dazu, dass sich die Struktur des Rezeptors verändert, was wiederum den Aufbau des bereits erwähnten Ruhepotenzials ermöglicht, eine wichtige Voraussetzung für die erfolgreiche Signalweiterleitung in Nervenzellen.

Genau diesen Prozess können nun aber bestimmte pflanzliche Alkaloide beeinflussen, darunter Nikotin, denn dies hat eine strukturelle Ähnlichkeit mit dem körpereigenen Acetylcholin, sodass es die Nikotinischen Acetylcholin-Rezeptoren ebenfalls besetzen und aktivieren kann. Allerdings hält die Aktivierung durch Nikotin viel länger an, als die durch Acetylcholin, das vergleichsweise schnell wieder abgebaut wird. Und die längere Verweildauer des Nikotins sorgt nun für eine längere Erregung der entsprechenden Zelle, die dann auch länger braucht, bis sie nach der Aktivitätsphase wieder ein Ruhepotenzial aufzubauen kann. Das führt bei einer Vergiftung dazu, dass einige Muskeln, etwa in Armen und Beinen oder im Brustkorb ihre Aufgaben nicht mehr richtig wahrnehmen, was eine Atemlähmung und den Tod zur Folge haben kann.

Allerdings eignet sich Nikotin nicht wirklich gut für einen Mordanschlag, denn es riecht unangenehm und hat zudem einen ziemlich widerlichen Geschmack, sodass es in einer Speise oder einem Getränk zumeist nicht unentdeckt bleibt. Daher musste Hippolyte Visart de Bocarmé seinen Schwager das Gift auch mit Gewalt einflößen, was zu den Kampfspuren geführt hatte. Und weil dies wohl nicht möglich war, ohne ein Teil des Giftes zu verspritzen, hatte der Graf später versucht, diese Spuren am Opfer durch Weinessig zu beseitigen und sogar die Oberfläche der Dielen im Speisesaal, an der Stelle, wo die Tat geschehen war, abzuschaben. Allerdings nützte das ebenfalls nichts, denn Stas konnte nachweisen, dass genau an der Stelle Nikotin verschüttet worden war. Das benutzte Gift hatte der Graf selbst aus Tabakblättern extrahiert und danach an Enten, Katzen und Hunden getestet. Deren Überreste wurden später im Garten gefunden, wie auch die verwendeten Apparaturen, die er hinter einer Deckentäfelung versteckt hatte. Aufgrund der zahlreichen Beweise wurde Hippolyte Visart de Bocarmé später zum Tode verurteilt und 1851 hingerichtet.

OHNE RÜCKSICHT AUF VERLUSTE

Trotz der verbesserten Nachweismethoden wurden bestimmte Pflanzengifte aber auch in der Folge weiterhin für Mordanschläge eingesetzt. Eines davon ist Morphin, also das Hauptalkaloid des Opiums aus dem Schlafmohn (vgl. Kap. 3), und ein Beispiel dafür ist der Fall der sogenannten „Gifthexe vom Rhein", die kurz nach dem Zweiten Weltkrieg ihr Unwesen trieb. Ihr „Geschäftsmodell" war es, zumeist älteren Opfern Morphin in ihre Getränke zu mischen und dann zu warten, bis sie eingeschlafen waren, denn Morphin ist nicht nur ein starkes Schmerzmittel, sondern hat zudem eine schlaffördernde Wirkung, führt bei zu hoher Dosierung allerdings zum Tod durch Atemstillstand. Nachdem die Opfer eingeschlafen waren, beraubte die Giftmischerin sie und verschwand.

Allerdings ging die Täterin bei der Dosierung des Morphins nicht besonders sorgfältig vor, sodass zahlreiche Opfer starben. Die genaue Zahl konnten die Behörden nicht ermitteln, denn die Täterin war in ganz Deutschland unterwegs gewesen, sodass es Schwierigkeiten gab, die Mordserie genau nachzuverfolgen. Dazu kam, dass so kurz nach dem Krieg fast überall gut ausgerüstete Labore mit den notwendigen Reagenzien für einen Morphinnachweis fehlten, sodass nicht alle Taten zweifelsfrei nachgewiesen werden konnten und viele vermutlich nicht einmal entdeckt wurden.

Deshalb verurteilte man die Frau letztlich für „nur" vier Morde zum Tode. Dieses Urteil erging am 22. Mai 1949 in Köln, aber da am Tag nach der Urteilsverkündung das Grundgesetz der Bundesrepublik in Kraft trat, in dem keine Todesstrafe mehr vorgesehen war, wurde es nicht mehr vollstreckt. Stattdessen wandelte man es in eine zweimal lebenslange Haftstrafe um, und tatsächlich saß die Verurteilte anschließend 38 Jahre im Gefängnis. Damit ging sie als bundesweite Haftrekordhalterin in die Geschichte ein, aber auch als Frau, die in der Bundesrepublik als letzte zum Tode verurteilt wurde und die erste war, an der man das Todesurteil nicht mehr vollstreckte.

Aber auch in den Jahrzehnten danach versuchten Giftmörder und Giftmörderinnen weiterhin unliebsame Mitmenschen mit Morphin aus dem Weg zu räumen. Ein Beispiel dafür ist eine 36-jährige Ärztin, die im Februar 2011 ihren 50 Jahre älteren Ehemann mit einer Überdosis Morphin umbrachte. Der damals 85-jährige Mann hatte die Frau einige Jahre vorher aus der Drogenszene und dem Rotlichtmilieu herausgeholt und ihr ein sogar ein Studium ermöglicht. Als der Ehemann erfuhr, dass seine Frau ein Verhältnis mit einem anderen Mann hatte und sogar zu ihm ziehen wollte, ließ er ihre Kontozugänge sperren und drohte, sein Testament zu ändern. Daraufhin zog die Ärztin fünf Ampullen Morphin in einer Spritze auf und rammte sie ihrem Gatten in den Oberschenkel, was dessen Tod verursachte. Wegen dieser Tat, die sie schließlich zugab, wurde sie zu lebenslanger Haft verurteilt.

TÖDLICHES KATZENGULASCH

Zu den Giftpflanzen, die wohl nur selten für Mordanschläge verwendet werden, gehören dagegen die Mitglieder der kleinen Gattung *Gelsemium* mit nur drei Arten, von denen der Gelbe oder Wilde Jasmin (*Gelsemium sempervirens*), der manchmal auch Carolina-Jasmin genannt wird, die bekannteste ist. Es handelt sich um verholzte, bis 6 m lange Lianen oder Schlingsträucher mit einer rötlichen Rinde und angenehm duftenden, gelben Blüten. Zwei der drei Arten sind in Nord- und Mittelamerika heimisch, die dritte, *Gelsemium elegans*, in weiten Teilen Asiens.

Und die letztgenannte Pflanze ist es auch, die für einen aktenkundig gewordenen Mord verwendet wurde. So verstarb am 23. Dezember 2011 nach einem Arbeitsessen in einem Ort namens Bajia im Südwesten der chinesischen Provinz Guangdong völlig unerwartet der 49-jährige Volkskongressabgeordnete und Millionär Long Liyuan, der sein Vermögen mit Holzhandel gemacht hatte. Organisiert hatte dieses Essen ein lokaler Funktionär namens Huang Guang, ein langjähriger Geschäftspartner Long Liyuans, der in der Vergangenheit dafür gesorgt hatte, dass dem Millionär für seine Geschäfte Wege geebnet und Türen geöffnet wurden.

Wie die Polizei später ermittelte, hatte Huang Guang augenscheinlich hohe Spielschulden, die er nicht mehr begleichen konnte. Daher versuchte er, höhere Zuwendungen aus seinem Geschäftspartner herauszupressen, was dieser allerdings ablehnte. Und er drohte sogar, den bestechlichen Funktionär auffliegen zu lassen, was für diesen gefährlich worden wäre, weil Korruption in China sehr hart bestraft wird. Daher sah er keinen anderen Ausweg, als seien Geschäftspartner zu ermorden.

Ort des Arbeitsessens war das Restaurant „Hot Pot", weil es dort ein gutes Katzengulasch gab, was Liyuan besonders gern aß. Als das

Gericht nicht schnell genug aufgetragen wurde, ging Huang Guang in die Küche, um angeblich nachzuschauen, was der Grund für die Verzögerung war. Dabei muss er dann das Gift, dessen Wirkung er wohl deshalb kannte, weil die Pflanze in der Region immer wieder für Selbstmorde verwendet wird, in das Gulasch gemischt haben. Nach anderen Aussagen sei er vor dem Essen noch kurz verschwunden, um angeblich einen Anruf zu machen.

Sicher ist aber, dass er selbst anschließend nur sehr ein wenig von dem Gulasch aß und daher auch nur leichte Beschwerden hatte. Liyuans genoss dagegen reichlich von seinem Lieblingsessen und zeigte schon kurz darauf erste Symptome einer Vergiftung. Zwar wurde er noch in eine Klinik eingeliefert, wo er aber bereits 20 Minuten später verstarb. Der Verdacht fiel schnell auf Huang Guang, auch weil die Angehörigen des Millionärs eine hohe Belohnung für Hinweise auf den Täter ausgesetzt hatten. So gab es auch schon bald Informationen über die engen Verbindungen zwischen den beiden und auch über die Meinungsverschiedenheiten in jüngerer Zeit, sodass man den korrupten Beamten schon bald darauf festnehmen konnte.

Vereinzelt wurde *Gelsemium elegans* aber auch medizinisch angewendet, etwa in der traditionellen chinesischen Heilkunde als Mittel gegen Hautausschläge und zur Behandlung chronischer Neuralgien; in anderen Regionen setzte man sie bei Keuchhusten oder Asthma ein. Da es wegen Überdosierung aber immer wieder zu tödlichen Unfällen kam, wird sie heute kaum noch genutzt, nicht zuletzt, weil es für solche Beschwerden geeignetere Arzneien gibt.

Von den Ureinwohnern Nord- und Mittelamerikas wurden Gelsemium-Arten dagegen manchmal zum Fischfang verwendet, indem man Stücke der Wurzel in ein Gewässer warf, um die dort lebenden Fische zu betäuben und dann abzusammeln. Und einige in Mexiko und im südlichen Nordamerika heimische indigene Völker sollen aus

dem dort heimischen Gelben Jasmins einen Trank namens „Bebo-sito"
hergestellt haben, was übersetzt etwa „gläserner Sarg" bedeutet. Dieser Trank soll vor allem dazu benutzt worden sein, um in Verhören
die Schuld von Menschen festzustellen, die eines Verbrechens beschuldigt wurden. Ermöglichen sollte dies der Umstand, dass die Einnahme schon bald zu einer vollständigen Körperlähmung bei vollem
Bewusstsein führt.

Gelsemium-Arten weisen verschiedene Alkaloide auf, darunter
Gelsemin, Koumin und Gelsemicin, von denen einige stark giftig sind,
wobei die genau Wirkung bisher noch nicht völlig geklärt ist. Vermutet wird, dass einer der Effekte auf der strukturellen Ähnlichkeit des
Gelsemins mit Glycin beruht, einem wichtigen Neurotransmitter des
menschlichen Körpers, der in der Lage ist, Muskelkontraktionen zu
hemmen, indem er an spezielle Rezeptoren des Zentralnervensystems
bindet, vor allem im Rückenmark lokalisierte. Setzt sich nun bei einer
Vergiftung statt des Glycins das ähnliche Gelsemin an diese Rezeptoren, entfällt der hemmende Effekt und es kommt zu einer Übererregung der Rückenmarksnerven, was zu starken, potenziell tödlichen
Krämpfen führen kann. Damit erinnert die Wirkung stark an die von
Strychnin (vgl. Kap. 3). Außerdem sollen Alkaloide der Pflanze als Nikotinantagonisten fungieren können, sodass es zu Effekten kommen
kann, die denen bei Vergiftungen durch Curare oder Coniin nicht unähnlich sind (siehe unten), das heißt, es kann zu den oben erwähnten
Muskellähmungen bis hin zu einem Versagen der Atmung kommen.

DER LETZTE AUSWEG

Aber nicht nur für Morde, sondern auch für Selbstmorde wurden
Pflanzengifte immer wieder verwendet. Vermutlich weil das Motiv
der Heimtücke fehlt, haben die meisten allerdings wenig Aufsehen

erregt und daher auch kaum Spuren in der Geschichte hinterlassen. Aber es gibt eine Ausnahme.

GENAUES WEIß MAN NICHT

Gemeint ist der Selbstmord von Kleopatra VII (um 69-30 v. Chr.), der letzten Pharaonin Ägyptens. Stattgefunden haben soll er im August des Jahres 30 v. Chr. und der Grund war, dass sich Kleopatra in einer ausweglosen Situation befand. Das lag daran, dass Octavian, der spätere Kaiser Augustus (63 v. Chr. bis 14 n. Chr.), als eindeutiger Sieger aus dem Konflikt gegen Kleopatra und ihren Geliebten Marcus Antonius (83-30 v. Chr.) hervorgegangen war und dabei schließlich auch die ägyptische Hauptstadt Alexandria erobert hatte.

Kleopatra war damals 39 Jahre alt und blickte zu diesem Zeitpunkt schon auf ein ereignisreiches Leben zurück. So hatte sie beispielsweise mit Julius Caesar (100-44 v. Chr.), den sie kennenlernte, als er bei der Verfolgung seines Gegenspielers Pompeius (106-48 v. Chr.) nach Alexandria gekommen war, einen gemeinsamen Sohn. Nach Caesars Tod ging sie dann eine Verbindung mit Marcus Antonius ein, der inzwischen zu den mächtigsten Männern des Römischen Reiches gehörte, denn er herrschte über die östlichen Provinzen. Marcus Antonius war ursprünglich mit einer Schwester Octavians, dem Herrscher über das Westreich verheiratet gewesen, hatte sich aber dann von ihr getrennt und Kleopatra zugewandt, mit der er mehrere Kinder hatte.

Nicht zuletzt wegen dieses Verhältnisses, das in Rom nicht gern gesehen wurde, gelang es Octavian, den Senat dazu zu bringen, der ägyptischen Königin sowie Marcus Antonius den Krieg zu erklären und so seinen ehemaligen Verbündeten letztendlich zu entmachten. Als sich abzeichnete, dass Kleopatra und ihr Geliebter in diesem Konflikt unterliegen würden, wählten beide den Freitod. Dabei soll sich

Marcus Antonius, wie für römische Feldherren üblich, in sein Schwert gestürzt haben, während Kleopatra beschloss, sich zu vergiften.

Geschehen sein soll dies durch den Biss einer Giftschlange, genauer gesagt einer Uräusschlange (*Naja haje*), die auch Ägyptische Kobra genannt wird. Sie gilt als altes pharaonisches Machtsymbol, was Kleopatras wegen ihrer noblen Abstammung vielleicht angemessen erschienen sein mag. Allerdings wurde schon zu Zeiten des Selbstmordes über die genauen Umstände gerätselt, und es gab auch bereits Zweifel am Schlangengifttod der Königin. Da Alexandria von den Römern besetzt war, befand sich Kleopatra als Gefangene in ihrem Palast, weil Octavian sie später bei einem Triumphzug durch Rom als Kriegsbeute präsentieren wollte. Deswegen wurden ihre Gemächer sicher gut bewacht, sodass es vermutlich schwierig war, überhaupt eine Schlange einzuschmuggeln. Wie es heißt, sei sie, versteckt in einem Obstkorb, in ihre Gemächer gebracht worden, wo nach ihrem Tod aber keine Schlange gefunden wurde. Allerdings soll es kleine Einstiche in ihrem Arm gegeben haben, die sich als Biss einer Schlange deuten ließen. Und als Octavian nach seiner Rückkehr seinen Triumphzug durch Rom veranstalte, soll ein Bild Kleopatras mitgeführt worden sein, das sie mit zwei Schlangen zeigte. Es gab aber auch damals schon Berichte, nach denen die Königin eine vergiftete Salbe verwendet hätte oder eine hohle Haarnadel, die mit Gift gefüllt war, was auch die Einstiche im Arm erklären würde.

Der griechische Geschichtsschreiber Plutarch, der diese Ereignisse schildert, schreibt dazu, sie habe gesagt:

„Das wäre es also", habe dann ihren Arm entblößt und zum Bisse hingehalten. Andere behaupten, die Schlange sei in einer Urne eingeschlossen gewesen und so aufbewahrt worden; Kleopatra habe sie dann mit einer goldenen Spindel herausgezerrt und so gereizt; sie sei darauf hinausgefahren und habe

sie in den Arm gebissen. Die Wahrheit weiß jedoch keiner. Denn es wurde
auch erzählt, sie habe Gift in einer goldenen Nadel bei sich geführt und diese
Nadel im Haar verborgen gehabt. Allein es kam weder ein Flecken am Körper
noch sonst eine Spur von Gift zum Vorschein. Ebensowenig freilich wurde
das Tier im Zimmer gesehen; man wollte nur gewisse Windungen von ihm
am Meer, wohin das Zimmer ging und wo sich Fenster befanden, gesehen
haben.[14]

Nun wird von Kleopatra berichtet, sie habe schon früher über die geeignetste Form eines Selbstmordes nachgedacht und sogar Versuche
mit verschiedenen Giften unternommen. Deren Wirkung testete sie
angeblich an Sklavinnen, um auf diese Weise die geeignetste Substanz
zu finden. Zu den Untersuchungsobjekten sollen unter anderem das
Schwarze Bilsenkraut und die Tollkirsche (vgl. Kap. 2) gehört haben.
Diese Versuche ergaben, dass die Sklavinnen in beiden Fällen zwar
schnell starben, allerdings unter großen Schmerzen. Daher kamen sie
für Kleopatra nicht infrage, sodass sie sich für Schlangengift entschieden haben soll, um auf diese Weise einen schnellen und ruhigen Übergang ins Jenseits sicherzustellen.

Doch genau dies wäre nach Ansicht vieler Experten, zu denen auch
der Toxikologe Dietrich Mebs und der Historiker Christoph Schäfer
gehören, so nicht geschehen. In ihrem gemeinsamen Artikel *Kleopatra*
und der Kobrabiss – das Ende eines Mythos? bezweifeln sie, dass der
Selbstmord in der geschilderten Form verübt wurde. So wendet Mebs
ein, dass der Biss einer Kobra normalerweise massive Schwellungen
am Körper des Gebissenen hervorruft, ganz abgesehen davon, dass
die Vergiftung häufig mit Panikattacken, Lähmung der Augenmuskulatur, Artikulationsstörungen und Erbrechen verbunden ist. Außerdem kann es, abhängig von der Menge des indizierten Giftes,
manchmal Stunden dauern, bis der Tod durch Atemlähmung eintritt,

wobei das Opfer bei vollem Bewusstsein erleben muss, wie es langsam keine Luft mehr bekommt. Alles in allem also kein schneller und ruhiger Übergang ins Jenseits.

Daher sind die beiden Autoren auch davon überzeugt, dass Kleopatra sich nicht in der geschilderten Art und Weise umbrachte. Viel wahrscheinlicher sei, dass sie den Gefleckten Schierling (*Conium maculatum*; siehe unten) verwendet habe, eine tödlich giftige Pflanze aus der Familie der Doldenblütler. Und weil das Schierlingsgift allein eine Atemlähmung bei vollem Bewusstsein verursacht, war dem Giftcocktail vermutlich noch reichlich Opium, also der getrocknete Milchsaft des Schlafmohns (vgl. Kap. 3) beigemischt worden, denn dies hätte dafür gesorgt, dass Kleopatra weniger Schmerzen verspürt hätte und wahrscheinlich auch schnell eingeschlafen wäre, bis der Tod dann vergleichsweise ruhig eingetreten sei.

Bleibt die Frage, wie es dann zu der Legende des Selbstmordes durch einen Schlangenbiss kam. Schäfer glaubt, dass es eine Inszenierung war. *In Ägypten galt die Königin als Inkarnation der [Göttin] Isis. Auch die Kobra war eine Wiedergeburt der Isis. Wenn eine Inkarnation die andere zum Tode beförderte, war das der direkte Weg unter die Götter.*[15] Fest steht auf jeden Fall, dass sich Kleopatra durch ihren Freitod tatsächlich unsterblich gemacht hat, was nicht zuletzt an ihren unzähligen Erwähnungen in Kunst und Literatur deutlich wird. Nennen könnte man in diesem Zusammenhang William Shakespeares Tragödie *Antonius und Cleopatra*, aber es gibt auch unzählige Bilder bekannter Maler, auf denen ihr Tod im Mittelpunkt steht sowie zahlreiche Biografien und andere Bücher und eine Reihe von Filmen, die sich mit ihrem Leben beschäftigt haben.

Für Vögel hui, für Menschen pfui

Aber auch für Massenselbstmorde wurden Giftpflanzen verwendet. So ist ein Fall aus den Kantabrischen Kriegen überliefert, also von der militärischen Auseinandersetzung zwischen den Römern unter Kaiser Augustus und dem iberischen Stamm der Kantabrer, die kurz vor der Zeitenwende stattfand und sich fast zehn Jahre hinzog. Letztendlich gelang es den römischen Truppen aber, den erbitterten Widerstand zu brechen, sodass sich die Kantabrer auf eine Bergfestung zurückziehen mussten, die sie für uneinnehmbar hielten. Allerdings wurde sie von den Römern so lange belagert, bis die Eingeschlossenen einsehen mussten, dass ihr Widerstand sinnlos war. Daraufhin beschlossen sie, sich zu vergiften, um nicht der Rache der Römer ausgeliefert zu sein. Benutzt worden sein soll dabei das Gift der Eibe, von der augenscheinlich zahlreiche Exemplare auf dem Hügel wuchsen.

Die Europäische oder Gemeine Eibe (*Taxus baccata*) ist ein immergrüner Strauch oder Baum von bis zu 15 m Höhe. Sie wächst langsam, ist dafür aber sehr langlebig. Die jung kegelförmigen Bäume entwickeln im Laufe von Jahrhunderten eine stattliche, kuppelförmige Krone und einen wuchtigen Stamm mit rot- oder graubrauner Rinde, die glänzend grünen, schraubig angeordneten Nadeln sind 1-3 cm lang und leicht sichelförmig gebogen. Eiben sind zweihäusig, das heißt, einzelne Exemplare bringen entweder männliche oder weibliche Blüten hervor. Bei der Eibe sind alle Teile giftig, mit Ausnahme der fleischigen, roten Schicht, von der die Samen umgeben sind. Die in Europa, Asien und Nordafrika heimische Art – einer der wenigen giftigen Nadelbäume – ist oft auf Friedhöfen zu finden sowie in Parks oder Gärten. Bei den Kelten galt die Eibe als heiliger Baum, und auch bei den Germanen hieß es, sie könne vor Krankheit und Unheil schützen.

Dass es sich um eine gefährliche Giftpflanze handelt, war spätestens seit der Antike bekannt. So warnte schon der römische Gelehrte Plinius seine Zeitgenossen davor, Gefäße aus Eibenholz als Trinkbecher zu benutzen, weil dies tödliche Folgen haben könne, während von den Kelten bekannt ist, dass sie genau diese Eigenschaft zu nutzen verstanden, denn sie verwendeten Eibenextrakte als Gift für ihre Pfeil- oder Speerspitzen. Außerdem stellte man aus dem harten Holz Waffen her, insbesondere Langbögen, später auch Musikinstrumente. So trug beispielsweise auch „Ötzi", die berühmte, über 5000 Jahre alte Gletschermumie, die 1991 in den Ötztaler Alpen gefunden wurde, einen Eibenbogen mit sich.

Eiben können ein sehr hohes Alter erreichen. So soll ein auf einem walisischen Friedhof wachsendes Exemplar 3000-5000 Jahre alt sein, was aber wohl etwas übertrieben ist. Ähnlich gilt auch für eine Eibe, die neben einer Kirche im schottischen Fortingall steht. Ihr Stammumfang wurde im späten 18. Jahrhundert gemessen und soll damals 16 m betragen haben. Inzwischen ist der Stamm allerdings gespalten, sodass eine neuerliche Überprüfung unmöglich ist. Weitere Exemplare mit einem Stammumfang von über 12 m, die also auch schon ein stattliches Alter erreicht haben müssen, stehen in Spanien und Frankreich.

Bei den Giften der Eibe handelt es sich um verschiedene Alkaloide, die unter dem Sammelbegriff Taxin zusammengefasst werden. Wie durch das Aconitin des Blauen Eisenhuts, wird auch durch Taxin die Funktion bestimmter Ionenkanäle in der Zellmembran beeinträchtigt. Allerdings werden sie nicht im offenen, sondern im geschlossenen Zustand blockiert. Dadurch wird aber ebenfalls die Reizweiterleitung beeinträchtigt, was zu unkontrollierten Muskelkontraktionen und einem gestörten Herzrhythmus führen kann.

Wie stark diese Gifte sind, lässt sich schon daran erkennen, dass Pferde, die größere Mengen Eibenzweige fressen, oft schon nach 5 bis

10 Minuten verenden. Vögel haben dagegen ein eher entspanntes Verhältnis zu dieser Giftpflanze. Sie werden durch den auffälligen, süßlich schmeckenden, roten Samenmantel angelockt, fressen die fleischigen „Früchte" in oft größerer Zahl, verdauen den weichen, ungiftigen Samenmantel, während die harten Samen unverdaut mit dem Gift wieder ausgeschieden werden. Dadurch sorgen sie gleichzeitig sehr effektiv für die Ausbreitung der Pflanze.

Von der Eibe produzierte Inhaltsstoffe können aber nicht nur schädigende, sondern auch positive Effekte für die menschliche Gesundheit haben. So fand man in den 80er-Jahren des letzten Jahrhunderts heraus, dass sich aus der Rinde der Pazifischen Eibe (*Taxus brevifolia*), die vom Südosten Alaskas bis nach Kalifornien vorkommt, eine Substanz namens Paclitaxel (früher Taxol) gewinnen lässt, die man als Chemotherapie-Mittel zur Behandlung einiger Krebserkrankungen nutzen kann, weil es sich um ein Gift handelt, mit dem sich die mitotische Zellteilung unterbinden lässt. Allerdings ist der Baum vergleichsweise selten, sein Gehalt an Paclitaxel gering und die Gewinnung zudem schwierig, sodass die Nachfrage größer ist als das Angebot. Inzwischen versucht man, die Substanz auch halbsynthetisch herzustellen.

DIE BÖSE SCHWIEGERMUTTER

In Europa weitgehend unbekannt ist dagegen der Zerberusbaum (*Cerbera odollam*), der auch Pong-Pong- oder Selbstmord-Baum genannt wird, was wenig Zweifel an seiner Verwendung aufkommen lässt, wobei das aber nur die halbe Wahrheit ist. Er gehört zur kleinen Gattung *Cerbera* aus der Familie der Hundsgiftgewächse (Apocynaceae), deren wenige Arten im tropischen Asien, in Australien, auf den Pazifischen Inseln, an den Küsten des Westpazifik und auf Madagaskar beheimatet sind. Benannt wurde die Gattung bezeichnenderweise nach Cerberus, dem mehrköpfigen Höllenhund aus der griechischen Mythologie, dessen Aufgabe es ist, den Eingang zur Unterwelt zu bewachen, damit kein Toter wieder herauskann.

Für die Giftigkeit des Zerberusbaumes sind Herzglykoside verantwortlich, darunter vor allem Cerberin, dessen Wirkung auf den menschlichen Körper vergleichbar mit dem Digoxin des Roten Fingerhuts (*Digitalis purpurea*) ist, denn das Cerberin beeinträchtigt die Funktion der sogenannten Natrium-Kalium-Pumpe (Natrium-Kalium-ATPase), auf die weiter unten beim Fingerhut näher eingegangen wird. Die Folge sind Herzrhythmusstörungen und Bluthochdruck, häufig gefolgt von einem Koma und schließlich einen Herzstillstand. Wie es heißt, wird der Zerberusbaum in einigen Regionen häufiger für Selbstmorde benutzt, als jede andere Giftpflanze. Genaue Zahlen sind aber nicht bekannt, weil der Nachweis für das Gifts vergleichsweise aufwendig ist, sodass vermutlich bei Weitem nicht alle Selbstmorde durch Cerberin erfasst werden.

Außerdem wird vermutet, dass auch zahlreiche Morde mithilfe des Zerberusbaums verübt werden, besonders in Indien. Bei den Opfern soll es sich in vielen Fällen um noch nicht lange verheiratete, junge Frauen handeln, die den Erwartungen des Ehemanns – oder wohl noch häufiger denen seiner Mutter – aus irgendeinem Grund nicht entsprochen haben. Zwar müsste es eigentlich schwierig sein, die bitter schmeckenden Samen unter das Essen zu mischen, aber bei den oft stark gewürzten indischen Speisen scheint dies doch immer wieder zu gelingen. Und in vielen Fällen haben die bösen Schwiegermütter wohl gute Chancen, mit ihren Taten davonzukommen.

Eine andere Giftpflanze, die in der jüngeren Vergangenheit häufig für Selbstmorde benutzt wurde, ist der Schellenbaum (*Thevetia peruviana*), der manchmal auch Tropischer Oleander genannt wird und ebenfalls zur Familie der Hundsgiftgewächse gehört. Die Art stammt ursprünglich aus Mittel- und dem nördlichen Südamerika, sie wird aber auch schon lange in anderen tropischen und subtropischen Regionen als Zierpflanze kultiviert und kommt dort inzwischen auch verwildert vor. Es handelt sich um immergrüne Bäume oder große Sträucher mit hübschen, angenehm duftenden, gelben Blüten und anfangs grünen, sich später schwarz verfärbenden, 4-5 cm großen, ovalen Steinfrüchten. In diesen befinden sich zwei bis vier harte Samen, die bei Reife oft in ihrer Hülle klappern, wenn diese vom Wind bewegt wird, was zu ihrem umgangssprachlichen Namen geführt hat. Die Samen gelten in ihrer süd- und mittelamerikanischen Heimat als Glücksbringer, sodass sie gern – zu Ketten verarbeitet – als Schmuck getragen werden. Typisch ist außerdem ein stark toxischer Milchsaft, der, ebenso wie alle anderen Pflanzenteile, die herzwirksamen Glykoside Thevetin und Neriifolin enthält, die ebenfalls die Funktion der Natrium-Kalium-Pumpe beeinträchtigen können.

Trotz der inzwischen weiten Verbreitung des Schellenbaums in tropischen und subtropischen Gebieten blieben die Gifte bis in die 80er-Jahre des letzten Jahrhunderts weitgehend unbeachtet, sieht man einmal davon ab, dass man sie, ähnlich wie die zuvor erwähnten *Gelsemium*-Arten, zum Fischfang benutzt. Dazu werden auch hier Wurzelstücke ins Wasser geworfen, damit deren Gift frei wird und die Fische betäubt, sodass man sie nur noch einsammeln muss. Außerdem verwendet man zu Pulver gemahlene Samen in Teilen Indiens manchmal als Insektenvernichtungsmittel.

Aber dann vergifteten sich auf Sri Lanka zwei Mädchen mit den Samen des Schellenbaums und dieser Fall ging tagelang durch die Medien, wobei die Pflanze schon bald als „Sri-Lanka-Selbstmordbaum" bezeichnet wurde. Nicht zuletzt dies sorgte dafür, dass es schon bald Nachahmer gab. So wurden im folgenden Jahr schon 23 Selbstmordfälle gemeldet und diese Zahlen verdoppelten sich in den nächsten Jahren regelmäßig. Im Jahr 2000 sollen es schon Tausende gewesen sein. Später gingen die Zahlen dann wieder zurück, aber der Name blieb.

IM NAMEN DES GESETZES

Die meisten Menschen, die im Laufe der Jahrhunderte zum Tode verurteilt wurden und bei denen das Urteil auch vollstreckt wurde, sind längst vergessen. Aber es gibt Ausnahmen. Eine solche Ausnahme ist der griechische Philosoph Sokrates (469-399 v. Chr.), der wegen Gottlosigkeit und Verführung der Jugend in Athen zum Tode verurteilt und hingerichtet wurde. Bei genauer Betrachtung handelt es sich allerdings nicht um eine Hinrichtung im herkömmlichen Sinne, sondern eher um einen erzwungenen Selbstmord.

SCHIERLINGSBECHER MIT SCHUSS

Sokrates war in einem gut dokumentierten Prozess wegen der genannten Verfehlungen zum Tod durch den „Schierlingsbecher" verurteilt worden, also zur Einnahme von Schierlingsgift. Dem Trank hatte man reichlich Opium beigemischt, um die zu erwartenden Qualen etwas lindern, denn der getrocknete Milchsaft des Schlafmohns ist bekanntlich ein effektives Schmerz- und Schlafmittel (vgl. Kap. 3).

Überliefert ist uns diese Hinrichtung durch seinen Schüler Platon (427-347 v. Chr.), der den Tod seines Lehrers im Jahre 399 v. Chr. im Beisein von Kriton (um 465-395 v. Chr.), einem weiteren Sokrates-Schüler, in allen Einzelheiten schildert:

Darauf winkte denn Kriton dem Knaben, der ihm zunächst stand, und der Knabe ging heraus, und nachdem er eine Weile weggeblieben, kam er und führte den herein, der ihm den Trank reichen sollte, welchen er schon zubereitet im Becher brachte. Als nun Sokrates den Menschen sah, sprach er: „Wohlan, Bester, denn du verstehst es ja, wie muß man es machen?" „Nichts weiter", sagte er, „als, wenn du getrunken hast, herumgehen, bis dir die Schenkel schwer werden, und dann dich niederlegen, so wird es schon wirken." Damit reichte er dem Sokrates den Becher, und dieser nahm ihn, und ganz getrost ... ohne im mindesten zu zittern oder Farbe oder Gesichtszüge zu verändern ... und unverdrossen trank er aus.

Und von uns waren die meisten bis dahin ziemlich imstande gewesen, sich zu halten, daß sie nicht weinten; als wir aber sahen, daß er trank und getrunken hatte, nicht mehr. Sondern auch mir selbst flossen Tränen mit Gewalt, und nicht tropfenweise, so daß ich mich verhüllen mußte und mich ausweinen, nicht über ihn jedoch, sondern über mein eigenes Schicksal, was für eines Freundes ich nun sollte beraubt werden. Kriton war noch eher als ich aufgestanden, weil er nicht vermochte die Tränen zurückzuhalten. Apollodoros aber hatte schon früher nicht aufgehört zu weinen, und nun brach er vollends in lautes Klagen aus, weinend und unwillig sich gebärdend, und es war keiner von allen Anwesenden, den er nicht durch sein Weinen erschüttert hätte, als nur Sokrates selbst; der aber sagte: „Was macht ihr doch, ihr wunderbaren Leute! Ich habe vorzüglich deswegen die Weiber weggeschickt, daß sie dergleichen nicht begehen möchten; denn ich habe immer gehört, man müsse stille sein, wenn einer stirbt. Also haltet euch ruhig und seid stark!"

Als wir das hörten, schämten wir uns und hielten inne mit Weinen. Er aber ging umher, und als er merkte, daß ihm die Schenkel schwer wurden, legte er sich gerade hin auf den Rücken: denn so hatte es ihn der Mensch geheißen. Darauf berührte ihn eben dieser, der ihm das Gift gegeben hatte, von Zeit zu Zeit und untersuchte seine Füße und Schenkel. Dann drückte er ihm den Fuß stark und fragte, ob er es fühle; er sagte: „Nein." Und darauf die Kniee, und so ging er immer höher hinauf und zeigte uns, wie er erkaltete und erstarrte. Darauf berührte er ihn noch einmal und sagte, wenn ihm das bis ans Herz käme, dann würde er hin sein. Als ihm nun schon der Unterleib *fast ganz kalt war, da enthüllte er sich, denn er lag verhüllt, und sagte, und das waren seine letzten Worte: „O Kriton, wir sind dem Asklepios einen Hahn schuldig: entrichtet ihm den und versäumt es ja nicht!"*

Das soll geschehen, sagte Kriton; sieh aber zu, ob du noch sonst etwas zu sagen hast? Als Kriton dies fragte, antwortete er aber nichts mehr; sondern bald darauf zuckte er, und der Mensch deckte ihn auf; da waren seine Augen gebrochen. Als Kriton das sah, schloß er ihm Mund und Augen.[16]

Es gibt aber noch einen weiteren überlieferten Fall aus der Antike, in dem ein solcher Gifttrank eine Rolle gespielt haben soll. Dabei geht es um Olympias von Epirus (um 375-316 v. Chr.), eine von mehreren Ehefrauen des makedonischen Königs Philipp II. und Mutter Alexanders des Großen. Für Olympias scheint die Verbindung mit Philipp nicht sehr zufriedenstellend gewesen sein, sodass, als der König bei einem Festbankett ermordet wurde, schnell der Verdacht aufkam, seine Frau würde hinter dem Anschlag stecken. Der verstärkte sich noch, als Olympias dem Königsmörder einen Grabhügel errichten ließ und ihm eine Trauerfeier ausrichtete.

Nach dem Mord an Philipp II. übernahm zunächst Alexander der Große die Macht und nach dessen Tod einer seiner Halbbrüder, der als Philipp III. in die Geschichte einging. Dieser galt als sehr führungsschwach, sodass seine ehrgeizige Ehefrau Eurydike schon bald die eigentliche Macht im Königreich übernahm, was der nicht weniger ehrgeizigen Olympias allerdings missfiel. Daher kam es schon bald zu einem offenen Konflikt und schließlich zu einer kriegerischen Auseinandersetzung zwischen den beiden Frauen, die Olympias siegreich gestalten konnte.

Anschließend ließ sie Philipp III. und Eurydike einkerkern und es heißt, sie habe der entmachteten Königin drei Dinge in den Kerker bringen lassen, von denen sie sich eines für ihren Selbstmord hätte aussuchen dürfen. Dabei handelte es sich um einen Dolch, einen Strick und den Schierlingsbecher. Wie berichtet wird, habe Eurydike alle drei Dinge verschmäht und sich mit dem Gürtel ihres Gewandes erhängt. Ob dem Giftbecher Opium beigemischt war, um die Schmerzen etwas zu lindern, ist nicht überliefert. Aber die Wahrscheinlichkeit ist vermutlich gering.

Aus der griechischen Kolonie Massalia, heute Marseille, ist bekannt, dass die dortigen Behörden vereinzelt Schierlingsbecher an Bewohner ausgaben, wenn diese überzeugende Gründe für einen beabsichtigten Selbstmord liefern konnten. Ähnlich freizügig soll auch der Umgang mit diesem Giftcocktail auf der griechischen Kykladen-Insel Kea gewesen sein. Das berichtet zumindest der Philosoph und Historiker Claudius Aelianus (Aelian; etwa 175-235 n. Chr.), bei dem es heißt, ältere Bewohner, deren geistige und körperliche Kräfte für die Allgemeinheit nicht mehr von Nutzen waren und denen zudem die Lebenslust fehlte, hätten sich nach Absprache mit den politischen Führern der Insel zu einem gemeinsamen Festmahl verabreden dürfen, um sich anschließend mit einem Schierlingsbecher das Leben zu nehmen. Angeblich soll dies auf Kea bis ins 3. Jh. v. Chr. üblich gewesen sein.

EIN KRAUT FÜR DIE KEUSCHEN ORDENSLEUTE

Dass der Gefleckte Schierling eine gefährliche Pflanze ist, um die man am besten einen großen Bogen macht, lässt sich schon anhand der zahlreichen, ziemlich unfreundlichen Namen erahnen, die ihm der Volksmund gegeben hat, etwa Wüterich, Hundspeterlein, Teufelspetersilie, Vogeltod und Stinkkraut. Aber auch das Äußere dieser Pflanze, die zu den Doldenblütlern (Apiaceae) gehört, sollte den aufmerksamen Beobachter misstrauisch werden lassen, denn die ein bis zwei Meter langen, fein gerillten, blaubereiften, hohlen Stängel sind im unteren Bereich häufig rot gefleckt. Und diese roten Flecken besitzt der Schierling angeblich als Erinnerung an den biblischen Brudermord, bei dem Abel von Kain erschlagen wurde. Aber auch der typisch unangenehme Geruch aller Pflanzenteile nach Mäuseurin lässt sicher nichts Gutes erwarten. Die feuchte Lehmböden bevorzugende Art mit gefiederten Blättern und in großen Dolden angeordneten weißen Blüten kommt in Asien, Nordafrika und Europa vor, wurde inzwischen aber auch nach Amerika verschleppt. In Mitteleuropa wächst der – allerdings nicht sehr häufige Schierling – vor allem an Weg-, Feld- und Straßenrändern, auf Schuttplätzen und anderen Brachflächen sowie an Fluss- und Bachufern. Vereinzelt kann man ihn aber auch auf Äckern und in Gärten finden.

Vergiftungen werden hauptsächlich durch Piperidin-Alkaloide verursacht, darunter vor allem Coniin, das in der gesamten Pflanze vorhanden ist, wobei unreife Früchte oft besonders große Mengen enthalten. Für eine tödliche Vergiftung reichen bereits weniger als 1 g Pflanzenmaterial aus, wobei die Aufnahme des Giftes auch über die Schleimhäute und die Haut möglich ist.

Piperidin-Alkaloide sind unter anderem in der Lage, wichtige Prozesse bei der Reizweiterleitung im Nervensystem zu beeinflussen, etwa an den bereits erwähnten motorischen Endplatten, also den Verbindungsstellen zwischen Nerven- und Muskelzellen. Möglich ist das, weil auch sie eine strukturelle Ähnlichkeit mit dem körpereigenen Neurotransmitter Acetylcholin haben, der nach dem Andocken an den dafür vorgesehenen Rezeptor in der anderen Zelle für eine Reizweiterleitung und damit für eine Muskelkontraktion sorgt. Setzt sich nun Coniin an diese Rezeptoren, sind sie blockiert und die Weiterleitung des Reizes wird unterbunden. Die Folge ist, dass es nicht zu einer Anspannung der Muskeln, sondern, besonders in hoher Dosierung, zu dämpfenden und damit muskelentspannenden Effekten kommt. Das wiederum bewirkt einen Zustand der Apathie und Willenlosigkeit, verbunden mit einer aufsteigenden Lähmung der quergestreiften Muskulatur, etwa in den Gliedmaßen, bei vollem Bewusstsein. Betroffen sind zunächst die Beine, aber dann zieht die Lähmung in den Oberkörper und wenn die Brustmuskulatur erreicht wird, erfolgt der Tod durch eine Atemlähmung.

Aber selbst, wenn es nicht zum Schlimmsten kommt, ist eine Begegnung mit dem Gefleckten Schierling doch fast immer mit einer unangenehmen Erfahrung verbunden, denn allein das Berühren kann zu stark juckenden Ausschlägen führen. Und auch bei Tieren ruft der Schierling oft schwere Vergiftungen hervor, etwa bei Rindern. Diese zeigen dann zumeist einen auffälligen glotzenden Blick; außerdem kommt es zu Fressunlust und es findet auch kein Wiederkäuen mehr statt. Wird nichts unternommen, erfolgt ebenfalls eine Lähmung und schließlich der Tod. Aber auch wenn Tiere eine Schierlingsvergiftung überstanden haben, sind noch Spätfolgen möglich, etwa bei trächtigen Schweinen, die dann häufig missgebildete Ferkel zur Welt bringen. Bei Schafen und Ziegen sollen Vergiftungen dagegen angeblich weniger schwer verlaufen.

Wie viele Giftpflanzen, wurde auch der Schierling früher in geringen Dosen als Arznei eingesetzt, etwa um Schmerzen zu lindern oder als Betäubungsmittel. So schreibt Hieronymus Bock in seinem Kräuterbuch aus dem 16. Jahrhundert, dass der Schierling Schmerzen lindern und den Schlaf fördern könne. Dioskurides, ein griechischer Arzt aus dem 1. Jahrhundert, empfiehlt ihn jungen Müttern, um die Milchproduktion herabsetzen; außerdem glaubte er, herausgefunden zu haben, dass sich Schierlingssaft für die äußerliche Behandlung von Tumoren, Geschwüren und Schwellungen eignet.

Aber auch als Schönheitsmittel scheint der Schierling in der Antike verwendet worden zu sein. So berichtet der Grieche Anaxilas aus

Larissa (auch: Anaxilaus), der zur Zeit des Kaisers Augustus (63 v. Chr.-14 n. Chr.) als Arzt in Rom tätig war, römische Frauen würden aus der Pflanze hergestellte Mittel für eine glatte Haut und einen straffen Busen benutzen. Später wurden dann auch noch Versuche unternommen, Symptome der Parkinsonkrankheit und von Epilepsie zu lindern, während man den Gefleckten Schierling wegen seiner Giftigkeit heute praktisch nicht mehr anwendet.

Seit der Antike wird aber immer wieder auch von der Fähigkeit des Schierlings berichtet, die menschlichen Sexualorgane in der ein oder anderen Weise beeinflussen zu können. So hält Hippokrates von Kos ihn für geeignet, Unfruchtbarkeit zu bekämpfen, während Dioskurides glaubt: *Das Kraut … wie ein Pflaster über das Gemächt gelegt, verhindert und vertreibt die unkeuschen Träume, dass Gemächt aber wird unkräftig und schwach …*[17] Und bei Jungfrauen, so heißt es, könne der Saft in Umschlägen, die auf die Brust gelegt würden, dafür sorgen, dass die Entwicklung der Brüste unterbleibt.

Plinius glaubte ebenfalls, die Pflanze könne bei krankhaft gesteigertem Geschlechtstrieb helfen, und auch in den nächsten Jahrhunderten wird der Schierling immer wieder für Anwendungen dieser Art empfohlen. So schreibt der bereits erwähnte Hieronymus Bock: *Er gehört zu den keuschen Ordensleuten, damit sie ihr Gelübde besser halten können und den Frauen hilft er, dass die Brüste nicht groß werden und die Milchsekretion abnimmt. Als solche Arznei gehört er in die Frauenklöster für die keuschen Leute.*[18] Und tatsächlich scheint man den Schierling in vielen Klostergärten genau für solche Zwecke angepflanzt zu haben.

Aber auch in die Literatur hat der Schierling es geschafft. In Agatha Christies Kriminalroman *Das unvollendete Bildnis* muss der Detektiv Hercule Poirot einen Mord aufklären, der mit Schierlingsgift begangen wurde. Und in Shakespeares *Macbeth* zählt eine Hexe beim Zusammenbrauen eines Zaubertranks folgende Zutaten auf:

Wolfeszahn und Kamm des Drachen,

Hexenmumie, Gaum und Rachen

Aus des Haifischs scharfem Schlund;

Schierlingswurz aus finsterm Grund[19]

URTEILE VON GANZ OBEN

Für eine besonders ungewöhnliche Nutzung ist dagegen die Kalabarbohne (*Physostigma venenosum*) bekannt geworden, eine Giftpflanze aus der Familie der Hülsenfrüchtler (Fabaceae), die in Teilen Westafrikas und dort vor allem im Mündungsgebiet des Calabar-River im Südosten Nigerias heimisch ist. Wofür sie verwendet wird lässt sich erahnen, wenn man weiß, dass sie auch „Gottesurteilsbohne" genannt wird. Und tatsächlich wurden die Bohnen früher vom dort lebenden Volk der Efik benutzt, um mutmaßliche Verbrecher mithilfe eines „Gottesurteils" zu überführen. Dazu musste der Verdächtige ein Gemisch aus gemahlenen Kalabarbohnen und Wasser zu sich nehmen, und dann wurde darauf gewartet, dass die höheren Mächte ihr Urteil sprachen. Starb der Angeklagte, war er schuldig, übergab er sich und wurde das Gift so wieder los, galt er als unschuldig.

Natürlich erscheint und ein solches Verfahren absurd, aber es ist nicht einmal ausgeschlossen, dass es dennoch nicht selten zu einem „gerechten" Urteil kam. Der Grund ist, dass unschuldig Angeklagte, in der festen Überzeugung, ihnen könne nichts passieren, den Trank normalerweise in einem Zug hinunterstürzten und sich dann, weil sie eine große Menge der ekelerregenden Giftmischung im Magen hatten, schon bald darauf übergaben. Dagegen versuchen die schuldigen Delinquenten zumeist, durch zögerliches Trinken und kleine Schlucke möglichst geringe Mengen des Giftes aufzunehmen. Dadurch unterblieb allerdings das Erbrechen und das Gift tat seine Wirkung.

Fragen muss man sich allerdings, ob die lokale Unterwelt und andere Missetäter diese Zusammenhänge nicht schnell durchschauten. Denn dann hätte es sicher zahlreiche Fehlurteile gegeben und viele Unholde wären einer Bestrafung entgangen. Es gibt aber auch die Theorie, dass die Verantwortlichen, die entschieden hatten, dass das Urteil über schuldig und nicht schuldig auf diese Weise gefällt werden sollte, sich längst eine feste Meinung über den Angeklagten gebildet hatten und den Gifttrank – entsprechend ihrer Überzeugung – mehr oder weniger stark ansetzen ließen. Außerdem heißt es, Angeklagte, die über entsprechende Mittel verfügten, hätten dafür sorgen können, dass dem Gift ein starkes Brechmittel hinzugefügt wurde. Noch ungewöhnlicher ist aber wohl die Nutzung der Pflanze in Duellen. Dazu wurde eine bestimmte Menge der giftigen Samen bereitgestellt, von der die Duellanten abwechselnd jeweils eine Bohne aßen – so lange, bis einer starb.

Der giftige Hauptbestandteil der Kalabarbohne ist Physostigmin (Eserin), das Teile des vegetativen Nervensystems so stark beeinträchtigen kann, dass es im Extremfall zu Atem- und Herzstillstand kommt. Möglich ist das, weil es sich beim Physostigmin um einen sogenannten Acetylcholinesterase-Hemmer handelt, der die Funktion desjenigen Enzyms beeinträchtigt, das normalerweise für den Abbau des Nervenbotenstoffes Acetylcholins sorgt. Wird dieser Abbau verhindert, steigt die Acetylcholin-Konzentration im synaptischen Spalt stark an, nicht selten verbunden mit einer gefährlich erhöhten Aktivität des parasympathischen Nervensystems, das viele Organe sowie den Blutkreislauf, den Herzschlag, die Atmung und die Verdauung steuert. Dadurch kann es bei Vergiftungen mit Physostigmin zu Schwindelgefühl, Übelkeit, Erbrechen, Krämpfen, Gallenkoliken, Lähmungen und Herzrhythmusstörungen bis hin zur Atemlähmung kommen.

Wird die Substanz richtig dosiert, kann man damit aber auch eine Senkung des Augeninnendrucks herbeiführen, sodass sie sich zur Behandlung von Glaukom (Grünem Star) verwenden lässt. Aber auch als Gegenmittel bei Vergiftungen durch Pflanzen, die die Wirkung von Acetylcholin beeinflussen können, etwa Stechapfel, Tollkirsche und Bilsenkraut, die später noch ausführlich behandelt werden, lässt sich Physostigmin einsetzen.

Ähnliche Gottesurteilsrituale gab es auch in anderen Regionen des afrikanischen Kontinents, etwa auf Madagaskar, wo man *Cerbera manghas* einsetzte, eine nahe Verwandte des bereits erwähnten Zerberusbaumes, die ebenfalls giftige Herzglykoside enthält. Es handelt sich bei dieser Art um Sträucher oder kleine immergrüne Bäume mit großen, stark duftenden, weißen Blüten mit gelber Mitte und harten, eiförmigen Samen; typisch ist außerdem ein heller Saft, der bei Berührung starke Hautreizungen hervorrufen kann. Die Art ist vom Osten Afrikas, über zahlreiche Inseln des indischen und pazifischen Ozeans, bis ins tropische Asien und Australien verbreitet. Als Frankreich im 19. Jahrhundert die Herrschaft auf Madagaskar übernahm, waren die Kolonialisten so entsetzt über die willkürlichen Gottesurteilsrituale, dass sie das Fällen aller Bäume anordneten.

Beim in Westafrika lebenden Volk der Balante wurde dagegen Rindenextrakte des Rotwasserbaumes (*Erythrophleum suaveolens*) für diesen Zweck verwendet. Dabei handelt es sich um bis zu 40 m hohe, zu den Schmetterlingsblütlern (Fabaceae) gehörende Bäume, die verschiedene giftige Alkaloide enthalten, darunter Cassain, dessen Wirkung der von Herzglykosiden ähnelt, obwohl sich der chemische Aufbau deutlich unterscheidet.

GRIFF IN DIE TRICKKISTE

Die Einnahme befestigter Städte oder Burgen stellte für kriegsführende Parteien in früheren Zeiten häufig ein großes Problem dar, denn eine Erstürmung war zumeist mit starken Verlusten verbunden oder erwies sich sogar als unmöglich. Daher waren eine Belagerung und ein damit verbundenes Abschneiden von Nahrung und Wasser die häufigste Methode, um dennoch zum Ziel zu gelangen. Sofern die Belagerten sich aber gut genug auf eine solche Situation vorbereitet hatten, konnte dies zu einem sehr langwierigen Prozess werden. Daher gab es immer wieder Versuche, eine Einnahme durch besonders trickreiche Taktiken zu beschleunigen.

TROJA 2.0

Das bekannteste Beispiel ist sicher der durch Homers Ilias überlieferte Trojanische Krieg, in dem die Belagerung der befestigten Stadt Troja dank des listenreichen Odysseus und einem hölzernen Pferd, in dem sich die griechischen Angreifer versteckt hatten, schließlich beendet werden konnte. Die weniger listenreichen oder vielleicht auch nur praktischer veranlagten Belagerer benutzten dagegen gern Giftpflanzen, um dieses Ziel zu erreichen.

Der Trojanische Krieg wird bekanntlich von den meisten Experten für eine fiktive Erzählung gehalten und auch beim Ersten Heiligen oder Krisaiischen Krieg ist man nicht ganz sicher, ob er tatsächlich stattgefunden hat. Überliefert wurde jedenfalls, dass gegen Ende des 6. Jhdts. v. Chr. die griechischen Stadtstaaten Sikyon und Athen zusammen mit den Thessalern gegen die reiche phokische Stadt Krisa in den Krieg zogen. Zu ihrem Reichtum war Krisa hauptsächlich deswegen gekommen, weil mehrere wichtige Verkehrsrouten durch die Stadt führten, darunter die Straße, die Pilger benutzten, um zum Heiligtum von Delphi (vgl. Kap. 2) zu kommen. Als die Krisaier begannen, Wegzoll von den Pilgern zu verlangen und es außerdem immer wieder zu Überfällen auf die Reisenden kam, bei denen auch Opfergaben entwendet wurden, sahen sich die genannten Parteien veranlasst, die Stadt dafür zu bestrafen. Allerdings war diese so gut befestigt und wehrhaft, dass eine Belagerung notwendig wurde.

Um die Bewohner zur Aufgabe zu zwingen, begann man zunächst, sie von ihrer Wasserversorgung abzuschneiden, die durch einen kleinen Fluss, an dem die Stadt lag, gewährleistet wurde. Das führte jedoch nicht zum Erfolg, weil sich die Bewohner augenscheinlich durch Brunnen und Zisternen behelfen konnten. Daraufhin ließ man das Wasser wieder durch die Stadt fließen, warf aber große Mengen giftiger Pflanzenrhizome in den Fluss, was dazu führte, dass die Bewohner, nachdem sie das Flusswasser getrunken hatten, schwere Magenbeschwerden bekamen und dadurch so geschwächt waren, dass sie die Stadt nicht mehr erfolgreich verteidigen konnte.

Bei dieser Giftpflanze soll es sich um ein Mitglied der Gattung Nieswurz (*Helleborus*) gehandelt haben, die zur Familie der Hahnenfußgewächse (Ranunculaceae) gehört. Insgesamt gibt es etwas mehr als ein Dutzend Arten, die in Europa und Asien vorkommen. Es handelt sich um ausdauernde, normalerweise 20-50 cm hohe Pflanzen mit handförmig geteilten Blättern und oft großen, hübschen Blüten, sodass einige Arten heute als Christ-, Schnee- oder Lenzrosen in Gärten kultiviert werden.

Früher wurden verschiedene Arten auch in der Naturheilkunde eingesetzt, etwa als Brech-, Abführ- und Wurmmittel. Heute ist das allerdings nicht mehr üblich, denn die Pflanzen enthalten herzwirksame Glykoside, sodass eine zu hohe Dosierung tödlich sein kann. Der Name Nieswurz ist darauf zurückzuführen, dass man die getrockneten und dann pulverisierten Wurzeln früher Schnupftabak beigemischt oder auch in reiner Form benutzt hat, um einen Niesreiz auszulösen, denn durch Arzneien hervogerufenes Niesen war früher, genau wie das absichtlich herbeigeführte Erbrechen, eine häufige Behandlungsmethode für die unterschiedlichsten Krankheiten.

Eine andere Kriegslist, bei der Giftpflanzen eine Rolle spielten, erwähnt Sextus Iulius Frontinus (um 35-103 n. Chr.), ein römischer Senator und Schriftsteller in seinem Werk *Strategematon libri*, einer Art Handbuch für römische Offiziere. Beschrieben wird dort, wie der karthagische Offizier Maharbal, der in Diensten des berühmten Feldherrn Hannibal stand, um 200 v. Chr. ausgeschickt wurde, um einen Aufstand in Afrika zu beenden. Um seine Verluste gering zu halten, zog Maharbal zunächst nur in die Nähe der Aufständischen und errichtete dort sein Lager. Anschließend unternahm er einen Scheinangriff, zog sich aber dann schnell zurück und verließ fluchtartig Schlachtfeld sowie Lager. Dabei blieben auch die gesamten Weinvorräte zurück, die man allerdings mit Extrakten aus der Alraune versetzt hatte, weil die Inhaltsstoffe dieser uralten Heil- und Zauberpflanze in höherer Dosierung Tiefschlaf oder sogar Bewusstlosigkeit verursachen. Als die scheinbaren Sieger das verlassene Lager „eroberten", fanden sie dort auch den Wein, der sich ausgezeichnet für eine Siegesfeier zu eignen schien. Doch als schon bald darauf alle im Tiefschlaf lagen, kamen die Karthager zurück und nahmen die nun kampfunfähigen Männer gefangen oder töteten sie.

Ein ähnlicher Fall soll sich im 11. Jahrhundert in Schottland zugetragen haben. Dort musste sich der schottische König Duncan I. (1001-1040) gegen die Armee von Knut dem Großen verteidigen, seines Zeichens König von England, Dänemark und Norwegen, der die Absicht hatte, sich auch noch Schottland anzueignen. Duncan versuchte, die Eindringlinge aufzuhalten, scheiterte jedoch und musste sich daher mit seinen Getreuen in die befestigte Stadt Perth zurückziehen. Dort wurden sie von Knut belagert, konnten sich aber angeblich durch eine Kriegslist aus der heiklen Lage befreien.

Wie es heißt, schickten die Schotten zunächst Boten zu den Belagerern, um Ihnen mitzuteilen, dass sie es in Erwägung ziehen würden, die Stadt gegen freies Geleit zu übergeben. Für Knut sah dies nach einem Akt totaler Verzweiflung und Hilflosigkeit aus, sodass er das Angebot zunächst ablehnte, dann weiteren Verhandlungen aber zustimmte, als die Schotten anboten, die Belagerer dafür mit inzwischen knapp gewordenen Nahrungsmitteln zu beliefern. Daraufhin wurden Knuts Soldaten reichlich mit Brot und Getränken versorgt, wobei die Getränke zuvor mit Tollkirschen-Extrakt vergiftet worden waren, einer Pflanze mit halluzinogenen Inhaltsstoffen, die in hoher Dosierung zu einem narkoseähnlichen Tiefschlaf führt, bis hin zum Tod durch Atemstillstand (vgl. Kap. 2).

Nachdem sich die Belagerer reichlich an Speis und Trank bedient hatten, fielen sie, wie von den Schotten geplant, in einen tiefen Schlaf. Und als Duncans Soldaten dann das Lager stürmten, wachten die meisten nicht einmal auf oder liefen nur verwirrt umher. Knut gelang jedoch mit einigen Getreuen, die den vergifteten Getränken nicht so heftig zugesprochen hatten, die Flucht auf sein Schiff, sodass er entkommen konnte. Alle anderen wurden von den Schotten niedergemetzelt, sofern nicht bereits das Gift sein unheilvolles Werk erledigt hatte.

Sehr lange konnte sich Duncan an diesem Sieg aber nicht erfreuen, weil ihn schon bald darauf sein ehrgeiziger Cousin Macbeth (1005-1057) ermordete, um selbst schottischer König zu werden. Diese blutige Machtergreifung wurde später – wenn auch sehr frei – von Shakespeare in seinem Drama *Macbeth* verarbeitet.

DER LAUTLOSE TOD

Dass Pflanzengifte verwendet wurden, um Waffen effektiver zu machen, wurde bereits erwähnt. Das war besonders für die Jagd mit Pfeilen wichtig, weil getroffene Beutetiere nicht selten nur verletzt wurden und dann oft noch entkommen konnten. Diese Gefahr wurde geringer, wenn die Pfeilspitze mit einer giftigen Substanz bestrichen wurde, die eine Flucht verhinderte, weil das getroffene Tier durch das Gift gelähmt oder sogar getötet wurde. Und für diese Methode entdeckten die Menschen in fast allen Regionen der Erde unterschiedliche Pflanzen, deren Inhaltsstoffe sich genau für diesen Zweck hervorragend eigneten.

EIN EXZENTRIKER UND DREI ESEL

Bekannt geworden für den Einsatz solcher Pfeilgifte sind vor allem die Bewohner süd- und mittelamerikanischer Regenwälder, die Blasrohre mit kleinen, vergifteten Pfeilen sowohl für die Jagd als auch für Kämpfe mit verfeindeten Nachbarstämmen benutzten und teilweise auch heute noch einsetzen. Die dazu verwendeten Gifte konnten sowohl tierischen Ursprung sein, etwa Schlangengifte oder Hautgifte von Amphibien, besonders Pfeilgiftfröschen, aber man nutzte auch pflanzliche Inhaltsstoffe, die man heute normalerweise unter dem Namen Curare kennt.

Bereits im 16. Jahrhundert wurde von dieser ungewöhnlichen Jagdmethode berichtet, etwa von spanischen Konquistadoren wie Francisco de Orellana (1511-1546), der schilderte, wie einer seiner Männer gestorben sei, obwohl der vergiftete Pfeil nicht einmal seinen halben Finger durchdrungen hatte. Und von Sir Walter Raleigh (um 1554-1618), der 1595 in Südamerika unterwegs war, um das sagenhafte Goldland El Dorado zu suchen, wissen wir, dass ein angeschlossenes

Mitglied aus seinem Tross unerträglichste Qual litten und schließlich eines erbärmlichen Todes starb.

Ab Mitte des 18. Jahrhunderts wurden dann erste Experimente mit Curare durchgeführt, zunächst vor allem mit Proben, die der französische Wissenschaftler Charles Marie de La Condamine (1701-1774) aus Südamerika nach Europa mitgebracht hatte. In den folgenden Jahrzehnten nahm das Interesse an dem südamerikanischen Pfeilgift dann deutlich zu, aber erst die Versuche, die der Brite Sir Benjamin Collins Brodie (1783-1862) zu Beginn des 19. Jahrhunderts vor allem mit Meerschweinchen durchführte, gaben erste Hinweise auf die Wirkungsweise des Giftes.

Weitere Klarheit brachten dann die Versuche eines Engländers namens Charles Waterton, der 1782 in West Yorkshire als Sohn eines wohlhabenden Großgrundbesitzers und erfolgreichen Geschäftsmannes geboren wurde und dort 1865 auch starb. Selbst ein recht ungewöhnlicher Zeitgenosse, nahm er sich auch des Pfeilgifträtsels mit eher ungewöhnlichen Methoden an und es gelang ihm tatsächlich, das Geheimnis ein wenig zu lüften.

Als Angehöriger der wohlhabenden Oberschicht unternahm Waterton während seines Lebens zahlreiche Reisen in die unterschiedlichsten Regionen der Erde und sammelte dabei die merkwürdigsten Dinge, mit denen er sich auf Walton Hall, seinem weitläufigen Anwesen umgab. Dazu gehörten auch zahlreiche fremdländische Tiere, die er ausstopfen ließ, wobei er augenscheinlich großen Spaß daran hatte, einzelne Körperteile unterschiedlicher Tiere zu neuen Wesen zu kombinieren, von denen einige bis heute erhalten sind.

Überhaupt galt Waterton als ziemlich exzentrisch, was durch zahlreiche Anekdoten überliefert ist. So soll er Besuchern auf Walton Hall nicht selten auf allen vieren entgegengekommen sein und versucht haben, sie wie ein Hund ins Bein zu beißen oder er versteckte sich unter dem Esstisch und führte von dort seine Beißattacken aus, sobald sich seine Gäste gesetzt hatten. Später erstaunte er sie dann manchmal damit, dass er sich den Zehen hinter dem Ohr kratzte, eine Fähigkeit, mit der er sicher auch im Zirkus hätte auftreten können. Außerdem saß er angeblich oft als Vogelscheuche verkleidet in Bäumen, und er soll, nachdem seine Frau mit nur 18 Jahren bei der Geburt des gemeinsamen Kindes gestorben war, nie wieder im Ehebett geschlafen haben, sondern in einen Mantel gehüllt davor – mit einem Holzklotz als Kopfkissen.

Da sich Waterton jedoch die meiste Zeit seines Lebens auf Reisen befand, waren solche Exzesse aber wohl eher selten. So verbrachte er unter anderem fast 20 Jahre im Amazonasgebiet und anderen Regionen Südamerikas, wo er bei den Macoushi, einem damals noch sehr ursprünglich lebenden Stamm in Guyana (früher Britisch-Guayana), auch Pfeilgifte kennenlernte. Eines davon wurde dort Wourali genannt, besser gesagt war es das, was die Europäer verstanden hatten, denn tatsächlich handelte es sich um nichts weiter als eine Verballhornung der Begriffe für „Vogel" und „töten" aus der Sprache der Einheimischen. Gewonnen wurde Wourali durch Eindicken von Rinden- und Blattextrakten einer Liane, die heute unter dem Namen Gift-Brechnuss (*Strychnos toxifera*) bekannt ist.

Inzwischen weiß man, dass die Wirkung dieses Pfeilgift auf einen der alkaloidhaltigen Pflanzeninhaltsstoffe der Liane zurückzuführen ist, der eine strukturelle Ähnlichkeit mit dem bereits erwähnten, körpereigenen Acetylcholin hat, das als Neurotransmitter an vielen Prozessen im menschlichen Körper beteiligt ist. So dient es im vegetativen Nervensystem beispielsweise als vermittelnde Substanz bei der Übertragung eines Reizes an der sogenannten motorische Endplatte, also der Kontaktstelle zwischen einer Nerven- und einer Muskelzelle.

Wenn nun aus der Liane stammende Acetylcholin-Antagonisten in den Körper gelangen und dort die Bindungsstellen der Acetylcholin-Rezeptoren besetzen, ohne den Rezeptor jedoch zu aktivieren, ist die Übertragung beeinträchtigt und die Muskeln in den Armen und Beinen, aber auch an Rumpf und Brustkorb werden gelähmt. Und weil dies auch für die Atemmuskulatur gilt, kommt es schließlich zu einem Atemstillstand und damit zum Tod. Dennoch konnten die Bewohner des Amazonasgebietes das Fleisch von Tieren, die mit Curare-Pfeilen gejagt wurden ohne Weiteres verzehren, weil Curare, wie man heute weiß, über den Magen-Darm-Trakt kaum aufgenommen wird.

Waterton konnte durch seine Versuche dem damaligen Wissen die neue Erkenntnis hinzufügen, dass das zentrale Nervensystem durch das pflanzliche Curare nicht irreparabel geschädigt wird und auch der Herzmuskel funktionsfähig bleibt. Dazu führte er sein berühmt gewordenes Experiment mit drei Eseln vor Publikum durch, mit dem er bewies, dass ein mit Curare vergiftetes Tier durch künstliche Beatmung am Leben erhalten werden konnte. Bei dem Versuch wurde einem der Esel das Gift ohne weitere Maßnahmen verabreicht, woraufhin dieser schon bald darauf verendete. Beim zweiten Tier wurde an einem der Beine ein Druckverband angelegt und das Gift dann unterhalb davon injiziert. Auch dieser Esel starb, nachdem der Druckverband entfernt worden war. Beim dritten Versuchstier ließ Waterton nach der Vergiftung einen Luftröhrenschnitt machen und dem bedauernswerten Tier dann mit einem Blasebalg Luft zuführen. Nach zwei Stunden kam der Esel tatsächlich wieder zu sich – um jedoch kurz darauf erneut zu kollabieren.

Nachdem man den Esel insgesamt vier Stunden mit zusätzlichem Sauerstoff aus dem Blasebalg versorgt hatte, überlebte er das Experiment schließlich, was bewies, dass ein mit Curare vergiftetes Opfer tatsächlich durch künstliche Beatmung an Leben erhalten werden konnte. Später erfolgten dann genauere Untersuchungen der südamerikanischen Pfeilgifte und dank der dabei erhaltenen Kenntnisse wird Curare oder auch eines der zahlreichen Nachfolgemedikamente seit den 1950er-Jahren auch bei Operationen eingesetzt, vor allem als Muskelrelaxans bei Eingriffen im Bauch- und Brustbereich (bei gleichzeitiger künstlicher Beatmung), aber manchmal auch bei der Behandlung von Wundstarrkrampf (Tetanus).

Heute mutet das Experiment mit den Eseln recht grausam an, und auch Waterton mag nicht ganz wohl dabei gewesen sein, denn er sorgte dafür, dass der überlebende Esel nach dieser Tortur ein sorgenfreies Leben führen konnte. Insgesamt lebte er noch weitere 25 Jahre auf Walton Hall, wo er, wie Waterton sagte, Schutz finden solle vor den Winterwinden und auf den grünen Wiesen grasen bis an sein Lebensende. Und als der Esel, genauer gesagt war es eine Eselin, die auf den Namen Wouralia hörte, 1839 im Alter von 28 Jahren verstarb, gab es sogar einen Nachruf in der Zeitung.

Die Gift-Brechnuss ist aber nicht die einzige Pflanze, aus der indigene Völker in Südamerika ein Pfeilgift herstellten. Tatsächlich gibt noch weitere Brechnuss-Arten, die sich für diesen Zweck nutzen lassen, aber auch einige Vertreter aus der Gruppe der Mondsamengewächse (Menispermaceae), etwa der Behaarte Knorpelbaum (*Chondrodendron tomentosum*). So gesehen ist Curare eigentlich eine Sammelbezeichnung für verschiedene alkaloidhaltige Substanzen aus Brechnuss-Arten und Mondsamengewächsen.

Es gibt in Süd- und Mittelamerika aber auch Pflanzen, die zwar Alkaloide mit einer ähnlichen Wirkung wie Curare enthalten, aber dennoch nie für die Herstellung von Pfeilgiften verwendet wurden, etwa den Mexikanischen Korallenbaum (*Erythrina americana*) aus der Familie der Hülsenfrüchtler (Fabaceae). Dafür gibt es allerdings einen guten Grund, denn im Gegensatz anderen Pfeilgiften, die über den menschlichen Darm nur in geringen Mengen absorbiert werden, sodass mit Blasrohrpfeilen gejagte Tiere ohne größere Gefahr gegessen werden können, gilt das für das Korallenbaum-Gift nicht. Vielmehr werden die enthaltenen Wirkstoffe auch bei oraler Aufnahme – und zwar sehr effektiv – über das Verdauungssystem aufgenommen und können daher schwere Vergiftungen verursachen.

Und weil die in Mittelamerika heimischen Sträucher oder kleinen Bäume spektakulär aussehende, knallrote Blütenköpfchen bilden und anschließend attraktive, leuchtend rote Samen, sind sie in Europa zu beliebten Gartenpflanzen geworden. Daher kommt es immer wieder zu Giftunfällen, weil die hübschen Samen augenscheinlich eine große Faszination auf Kinder ausüben und diese bei einem Verzehr wegen ihres geringen Körpergewichts deutlich schwerere Vergiftungen erleiden. Erhöht wird diese Gefahr dadurch, dass aus den Samen dekorative Halsketten oder Armbänder hergestellt werden, die dann leicht in die Hände von Kindern geraten können.

HINWEIS AUS DER REISETASCHE

In Afrika verwendeten viele der dort lebenden indigenen Völker ebenfalls vergiftete Pfeile für die Jagd, aber auch zur Verteidigung und für Stammesfehden, wobei für die Herstellung der Gifte aber Pflanzen verwendet wurden, die sich in der Wirkung deutlich von den Pfeilgiften des amerikanischen Kontinents unterscheiden. Denn während Curare ein Nervengift ist, das die Muskeln lähmt, benutzen die Menschen in Afrika zumeist Pflanzen, deren Inhaltsstoffe die Funktion des Herzens beeinträchtigen.

Häufig handelt es sich dabei um Mitglieder der Gattung *Strophantus* aus der Familie der Hundsgiftgewächse (Apocynaceae). Zu dieser Familie gehören ungefähr 50 Arten, die hauptsächlich in den Tropen Afrikas und Asiens beheimatet sind. Oft wachsen sie in Form von

Lianen, man findet unter ihnen aber auch Sträucher oder kleine Bäume. Eine Art, die häufig zur Herstellung von Pfeilgiften benutzt wurde, ist *Strophantus kombe*, eine Pflanze mit eiförmigen, samtig behaarten Blättern und auffälligen, trichterförmigen, weißen Blüten, deren Kronblätter in herabhängende, bis zu 20 cm lange, seilartig gedrehte Fäden auslaufen. Und diese haben auch zum wissenschaftlichen Namen der Art geführt, denn *Strophanthus* setzt sich aus griechischen Begriffen *strophein* = drehen, wenden und *anthos* = Blüte zusammen (*kombe* ist die in Afrika übliche Bezeichnung für die Pflanze).

Ein weiteres Merkmal sind die großen Balgfrüchte, in denen bis zu 100 längliche Samen mit einem typischen federartigen Anhang sitzen, der zur Ausbreitung als Flugapparat dient. In diesen ölhaltigen Samen ist die Konzentration des Gifts am höchsten, sodass zumeist sie zur Herstellung von Pfeilgiften benutzt werden. Dazu wird das Öl herausgepresst, anschließend zumeist noch mit klebrigen Zusätzen vermischt und dann auf die Pfeilspitzen aufgetragen. Oft werden die Samen und andere Teile der Pflanze aber auch so lange gekocht, bis eine Art Paste entsteht, die ebenfalls sehr gut an den Pfeilen haftet.

Wird ein Tier von einem solchen Pfeil getroffen, gelangt das Gift schnell in den Blutkreislauf und die Beute stirbt an Herzversagen. Wie Forschungsreisende zu berichten wussten, reicht angeblich schon ein einziger vergifteter Pfeil, um einen Büffel zu töten, und es heißt, einige Völker hätten mit vergifteten Speeren sogar Elefanten gejagt. Auch dieses Gift wird über den menschlichen Verdauungstrakt kaum aufgenommen, sodass die Beutetiere ebenfalls problemlos verzehrt werden können.

Nach Europa gelangte das aus *Strophantus kombe* hergestellte Pfeilgift erstmals vor über 150 Jahren durch eine Expedition, die der berühmte schottische Missionar und Afrikaforscher David Livingstone (1813-1873) im Auftrag der britischen Regierung Mitte des 19.

Jahrhunderts in Zentralafrika durchführte. Begleitet wurde er dabei unter anderem von seinem Landsmann John Kirk (1832-1922), einem Arzt und Naturwissenschaftler, der sich als passionierter Botaniker auch für die pflanzlichen Pfeilgifte der dort lebenden Ureinwohner interessierte. Daher sammelte er einige von den Jägern abgeschossene Pfeile und verstaute sie für eine spätere Untersuchung in seiner Reisetasche. Darin befanden sich aber auch persönliche Gegenstände, darunter seine Zahnbürste. Als er diese später benutzte, stellte er einen bitteren Geschmack fest, den er schnell mit den Giftpfeilen in seiner Tasche in Verbindung brachte. Außerdem bemerkte er einen verringerten Pulsschlag und weitere Symptome, die den Mediziner eine Herzglykosid-Wirkung vermuten ließen.

DAS GEHEIMNIS DER KRÄUTERFRAU

Herzwirksame Glykoside waren zu dieser Zeit schon aus anderen Pflanzen bekannt, etwa aus dem auch in Mitteleuropa sehr häufigen Roten Fingerhut (*Digitalis purpurea*). Diese Kenntnis war nicht zuletzt dem englischen Landarzt William Withering (1741-1799) zu verdanken, der stets auf der Suche nach neuen Behandlungsmöglichkeiten war. Dabei hörte er auch von einer Kräuterfrau, die angeblich eine Arznei besaß, mit der sie die Wassersucht erfolgreich behandeln konnte. Typisch für diese Krankheit ist ein Überschuss an Flüssigkeit im Gewebe, und dies ist wiederum häufig ein Symptom für Herzerkrankungen.

Withering gelang es, sich das Rezept für die Kräuterarznei zu beschaffen, und er kam nach sorgfältiger Analyse zu dem Ergebnis, dass von den über 20 verschiedenen Pflanzen, die die Kräuterfrau zusammenmischte, eigentlich nur der Rote Fingerhut eine therapeutische Wirkung haben konnte. Daraufhin befasste sich Withering näher mit dieser alten Heilpflanze und stellte nach umfassenden Untersuchungen und der Behandlung zahlreicher Wassersucht-Patienten fest, dass sich der typischerweise zu geringe Urinfluss in vielen Fällen tatsächlich mit Fingerhut-Arzneien behandeln ließ und damit auch die Wassersucht.

Später fand man dann heraus, dass sich dieser Effekt dadurch erklären lässt, dass die Fingerhut-Arzneien für eine verstärkte Kontraktionsfähigkeit des Herzens sorgen, ausgelöst durch herzwirksame Glykoside wie Digitoxin und Digoxin. Diese sind in der Lage, die Natrium-Kalium-ATPase (Natrium-Kalium-Pumpe) und damit den Austausch von Natrium- und Kalium-Ionen zu hemmen. Diese Pumpe sitzt vor allem in der Zellmembran von erregbaren Nerven- und Herzmuskelzellen und hat unter anderem die Aufgabe, dem Ladungsausgleich durch sogenannte Leckströme entgegenzuwirken, durch die ständig Natrium-Ionen ins Zellinnere diffundieren. Gäbe es diese Ionenpumpe nicht, würde es auf Dauer zu einem Ladungsausgleich an der Membran kommen, sodass kein Ruhepotenzials aufgebaut werden und damit keine Reizweiterleitung erfolgen könnte.

Findet eine solche Hemmung der Natrium-Kalium-Pumpe durch Herzglykoside im Herzmuskel statt, kommt es schon bald zu einer Annäherung der Natrium-Konzentration innerhalb und außerhalb der Zelle. Da im Inneren außerdem mehr Kalzium vorhanden ist, das ohne aktives Pumpen nicht gegen Natrium ausgetauscht und damit nicht aus der Zelle gelangen kann, kommt es zur Erhöhung der Kalzium-Konzentration in den Zellen. Diese sorgt nun für eine Steigerung der Kontraktionskraft des Herzmuskels und damit für eine Erhöhung der Schlagkraft, während sich die Herzfrequenz verlangsamt, weil die Erregungsleitung im Herzen verringert wird. Dadurch schlägt das Herz seltener, dafür aber kräftiger, sodass sich mit den Digitalis-Inhaltsstoffen Herzrhythmusstörungen und Herzinsuffizienz (Herzschwäche) behandeln lassen.

Allerdings dürfen solche Medikamente nur in sehr genauer Dosierung angewendet werden, weil es sonst zu einer Lähmung von großen Teilen der Muskulatur kommt. Das kann schließlich zum Tod durch Atemlähmung oder zu schwerwiegenden Herzrhythmusstörungen und zu einem Herzstillstand führen, wie es bei Digitalis-Vergiftungen, aber auch bei Vergiftungen mit Inhaltsstoffen des weiter oben erwähnten Zerberusbaumes, der Fall ist.

Da Kirk nach seinem unfreiwilligen Selbstversuch glaubte, die afrikanischen Pfeilgifte könnten sich möglicherweise ebenfalls einmal medizinisch verwenden lassen, beschaffte er sich weiteres Pfeilgiftmaterial und brachte es 1863 mit nach England, wo es weiter untersucht wurde. Diese Untersuchungen ergaben, dass *Strophantus kombe* tatsächlich ein herzwirksames Glykosid enthielt, das g-Strophanthin (Quabain) genannt wurde. Es unterscheidet sich chemisch nur wenig vom erwähnten Digitoxin und auch die Wirkung ist vergleichbar, sodass man es ebenfalls als Herzmittel einsetzen kann. Das Glykosid kommt aber auch noch in anderen afrikanischen *Strophanthus*-Arten vor, von denen viele ebenfalls als Pfeilgift genutzt wurden, etwa *S. gratus*, *S. eminii* und S. *hispidus*.

Im 19. Jahrhundert wurden Fingerhut-Arzneien manchmal auch zur Behandlung von Epilepsie verwendet, was später eine recht ungewöhnliche Theorie entstehen ließ, die den niederländischen Maler Vincent van Gogh (1853-1890) betrifft. Da reichlich vorhandene Herzglykoside unter Umständen auch die Funktion der Natrium-Kalium-Pumpe in bestimmte Zellen der Augenlinse beeinträchtigen, kann es zu einer sogenannten Xanthopsie, also einem Gelbsehen kommen. Bei dieser Farbsinnstörung ist die gesamte Farbwahrnehmung in den Gelbbereich verschoben, und weil van Gogh immer wieder mit Krankheitsschüben unbekannter Herkunft zu tun hatte, könnte es sein, dass er deswegen Medikamente gegen Epilepsie verordnet bekam. Dabei könnte es sich durchaus um Herzglykoside gehandelt haben, und wenn diese nicht richtig dosiert waren, hätte es beim niederländischen Maler zu einer solchen Farbsinnstörung kommen können. Und dies, so die Theorie, sei dann vielleicht der Grund für die intensive Gelbfärbung in vielen seiner Bilder gewesen, etwa der Sonnenblumen-Gemäldeserie, wobei die Blüten bei Entstehung der Gemälde vor über 100 Jahren noch deutlich strahlender gelb gewesen sein sollen. Als „Beweis" für diese ungewöhnliche Theorie, die man wohl nicht allzu ernst nehmen sollte, wird angeführt, dass van Gogh seinen behandelnden Arzt zweimal porträtiert hat – beide Male mit Fingerhutpflanzen in der Hand!

LEBENSGEFÄHRLICHE TRICKSEREI

Herzwirksamen Glykoside wurden aber nicht nur für Pfeilgifte oder medizinische Zwecke verwendet, sondern man versuchte in der Vergangenheit auch, sich mit ihrer Hilfe vom Militärdienst befreien zu lassen. Propagiert wurde das von sogenannten „Freimachern", die behaupteten, sie könnten dafür sorgen, dass ein Kandidat bei der Musterung wegen Herzbeschwerden zurückgestellt wurde. Dazu versorgten die Freimacher ihre Kunden bei entsprechender Bezahlung mit Fingerhut-Arzneien, die sie zu einem bestimmten Zeitpunkt vor der Musterung einnehmen mussten. Das ging allerdings nicht immer gut aus, denn es wird von einem Fall aus dem Jahre 1876 berichtet, bei dem ein Mann verstarb, weil er es bei der Einnahme übertrieben hatte.

Aber auch für Morde wurden Herzglykoside verwendet. So vergiftete der französische Arzt Dr. Edmond-Désiré Couty de la Pommerais um die Mitte des 19. Jahrhunderts die Witwe Madame de Pauw, die sowohl seine Patientin als auch seine Geliebte war, mit Digitoxin. Da kurz zuvor eine hohe Lebensversicherung auf die Frau abgeschlossen worden war und zudem ein anonymer Hinweis erfolgte, nach dem beim Tod der Frau nicht alles mit rechten Dingen zugegangen sei, begann man nach Indizien für eine Vergiftung zu suchen.

Zwar gab es damals noch keine Methode, Herzglykoside bei einem vermeintlichen Mordopfer nachzuweisen, aber dem französischen Rechtsmediziner Auguste Ambroise Tardieu (1818-1879) gelang es dennoch, Hinweise auf eine Vergiftung zu finden. Dafür benutzte er Frösche, von denen man wusste, dass sie sich gut für die Untersuchung von Herzmitteln eigneten. Einem dieser Frösche spritzte er reines Digitoxin, einem zweiten etwas von dem Erbrochenen der Verstorbenen, der dritte blieb unbehandelt. Das Ergebnis war, dass die ersten beiden Frösche mit identischen Symptomen verendeten, während der dritte am Leben blieb. Dem Richter des anberaumten Prozesses muss diese Beweisführung ausgereicht haben, denn der Arzt wurde verurteilt und 1864 hingerichtet.

AUSWAHL OHNE ENDE

Unsere Vorfahren haben also in nahezu allen Teilen der Erde einst Pfeilgifte verwendet und dazu die unterschiedlichsten, von Pflanzen oder auch Tieren produzierten Substanzen benutzt. Zu den eher ungewöhnlichen gehört der Manchinelbaum, (*Hippomane mancinella*), auch Manzanillobaum oder Strandapfel genannt. Wenn man den deutschen Namen dieses Baumes aus der Familie der Wolfsmilchgewächse (Euphorbiaceae) hört, ahnt man zunächst noch nichts Böses, aber bei der spanischen Bezeichnung kann man dann schon misstrauisch werden, denn die lautet „Manzanilla de la muerte", was übersetzt etwa „Äpfelchen des Todes" bedeutet.

Und tatsächlich hat der bis 10 m hohe Baum durchaus eine gewisse Ähnlichkeit mit einem Apfelbaum. Das liegt vor allen an seinen bei Reife gelbgrünen, fleischigen Früchten, die an kleine Äpfel erinnern, einschließlich der zumeist roten Bäckchen, des angenehmen, aromatischen Geruchs und anfangs süßen Geschmacks. Und auch die bis zu 7 cm langen, elliptischen Blätter lassen sich durchaus mit denen eines Apfelbaumes verwechseln.

Damit enden dann aber die Gemeinsamkeiten, denn der Manchinelbaum produziert einen Milchsaft, der bei Kontakt starke Hautreizungen verursacht. Und das kann sogar passieren, wenn man bei Regen unter einem solchen Baum Schutz sucht und dabei in Kontakt mit der von den Blättern und Ästen herabtropfenden Flüssigkeit kommt. Aber auch der Rauch, der beim Verbrennen seines Holzes entsteht, soll beim Einatmen Kopfschmerzen und andere Beschwerden hervorrufen können. Und gelangt er in die Augen, kommt es häufig zu einer starken Reizung, bis hin zu einer vorübergehenden Erblindung.

Werden die giftigen Früchte gegessen, führt das zur Blasenbildung im Mund und im Rachen, die so stark sein kann, dass ein Atmen fast unmöglich wird. Außerdem ruft der Verzehr oft Entzündungen im Verdauungstrakt hervor, verbunden mit Bauchkrämpfen, Erbrechen oder blutigem Durchfall, und in ganz schweren Fällen sind sogar Lähmungserscheinungen und Todesfälle möglich. Bei den Giften, die dafür verantwortlich sind, handelt es sich unter anderem um Diterpenester, die starke Hautirritationen verursachen können, aber auch als tumorpromovierend gelten, also unter Umständen das Wachstum von Tumoren begünstigen. Vor allem die Früchte enthalten aber auch das bereits bei der Kalabarbohne erwähnte Physostigmin.

Die Verbreitung des Manchinelbaums erstreckt sich vom nördlichen Südamerika über Mittelamerika bis in die Karibik und nach Florida, wo man die Pflanzen häufig am Strand findet. Und sie sind dort auch sehr gern gesehen, denn sie bieten nicht nur einen guten Windschutz, sondern verhindern mit ihren Wurzeln auch die Erosion des Sandes. Erste Erfahrung mit dieser Pflanze machten schon die frühen spanischen Entdecker. So kann man beim spanischen Historiker

Gonzalo Fernández de Oviedo (1478-1557), Verfasser der Historia General Y Natural De Las Indias, folgendes nachlesen:

Schon oft sind Männer, die sorglos unter einem solchen Baum geschlafen haben, nach kurzer Zeit mit Schmerzen im Kopf und geschwollenen Augen und Wangen aufgewacht. Der Tau, der von diesem Baum aufs Gesicht tropft, fühlt sich an wie Feuer, die Haut brennt und überall bilden sich Blasen. Fällt der Tau ins Auge, sind sie wie verbrannt und die Sicht ist eingeschränkt. Niemand kann den Rauch des brennenden Holzes lange aushalten, denn er führt zu Kopfschmerzen und Müdigkeit. Mensch und Tier halten sich von ihm fern.[20]

In der Vergangenheit sollen die Bewohner einiger Karibikinseln den Milchsaft als Pfeilgift benutzt haben. Außerdem, so heißt es, wurden gelegentlich Gefangene an die Stämme des Manchinelbaums gebunden, um sie auf diese Weise langsam zu Tode zu foltern. Heute sind viele dieser Bäume, etwa in Florida, mit Schildern oder anderen Warnhinweisen versehen, die auf die Gefahr hinzuweisen, die von den „Äpfelchen des Todes" ausgeht.

Sehr viel länger bekannt ist dagegen schon ein Pfeilgift, bei dem Inhaltsstoffe aus Arten der Gattung *Acokanthera* eingesetzt werden, die zur Familie der Hundsgiftgewächse (Apocynaceae) gehören. So fand man bei Untersuchungen an rund 6000 Jahre alten, in Museen aufbewahrten Pfeilspitzen eine giftige Substanz, die nach Ansicht der Wissenschaftler von einer *Acokanthera*-Art stammt. Und auch die Pflanze, aus der die Äthiopier – wie Theophrast berichtet – schon lange vor der Zeitenwende ein wirksames Pfeilgift hergestellt haben sollen, war vermutlich eine *Acokanthera*-Art.

Typischerweise handelt es sich bei den Mitgliedern der Gattung um immergrüne Bäume oder Sträucher mit länglichen, lederartigen Blättern, in Büscheln angeordneten Blüten und dunklen Beeren mit ein oder zwei Samen und einem stark giftigen Milchsaft, der unter anderem das herzwirksame Glykosid Strophanthin enthält und sich deshalb als lähmendes Pfeilgift einsetzen lässt. Welche Pflanzen sich zur Herstellung von Pfeilgiften eignen, sollen die damaligen Jäger mit einer sehr einfachen Methode festgestellt haben: Stießen sie bei ihren Streifzügen auf einen Baum oder Strauch, unter dem zahlreiche kleine tote Tiere, etwa Mäuse oder auch Vögel lagen, werteten sie dies als sicheren Hinweis für die Giftigkeit der Pflanze.

Aber die herzwirksamen Glykoside der *Acokanthera*-Arten sind nicht für alle Kleinsäuger eine tödliche Gefahr. So nutzt die Mähnenratte (*Lophiomys imhausi*) das Gift dieser Pflanze sogar zur eigenen Verteidigung. Mähnenratten sind zwar Nagetiere, aber trotz ihres Namens nicht näher mit den eigentlichen Ratten verwandt. Und wenn sie bei Gefahr die langen Haare ihres Rückenfells aufstellen, um größer und gefährlicher zu wirken, sehen sie auch eher aus wie kleine Stachelschweine. Aber das ist nicht die einzige Verteidigungsstrategie, die diese kleinen Säuger zur Verfügung haben, denn Sie schützen sich außerdem dadurch, dass sie *Acokanthera*-Rinde zerkauen und den Brei dann auf den Flanken verteilen. Dort besitzen die Haare nicht nur eine Art Wabenstruktur, um möglichst viel Gift aufnehmen zu können, sondern auch noch eine auffällige, schwarz-weiße Warnfärbung, die Fressfeinden präsentiert wird, um sie von einem Angriff abzuhalten. Ignoriert der Räuber das, war es mit einiger Wahrscheinlichkeit sein letzter Fehler. Warum sich die Mähnenratten beim Kauen der toxischen Baumrinde nicht selbst vergiften, ist noch ungeklärt. Nicht ausgeschlossen ist, dass sie eine Resistenz gegen das Gift entwickelt haben.

Eine weitere Pflanze, die man früher zur Herstellung von Pfeilgiften benutzte, ist der Upasbaum (*Antiaris toxicaria*), auch als Javanischer Giftbaum bekannt, aus dem vor allem Jäger in Ost- und Südostasien ein Gift für ihre Pfeile herstellten. Der Upasbaum ist der einzige Vertreter der Gattung *Antiaris*, die zur Familie der Maulbeergewächse (Moraceae) gehört. Unter der einheimischen Bevölkerung kursierten einst die abenteuerlichsten Gerüchte über die Giftigkeit dieses Baumes. So hieß es, Vögel würden tot zur Erde fallen, wenn sie nur über den Baum hinwegflogen und auch Menschen, die sich ihm während der Blütezeit zu sehr näherten, würden dies normalerweise nicht überleben. Natürlich hat sich nichts davon bewahrheitet, aber das Gift, ein Herzglykosid namens *Antiarin*, das vor allem im Milchsaft der Rinde enthalten ist, eignet sich auf jeden Fall gut zur Herstellung von Pfeilgiften.

Herzwirksame Glykoside sind auch noch in zahlreichen anderen Pflanzen enthalten, darunter weiteren Fingerhut-Arten, etwa dem Wolligen Fingerhut (*Digitalis lanata*), ebenso wie in den hübschen Adonisröschen (*Adonis*), im Oleander (*Nerium oleander*), der in Mitteleuropa gern als Kübelpflanze gehalten wird, oder der Weißen Meerzwiebel (*Drimia maritima*), die schon in der Antike als harntreibend und abführende Arznei verwendet wurde. Heute ist Letztere wegen ihrer Giftigkeit aber kaum noch in Gebrauch.

Herzwirksame Glykoside sind aber auch im Maiglöckchen (*Convallaria majalis*) enthalten, das immer wieder schwere Vergiftungsunfälle verursacht. Hauptgrund dafür ist die Ähnlichkeit der Blätter mit denen des Bärlauchs (*Allium ursinum*). Diese Pflanze wird gern als Küchengewürz verwendet, etwa für Kräuterbutter oder Pesto, denn sie besitzt einen an Knoblauch erinnernden Geschmack, ist aber deutlich milder und verursacht keinen unerwünschten Mund- oder Körpergeruch. In der Naturheilkunde verwendet man den Bärlauch wegen seines hohen Vitamin-C-Gehalts gern als vorbeugende Arznei, aber auch bei Magenverstimmung, Blähungen und Koliken; außerdem gilt er als appetitanregendes Mittel und als gutes Verdauungstonikum. Verwechslungen lassen sich allerdings leicht durch eine Geruchsprobe vermeiden, denn die Blätter des Bärlauchs riechen deutlich nach Knoblauch.

Die hier erwähnten Arten waren mit ihren teilweise tödlichen Giften in der Vergangenheit natürlich besonders für Menschen mit unlauteren Absichten interessant und weniger für die Allgemeinheit. Es gibt aber auch Pflanzen, an denen sehr viel mehr Menschen ein großes Interesse hatten. Das lag daran, dass diesen aus den unterschiedlichsten Gründen die unglaublichsten Fähigkeiten nachgesagt wurden, auch wenn es dafür, zumindest aus heutiger Sicht, eigentlich keine logisch nachvollziehbaren Gründe gibt. Und von diesen „Zauberpflanzen" soll im nächsten Kapitel die Rede sein.

Kapitel 2

Hexen, Geister und Dämonen

Die klügsten Waldgeister sind die Alräunchen,
Langbärtige Männlein mit kurzen Beinchen,
Ein fingerlanges Greisengeschlecht,
Woher sie stammen, man weiß es nicht recht.

Heinrich Heine[21]

URALTE GEHEIMNISSE

Der Glaube an die Kraft von Zauberpflanzen, oft auch Hexenkräuter genannt, findet man in nahezu allen Kulturen. Und entsprechend vielfältig waren auch die Fähigkeiten, über die sie angeblich verfügten. So hieß es, sie könnten vor bösen Geistern, Dämonen, Hexen oder dem Teufel schützen, wie auch vor Blitzschlag und anderen Naturgewalten. Helfen sollten Sie außerdem bei Ehe- oder Potenzproblemen, bei der Suche nach Schätzen und natürlich bei der Heilung von Krankheiten, um nur einige der sagenhaften Fähigkeiten zu nennen.

BEGEHRTE ZAUBERWURZEL

Zu den Pflanzen, die die Fantasie der Menschen über lange Zeit besonders stark beflügelten, gehört die Gemeine Alraune (*Mandragora officinarum*). Ihr wurden einst die unglaublichsten Kräfte nachgesagt, sodass für ihren Besitz nicht selten atemberaubende Summen ausgegeben wurden. Dabei wirkt die berühmt-berüchtigte Art, die auch Alraunwurzel, Alruniken oder Mandragora genannt wird, auf den ersten Blick eher unscheinbar, denn es handelt sich um eine stängellose

Pflanze mit einer großen, direkt auf dem Boden wachsenden Blattrosette, grün-weißen, gelblichen oder auch bläulich-violetten Blüten und unangenehm riechenden, gelblichen bis orangefarbenen Früchten, die ein wenig wie Eiertomaten aussehen, aber nur etwa pflaumengroß sind.

Deutlich beeindruckender ist dann allerdings die Wurzel, bei der es sich um eine kräftige Rübe handelt, die bis zu 50 cm lang werden kann. Außerdem ist sie häufig gegabelt oder bizarr verdreht und kann daher, sofern der Betrachter über ausreichend Fantasie verfügt, Ähnlichkeit mit einer menschlichen Gestalt haben. Das Hauptverbreitungsgebiet der Pflanze, die zur großen Familie der Nachtschattengewächse (Solanaceae) gehört, liegt im Mittelmeerraum, wo sie auf Schuttplätzen, an Feld- und Wegesrändern, auf nicht mehr bewirtschafteten Äckern oder stickstoffreichen Brachflächen zu finden ist.

Woher der deutsche Name Alraune stammt weiß man nicht genau. Möglicherweise geht er auf eine germanische Seherin namens *Albruna* (*Aurinia*) zurück; es könnte sich aber auch um eine Wortschöpfung aus „Alb", wie Kobolde oder ähnliche Fabelwesen genannt wurden und dem althochdeutschen Begriff „runen" handeln, was raunen oder flüstern bedeutet. Daneben existieren aber auch noch zahlreiche andere, zumeist sehr bildhafte Bezeichnungen, mit denen der Volksmund diese geheimnisumwitterte Pflanze bedachte, etwa Galgenmännlein, Drachenpuppe, Glücksmännlein, Erdmännchen, Erdweibchen, Satansapfel, Schlafapfel, Liebesapfel, Hundsapfel, Schlafbeere, Zauberwurzel, Liebeswurzel, Henkerswurzel, Teufelshoden, Dollwurz oder Tollkraut. Insgesamt sind über 200 Namen aus den verschiedensten Sprachen bekannt, ein deutlicher Hinweis auf die große Bedeutung, die diese Pflanze in den unterschiedlichen Kulturkreisen besaß.

Wie viele Zauberpflanzen, begann auch die Alraune ihre „Karriere" zunächst als Heilkraut, und das schon vor sehr langer Zeit. So benutzen sie die Assyrer, die um das 2. Jhdt. v. Chr. in Mesopotamien ein mächtiges Reich aufgebaut hatten, als Schlaf- und Schmerzmittel, und auch im bereits erwähnten *Papyrus Ebers,* jener umfangreichen medizinischen Papyrusrolle aus dem Ägypten der Pharaonenzeit, ist die Pflanze unter dem Namen *dja-dja* erwähnt. Dort wird sie ebenfalls als Schmerz- und Schlafmittel empfohlen, aber auch zur Behandlung von Wurmbefall, Geschwüren oder bei Lungenbeschwerden. Zusätzlich hatte die Pflanze aber wohl auch eine sakrale Bedeutung, denn man fand ihre Früchte als Beigabe in Gräbern ägyptischer Pharaonen, beispielsweise bei Tutanchamun, der um 1332-1323 v. Chr. regierte. Außerdem wollen Experten die Alraune auf altägyptischen Wandbildern und dem Gewand von Tutanchamun identifiziert haben.

DIE LEIDEN DES LIEBESTRUNKENEN JAKOB

Im Alten Testament wird ebenfalls eine Pflanze erwähnt, bei der es sich um die Alraune handeln soll. Allerdings geht es dort nicht um die Behandlung von Krankheiten, sondern ausschließlich um die Anwendung im Zusammenhang mit Liebes- und Fruchtbarkeitsriten. So kann man im 1. Buch Mose nachlesen, wie Jakob, der Sohn Isaaks und Enkel Abrahams, seinem älteren, geistig etwas schwerfälligen Bruder Esau hinterlistig das Erstgeburtsrecht für einen Topf Linsen abschwatzt. Als diesem die Konsequenz seines Handelns bewusst wird, schwört er dem verräterischen Bruder erbitterte Rache, sodass dieser vorsichtshalber zu seinem Onkel Laban nach Mesopotamien flieht.

Dort eingetroffen, verliebt sich Jakob schon bald in seine Cousine Rahel, die als schön von Gestalt und Angesicht beschrieben wird, während ihre ältere Schwester Lea diese Vorzüge ganz augenscheinlich nicht besaß. Daher bittet Jakob seinen Onkel Laban schon bald um

die Hand der schönen Rahel, was sich allerdings als nicht ganz unproblematisch erweist, da die jüngere Tochter nicht vor der älteren
Schwester heiraten durfte. Daher will Laban der Verbindung auch nur
dann zustimmen, wenn sein Neffe sich verpflichtet, sieben Jahre lang
unentgeltlich für ihn zu arbeiten – eine ziemlich erpresserische Forde-
rung, auf die der verliebte Jakob aber dennoch eingeht.

Als die sieben langen Jahre endlich um sind, richtet Laban die
Hochzeit aus, bringt am Abend aber nicht Rahel zu Jakob, sondern die
ältere Lea, was dieser allerdings erst am nächsten Morgen bemerkt!
Als der Hereingelegte sich daraufhin bei seinem Onkel beschwert,
entgegnet ihm dieser, es sei nicht rechtens, die jüngere Tochter vor der
älteren zu verheiraten. Um doch noch seine Rahel zu bekommen, ent-
schließt sich Jakob, weitere sieben Jahre unentgeltlich für Laban zu
arbeiten. Nach Ablauf der Frist erhält Jakob diese auch tatsächlich zur
zweiten Frau, und schenkt ihr – wenig überraschend – in der Folge
seine ganze Aufmerksamkeit, während Lea ein einsames, unbeachte-
tes Dasein erdulden muss.

Als Gott das sieht, beschließt er, regulierend einzugreifen, indem er
Rahel unfruchtbar werden lässt. Und auch wenn Jakob seiner ersten
Frau nicht besonders zugetan ist, so kommt er seinen ehelichen Pflich-
ten wohl dennoch nach, denn Lea schenkt Ihrem Mann einen Sohn
nach dem anderen, während die unglückliche Rahel kinderlos bleibt.
Doch dann findet Leas ältester Sohn Ruben auf einem Feld ein paar
„Liebesäpfel", womit wohl die Früchte der Alraune gemeint sind. Als
Rahel davon erfährt, bittet sie ihre Schwester um diese Früchte, weil
sie hofft, ihr unglückliches Schicksal mithilfe der Zauberpflanze abwenden zu können.

Lea reagiert zunächst ungehalten und antwortet: *Hast du nicht genug, dass du mir meinen Mann genommen hast, und willst auch die Liebesäpfel meines Sohnes nehmen?*[22] Aber als Rahel ihrer Schwester ver-

spricht, sie würde Jakob dafür die nächste Nacht bei ihr schlafen lassen, gibt Lea nach. Und ... *als nun Jakob am Abend vom Felde kam, ging Lea hinaus im entgegen und sprach: Zu mir sollst du kommen, denn ich habe dich erkauft mit den Liebesäpfeln meines Sohnes. Und er schlief die Nacht bei ihr.*[23] Aber natürlich kann ein heidnischer Zauber nichts gegen die Allmacht Gottes ausrichten, sodass Rahel weiter kinderlos bleibt, während Lea noch zwei Söhne und eine Tochter bekommt. Erst dann erbarmt sich Gott der bedauernswerten Rahel und gibt ihr die Fruchtbarkeit zurück, sodass auch sie endlich einen Sohn zur Welt bringt.

Aber nicht nur im Kapitel über „Jakobs Kindersegen" werden Liebesäpfel erwähnt, sondern es gibt im *Hohelied Salomos*, einer Sammlung von Liebesliedern, eine weitere Textstelle. Dort heißt es:

Komm, mein Freund, lass uns aufs Feld hinausgehen
und unter Zyperblumen die Nacht verbringen,
dass wir früh aufbrechen zu den Weinbergen und sehen,
ob der Weinstock sprosst
und seine Blüten aufgehen,
ob die Granatbäume blühen.
Da will ich dir meine Liebe schenken.
Die Liebesäpfel geben den Duft,
und an unsrer Tür sind lauter edle Früchte,
heurige und auch vorjährige:
Mein Freund, für dich hab ich sie aufbewahrt.[24]

Zwar sind nicht alle Experten davon überzeugt, dass es bei den erwähnten Liebesäpfeln, die im Originaltext als *dudaim* bezeichnet werden (der Name ist vermutlich aus den althebräischen Begriffen *dod* = Liebe und *ayim* = Frucht zusammengesetzt) tatsächlich um die Früchte der Alraune handelt, aber es spricht doch einiges dafür. So wurde der

Begriff *dudaim* schon bei der Übersetzung des Alten Testaments vom Hebräischen ins Griechische im 3. Jhdt. v. Chr., als man „noch näher am Geschehen" war, mit *mela mandragoron* (Äpfel der Mandragora) übersetzt; außerdem gibt es kein anderes Gewächs, dem sich der Name *dudaim* so zwanglos zuordnen ließe wie der Alraune. Und dass diese Pflanze im Leben der Menschen jener Region tatsächlich eine größere Rolle gespielt haben dürfte, wird auch durch die Tatsache gestützt, dass die Alraune eines der Zeichen des israelischen Stammes Ruben war.

In der arabischen Welt war die Alraune ebenfalls gut bekannt. Zumeist wurde sie dort Teufelskerze genannt, weil es hieß, sie würde in der Nacht rot glühen, während die Früchte Äpfel des Teufels, Teufelshoden beziehungsweise Hoden des Dämons oder Eier der Genies hießen. Und auch aus dem antiken Griechenland sind eine Reihe unterschiedlicher Namen für die geheimnisvolle Pflanze überliefert. So nennt der griechische Philosoph Pythagoras (etwa 570-500 v. Chr.) sie *anthropomorphos*, was so viel wie „von menschlicher Gestalt" bedeutet. Sie hieß aber auch *circea*, in Anlehnung an Kirke, die berühmte Zauberin aus der griechischen Mythologie, die bekanntlich die Gefährten des listenreichen Odysseus in Schweine verwandelte, denn in ihrem Kräutergarten soll die Alraune einen festen Platz gehabt haben.

Ein weiterer Name war Prometheuskraut, wobei sich diese Bezeichnung auf den gleichnamigen Titanen-Sohn bezieht, der den Menschen das Feuer gebracht und dadurch Zeus, den mächtigsten der Götter des Olymps so sehr verärgert hatte, dass er ihn zur Strafe an einen Felsen ketten ließ. Dort pickte ihm ein Adler regelmäßig die immer wieder nachwachsende Leber aus dem Leib, und aus der Flüssigkeit, die bei dieser Tortur auf die Erde tropfte, entstand dann, so die Legende, die Alraune.

Aber auch später gab es immer wieder abenteuerliche Gerüchte, die sich um die Entstehung der Pflanze rankten. So kann man bei den Gebrüdern Grimm nachlesen, Alraunen würden dort wachsen, wo Urin eines am Galgen hingerichteten Jünglings auf die Erde tropfte. Voraussetzung war allerdings, dass dieser einem bekannten „Diebesgeschlecht" entstammte oder dass die Mutter des Gehenkten während der Schwangerschaft gestohlen oder zumindest ernsthaft mit diesem Gedanken gespielt hatte.

VIERBEINIGE HELFER

Da die Alraune nach allgemeiner Auffassung eine ganz besondere Pflanze war, verwundert es auch nicht, dass man, um in ihren Besitz zu gelangen, bestimmte Vorsichtsmaßnahmen einhalten musste, weil sich nur dann Schäden an Leib und Seele vermeiden ließen. So berichtet der griechische Gelehrte Theophrast in seiner *Naturgeschichte der Gewächse*, man dürfe die Pflanze keinesfalls tagsüber ausgraben, sondern ausschließlich in den Abendstunden. Zuvor habe sich der Sammler noch in Richtung der untergehenden Sonne zu verneigen, um den Göttern seine Verehrung zu bezeugen und drei magische Kreise mit einem noch nie benutzten Schwert um die Pflanze zu ziehen. Weiter heißt es: ... *ein anderer aber soll im Kreise herum tanzen und so viel als möglich von Liebessachen sprechen.*[25]

Eine etwas andere „Gebrauchsanweisung" hinterließ der jüdische Geschichtsschreiber Josephus Flavius (eigentlich Joseph ben Mathitjahu; etwa 37-100) in seinem Werk *Geschichte des jüdischen Krieges*, in dem er ausführt, dass es sehr schwierig sei, sich der Pflanze zu nähern, weil sie sich sofort zurückziehen würde, wenn sie einen Alraunen-Sammler bemerke. Gelänge es diesem aber, die Zauberpflanze mit Urin oder auch Menstruationsblut zu übergießen, dann konnte die „Flucht" verhindert werden. Außerdem berichtet Flavius, eine Berührung der Alraune beim Ausgraben wäre absolut tödlich. Daher müsse man die Erde um die Pflanze vorsichtig entfernen, einen Hund an der Wurzel festbinden und den Ort der gefährlichen „Bergung" dann schnell verlassen. Wie es sich für einen guten Hund gehört, würde dieser natürlich versuchen, seinem Herrn zu folgen und dabei die Wurzel ausreißen, wobei das brave Tier dann stellvertretend für seinen Besitzer den Tod erlitt.

Nach diesen „Vorschriften" wurde auch im Mittelalter und in späteren Jahrhunderten weiter verfahren, wenn manchmal auch mit Modifikationen. So hatte sich mittlerweile das Gerücht durchgesetzt, Alraunen hätten eine Seele und könnten Schmerzen empfinden. Daher würden sie beim Ausreißen markerschütternde Schreie ausstoßen, was zur Folge hatte, dass jeder, der das Gekreische der mächtigen Zauberkräuter vernahm, auf der Stelle tot umfiele. Aus diesem Grund war es unbedingt notwendig, sich nach dem Anbinden des (möglichst schwarzen) Hundes die Ohren zu verstopfen. Anschließend lockte man das Tier aus einiger Entfernung mit einem Stück Brot oder Fleisch heran, damit es die Pflanze ausriss. War die Operation erfolgreich, wurde der tote Hund unter einem speziellen Opferritus an der Stelle begraben, an der zuvor die Alraune gestanden hatte.

Bei derart großen Gefahren und dem beträchtlichen Aufwand, den man betreiben musste, um in den Besitz einer Alraunenwurzel zu gelangen, hatte diese natürlich ihren Preis. Und wo es schnelles Geld zu verdienen gibt, treten bekanntlich auch schnell Betrüger auf den Plan. Das war beim Handel mit Alraunen nicht anders. So versuchte man beispielsweise Pflanzen wie den Allermannsharnisch (*Allium victorialis*), der ebenfalls eine ansehnliche Wurzel besitzt, als Alraune zu verkaufen, oder man schnitze die auch in Mitteleuropa heimische Zweihäusige Zaunrübe (*Bryonia dioica*), eine Kletterpflanze mit einer ebenfalls verdickten Wurzel so zurecht, dass man sie für eine echte Alraunwurzel halten konnte.

Besonders geschickte Fälscher schnürten solche Wurzeln zunächst an den richtigen Stellen ein und ließen sie dann noch einige Zeit in der Erde weiterwachsen, bis sie die gewünschte, menschenähnliche Gestalt angenommen hatten. Außerdem wurden manchmal Getreidekörner im oberen Bereich der Wurzel eingesteckt, die nach dem Auskeimen dann wie Haare oder ein Bart aussahen, eine Praxis, die schon der Botaniker und Verfasser von Kräuterbüchern, Hieronymus Bock, und der italienische Arzt Pietro Andrea Mattioli in aller Ausführlichkeit beschrieben. Und ganz augenscheinlich fielen selbst gekrönte Häupter auf derartige Fälschungen herein, denn noch heute wird eine Allermannsharnischwurzel in der Wiener Hofbibliothek aufbewahrt, die der Habsburger Rudolf II. (1552-1612), Kaiser des Heiligen Römischen Reiches, als Alraune erstanden hatte.

Der Handel war über Jahrhunderte ein so gutes Geschäft, dass noch in den 30er-Jahren des letzten Jahrhunderts in Berliner Kaufhäusern falsche Alraunen angeboten wurden. Und selbst nach dem Zweiten Weltkrieg gab es in Bayern vereinzelt Gerichtsurteile gegen Hausierer, denen es gelungen war, der gutgläubigen Landbevölkerung gefälschte Alraunen anzudrehen. So wird von einer Bauersfrau berichtet, die für 50 Mark eine angebliche Alraunwurzel erstand, aus der, nachdem sie diese zum Schutz gegen böse Geister in einen ihrer Blumenkästen gesteckt hatte, ein Salatkopf wuchs.

Kraut der unbegrenzten Möglichkeiten

Warum die Alraune bei unseren Vorfahren so begehrt war, lässt sich leicht erklären, wenn man sich verdeutlicht, was der Besitz einer Alraunwurzel angeblich alles garantieren sollte. Dazu gehörten zunächst einmal Reichtum und häusliches Glück. So hieß es, die Zahl von Münzen würde sich verdoppeln, wenn die Pflanze in das Kästchen gelegt wurde, in dem man sein Geld aufbewahrte. Bei jüngeren Frauen war die Alraune dagegen vor allem deswegen begehrt, weil ihr Besitz angeblich für eine problemlose Geburt sorgte. Aber das war noch lange nicht alles, was ein „Erdmännchen" bewirken konnte, wie ein Brief aus dem Jahre 1575 zeigt, den ein Leipziger Bürger an seinen Bruder in Riga schrieb, dem das Leben ganz augenscheinlich übel mitgespielt hatte:

Brüderliche Liebe und Treue und sonst alles Gute bevor, lieber Bruder. Ich habe dein Schreiben überkommen und zum Theile genug verstahn, wie dass du lieber Bruder an deinem Hufe oder Hove schaden gelitten hast, dass deine Rinder, Schweine, Kühe, Pferde, Schafe alles absterben, dein Wein und Bier versäuren im Keller, und deine Nahrung ganz und gar zuruckgeht, und du ob dem allem mit deiner Hausfrauen in grosser Zwietracht lebest, welches mir von deinetwegen ein gross Herzeleid ist zu hören. So habe ich mich nu von deinetwegen höchlich bemühet und bin zu den Leuten gangen, die solcher Dingk Verstand haben, hab rath von deinetwegen bei ihnen suchen wollen und hab sie auch darneben gefraget, woher du solches Unglück haben müsstest. Da haben sie geantwortet, du hättest solches Unglück nicht von Gott, sondern von bösen Leuten, und da könne nicht geholfen werden, du hättest denn ein Alruniken oder Ertmänneken, und wenn du solches in deinem Haus oder Hove hättest, so werde es sich mit dir wohl bald anders schicken. So hab ich mich nu von deinetwegen ferner bemühet und bin zu den Leuten gangen, die solches gehabt haben, als bey unserm Scharfrichter und habe ihm dafür geben als nemlich 64 Thaler und des Budels Knecht ein Drinkgeld. Solches soll dir nur aus liebe und Treue geschenket seyn. Und so solltu es lernen, wie ich dir schreibe in diesem Brieve. Wenn du den Erdmann in deinen Hause oder Hove überkommest, so lass es drey Tage ruhen, ehr du dazu gehest, nach den drei Tagen so hebe es uff und bade es in warmen Wasser, mit dem bade soltu besprengen dein Vieh und die sullen deines Hauses, da du und die deinen übergehen, so wird es sich mir dir wol bald anders schicken... und du solt es alle Jahr viermal baden, und so oft du es badest, so solt du es wiederum in sein Seiden Kleidt winden... Das Bad darinn du es badest ist auch sonderlich gut, wann eine Frau in Kindesnöthen ist und nit geboren kann, dass sie ein löffel voll davon trinket, so bärt sie mit Freuden und Dankbarkeit, und wann du für rieht oder Rath zu thun hast, so stecke den Ertmann bei dir unter rechten Arm, so bekömmstu eine gerechte Sach, sie sey recht oder unrecht. Hiemit Gott befohlen.[26]

Nun waren 64 Taler für einen „Heilsbringer" dieser Art in der damaligen Zeit sicherlich eine beträchtliche Summe, aber wenn man bedenkt, dass die Alraune, neben all ihren anderen Qualitäten, angeblich auch noch helfen konnte eine gerichtliche Auseinandersetzung zu gewinnen, gleichgültig, ob man im Recht oder Unrecht war, dann muss man die Alraune für diesen Preis wohl eher als „Schnäppchen" bezeichnen.

Ob die Alraune dem bedauernswerten Pechvogel wirklich geholfen hat, ist nicht überliefert, aber es darf wohl eher bezweifelt werden, auch wenn der Glaube manchmal angeblich Berge versetzt. Sowieso kann man sich des Eindrucks nicht erwehren, es sei dem Mitleid heischenden Landmann eher um eine „finanzielle Spritze" seines augenscheinlich wohlhabenden Bruders aus der Stadt gegangen. Falls das tatsächlich so gewesen sein sollte, kann man sich das Gesicht des in dieser Weise Beschenkten gut vorstellen, als anstelle des erhofften Geldsegens eine knorrige Pflanzenwurzel ins Haus kam.

In einigen Gegenden wurde die Alraune allerdings auch jenen dunklen Mächten zugerechnet, die Menschen zu Ansehen und Wohlstand verhelfen konnten, dafür aber ihre Seele verlangten, sodass von einer Verwendung dringend abgeraten wurde. Und so hatte die angebliche Wirkung der Alraune nach Ansicht der Mystikerin und Ordensfrau Hildegard von Bingen (1098-1179) auch hauptsächlich damit zu tun, dass der Teufel in ihrer Wurzel sehr viel spürbarer war als in anderen Pflanzen. Allerdings konnte man der Alraunwurzel die teuflischen Eigenschaften durchaus entziehen. Man musste sie nur gleich nach dem Ausgraben einen Tag und eine Nacht lang in eine Quelle legen, um alles Böse aus ihr zu entfernen. Geschehe das nicht, sei sie weiterhin zu schädlichen zauberischen Künsten in der Lage.

Nachdem sie durch das Quellwasser gereinigt worden war, konnte man sie dann als Heilpflanze verwenden – etwa bei Kopf- und Halsschmerzen. Um diese zu lindern, musste man das entsprechende Körperteil des Wurzelmännchens verzehren. Bei melancholischen Anwandlungen empfahl sie dagegen, die Wurzel mit ins Bett nehmen und so nah am Körper zu tragen, dass sie vom Körperschweiß warm wurde. Anschließend musste man noch die Worte sprechen: *Gott, der du den Menschen aus Erde ohne Schmerz geschaffen, jetzt lege ich diese Erde, die niemals gesündigt, neben mich, damit auch mein irdischer Leib den Frieden fühle, wie du ihn geschaffen.*[27]

Aber auch wenn Männer ihre Begehrlichkeiten gegenüber dem weiblichen Geschlecht nicht unter Kontrolle hatten, war die Alraune nach Angaben der Benediktinerin gut zu gebrauchen. Dazu mussten diese eine „weibliche Wurzel" – man unterschied zwischen männlichen und weiblichen Alraunen – drei Tage lang zwischen Brust und Nabel tragen, bevor man sie zerschnitt und einen Teil dann über den Lenden anbrachte, während der andere zerrieben und zusammen mit Kampfer, einem durchblutungsfördernden Mittel, eingenommen wurde. Bei in ähnlicher Weise veranlagten Frauen wurde diese Prozedur mit einer männlichen Pflanze durchgeführt, damit die angeblich abnormalen Begierden aufhörten.

Andere Heilkundige jener Zeit empfahlen die Alraune dagegen für genau die gegenteilige Anwendung, nämlich als Aphrodisiakum, also als Mittel, von dem es hieß, es könne das sexuelle Verlangen und Lustempfinden steigern bzw. neu beleben, sich positiv auf die Leistungsfähigkeit der Geschlechtsorgane auswirken oder auch eine Steigerung der Fruchtbarkeit bewirken, wie es bereits im Falle von Rahel und Jakob angedeutet wurde. Daher riet man frisch verheirateten Ehepaaren, eine Wurzel am Kopfende des Bettes aufzuhängen, damit die Leidenschaft nicht allzu schnell verging und der Kindersegen sichergestellt war. Außerdem ließen sich so angeblich erotische Fantasien und Träume intensivieren.

Aber auch als Bestandteil von Zaubertränken und Hexensalben soll die Alraune eine wichtige Rolle gespielt haben. Diese Mixturen, so hieß es, würden übernatürliche Kräfte verleihen, sodass man beispielsweise durch die Luft fliegen könne, etwa auf einem Besen, oder auch in der Lage sei, andere Menschen zu willenlosen Opfern zu machen. Nun war die vergleichsweise seltene Alraune im Normalfall vermutlich eher zu kostspielig, um sie regelmäßig für solche Zwecke zu verwenden, zumindest in Mitteleuropa, aber sie scheint dennoch eine unrühmliche Rolle während der Hexenverfolgung gespielt haben. So enthielt beispielsweise der „Hexenhammer" (*Malleus maleficarum*), jenes unsägliche Machwerk des Dominikaners Heinrich Kramer bestimmte Hinweise darauf, wie man eine Hexe sicher erkennen und überführen konnte. Dort kann man auch nachlesen, dass schon der Besitz einer Alraunwurzel als Beweis für Hexentätigkeit gewertet werden muss. Und so wurde auch die berühmte Jeanne d'Arc (Johanna von Orléans) bei ihrem Hexenprozess im Jahr 1431 unter anderem wegen des Gebrauchs von Alraunwurzeln angeklagt und später auf dem Scheiterhaufen verbrannt.

INTERESSANTES INNENLEBEN

Dass es Versuche gab, eine so ungewöhnliche Pflanze auch therapeutisch einzusetzen, liegt nahe. Allerdings verwendeten die arabischen, griechischen und römischen Heilkundigen der Antike sie zur Behandlung ganz unterschiedlicher Beschwerden. So benutzte man sie in der arabischen Welt von allem zur Behandlung von Krankheiten, von denen man glaubte, sie seien durch böse Geister verursacht worden. Dagegen empfahl Hippokrates, also jener griechische Arzt, auf den der hippokratische Eid zurückgeht, die Pflanze in geringer Dosis bei Depressionen („Melancholie") anzuwenden, wusste aber auch, dass es bei höherer Dosierung zu Halluzinationen kommen konnte oder zu einem Tiefschlaf mit völliger Gefühllosigkeit.

Rezepte sind auch von seinem Landsmann Pedanios Dioskurides überliefert, der im 1. Jahrhundert als Militärarzt in römischen Diensten tätig war und das mit fast 600 Heilpflanzen umfangreichste Kräuterbuch der Antike, die *Materia medica*, verfasste. Er schrieb, man solle die in Wein gekochte Wurzel der Alraune bei Schlaflosigkeit und starken Schmerzen anwenden, aber auch, um für weitgehende Gefühllosigkeit zu sorgen ... *wenn etwas an einem menschen zu schneiden oder brennen ist damit man solches nit empfinde.*[28]

Neben weiteren Behandlungsmöglichkeiten, etwa bei Entzündungen, Gelenkschmerzen, Schlangenbissen, Gewebeverhärtungen und Augenbeschwerden, erwähnt er außerdem, man könne die Pflanze benutzen, um Elfenbein zu erweichen, damit es sich in jede beliebige Form bringen lasse. Bei ihm kann man aber auch nachlesen, die Wurzel ließe sich als „Liebesmittel" benutzen – eine im antiken Griechenland wohl häufige Nutzung, was sich auch daraus schließen lässt, dass die griechische Liebesgöttin Aphrodite den Beinamen *Mandragoritis* trug – warnt aber auch, dass eine übermäßige Einnahme zum Tode führen könne.

Von Dioskurides stammt außerdem einer der ersten Berichte über eine männliche und eine weibliche Form, die es angeblich von der Alraunwurzel gab und die er *norion* bzw. *thridakias* nannte. Diese Unterscheidung nach Geschlechtern war auch in späteren Jahrhunderten weiterhin üblich, wobei die männlichen Wurzeln begehrterer waren als die weiblichen. Und nicht selten wurden die Wurzeln auch ihrem „Geschlecht" entsprechend bekleidet und in kostbaren Schatullen aufbewahrt, um dann vom Vater an den jüngsten Sohn weitervererbt zu werden, möglicherweise deshalb, weil dieser bei der Verteilung des elterlichen Nachlasses häufig zu kurz kam und daher wohl besonders viel Glück für sein weiteres Leben brauchte.

Allerdings muss auch hier erwähnt werden, dass die Beschreibung der geheimnisvollen Pflanzen bei den antiken Autoren teilweise voneinander abweicht, sodass möglicherweise nicht in jedem Fall tatsächlich die Alraune gemeint ist, sondern eine andere Art mit ähnlichen therapeutischen Eigenschaften, vielleicht die Tollkirsche oder andere Vertreter aus der Familie der Nachtschattengewächse, von denen später noch die Rede sein wird.

Auch in späteren Jahrhunderten wurde die Alraune weiterhin als Beruhigungs-, Schmerz- und Schlafmittel verwendet. Und weil eine Anwendung in hoher Dosierung einen narkoseähnlichen Schlaf hervorrufen kann, setzte man sie noch bis ins 16. Jahrhundert als eine Art Anästhetikum bei chirurgischen Eingriffen ein. So gab der italienische Arzt Pietro Andrea Mattioli seinen Patienten vor einer Operation Wein zu trinken, in dem er zuvor eine Alraunwurzel gekocht hatte. Danach, so berichtet auch er, könne man den Kranken … *ohne Empfindlichkeit schneiden oder brennen.*[29] Außerdem benutzte er die Pflanze als Schlafmittel, indem er Patienten Wurzelöl auf die Stirn rieb.

Wegen dieser Fähigkeit war die Alraune auch lange Zeit ein wichtiger Bestandteil der sogenannten Betäubungs- oder Schlafschwämme, die man bei Operationen einsetzte. Um diese herzustellen, tränkte man einen Naturschwamm mit betäubenden Pflanzenextrakten, für deren Herstellung neben der Alraunenwurzel oft auch Opium, Bilsenkraut oder Schierling verwendet wurde. Anschließend drückte man dem Patienten einen solchen Schwamm auf die Nase, damit er die narkotisierenden Dämpfe einatmete. Um eine einigermaßen schmerzstillende Wirkung zu erreichen, musste die Dosierung allerdings sehr hoch sein, sodass es nicht selten zu tödlichen Unfällen kam. Außerdem, so heißt es, war es häufig notwendig, die Patienten wegen der starken psychoaktiven Wirkung des Pflanzenextraktes während der Operation am Bett festzubinden.

Heute weiß man, dass für die ungewöhnlichen Eigenschaften der Alraune bestimmte Tropanalkaloide verantwortlich sind, vor allem Hyoscyamin (Atropin) und Scopolamin. Diese Substanzen gehören zu den sogenannten Parasympatholytika (Anticholinergika), das heißt, sie können die Wirkung des körpereigenen Acetylcholins beeinflussen und damit die Erregungsübertragung im parasympathischen, also nicht willentlich gesteuerten Nervensystem. Möglich ist das, weil Anticholinergika dem körpereigenen Acetylcholin strukturell sehr ähnlich sind und daher dessen Rezeptoren blockieren können. Und weil der Parasympathikus wichtige Aufgaben im menschlichen Körper zu erfüllen hat, kann das Vorhandensein von Tropanalkaloiden schwerwiegende Probleme verursachen.

In geringer Dosierung verursachen die Alkaloide zunächst aber nur eine gewisse Benommenheit. Bei steigender Konzentration nimmt die Unruhe allerdings zu und es kommt zu Erregungszuständen, nicht selten verbunden mit einem starken Redefluss, einer übertriebenen Euphorie oder grundloser Heiterkeit, die oft in heftigen Lachanfällen oder einen starken Bewegungsdrang mündet. Es kann aber auch eine starke Verwirrtheit bis hin zum Delirium auftreten, oder es kommt zu großen Gedächtnislücken bzw. Gedächtnisverlust.

Wie nicht selten bei Drogen zu beobachten, kann aber auch das Gegenteil eintreten, also eine starke Niedergeschlagenheit und damit verbundene Weinkrämpfe oder man kann ein aggressives Verhalten beobachten, das sich etwa in Wutausbrüchen äußert. In dieser Phase treten dann zumeist auch Halluzinationen auf, die dazu führen, dass es schwierig wird, zwischen Sinnestäuschung und Realität zu unterscheiden. So hören die Betroffenen etwa eingebildete Geräusche und führen manchmal sogar Gespräche mit fiktiven Personen oder sie sehen nicht vorhandene Gegenstände. Irgendwann schlägt dieser Zustand dann in eine Art Lähmung um, verbunden mit einem großen Schlafbedürfnis, das schließlich in einer komatösen Bewusstlosigkeit endet, wobei diese Phase des narkoseähnlichen Schlafes dann für die erwähnten chirurgischen Eingriffe genutzt wurde.

DIE ALRAUNE UND DIE SCHÖNEN KÜNSTE

Dass eine Pflanze, um die sich derart viele Geheimnisse ranken, auch Eingang in die Weltliteratur gefunden hat, vermag kaum zu verwundern. So wird die Alraune (*Mandragora*) bei Shakespeare gleich mehrfach erwähnt, etwa seinem Eifersuchtsdrama *Othello*, wo über die Gemütsverfassung der unglücklichen, von Eifersucht zerfressen Hauptfigur gesagt wird:

Da kommt er. Mohnsaft nicht, noch Mandragora,
Noch alle Schlummerkräfte der Natur,
Verhelfen je dir zu dem süßen Schlaf,
Den du noch gestern hattest.[30]

Und bei *Romeo und Julia* klagt Letztere, bevor sie den Schlaftrunk nimmt:

Weh, weh! könnt es nicht leicht geschehen, dass ich,
Zu früh erwachend – und nun ekler Dunst,
Gekreisch wie von Alraunen, die man aufwühlt,
Das Sterbliche, die's hören, sinnlos macht[31]

In seiner Tragödie *Antonius und Cleopatra* lässt Shakespeare die ägyptische Königin zu ihrer Dienerin sagen:

Gib mir Mandragora zu trinken.
Daß ich die große Kluft der Zeit durchschlafe,
Wo mein Antonius fort ist![32]

In Goethes *Faust. Der Tragödie zweiter Teil* lästert Mephistopheles über die „gelehrten Herrn", die seine Fähigkeiten anzweifeln:

Da stehen sie munter und staunen,
Vertrauen nicht dem hohen Fund,
Der eine faselt von Alraunen,
Der andere von dem schwarzen Hund[33]

Heinrich Heines (1797-1856) Gedicht *Waldeinsamkeit* wurde eingangs bereits erwähnt. Außerdem schreibt er in *Die romantische Schule* über die Alraune:

Diese Wurzel wächst unter dem Galgen, wo die zweideutigsten Tränen eines Gehenkten geflossen sind. Sie gab einen entsetzlichen Schrei, als die schöne Isabella sie dort um Mitternacht aus dem Boden gerissen. Sie sah aus wie ein

Zwerg, nur dass sie weder Augen, Mund noch Ohren hatte. Das liebe Mäd-
chen pflanzte ihr ins Gesicht zwei schwarze Wacholderkerne und eine rote
Hagebutte, woraus Augen und Mund entstanden. Nachher streute sie dem
Männlein auch ein bisschen Hirse auf den Kopf, welches als Haar, aber etwas
struppig, in die Höhe wuchs. Sie wiegte das Missgeschöpf in ihren weißen
Armen, wenn es wie ein Kind greinte; mit ihren holdseligen Rosenlippen
küsste sie ihm das Hagebuttmaul ganz schief; sie küsste ihm vor Liebe fast die
Wacholderäuglein aus dem Kopf; und der garstige Knirps wurde dadurch so
verzogen, dass er am Ende Feldmarschall werden wollte und eine brillante
Feldmarschalluniform anzog und sich durchaus ‚Herr Feldmarschall' titulie-
ren ließ.[34]

Im zweiten Band von Joanne K. Rowlings Harry-Potter-Saga, *Harry Potter und die Kammer des Schreckens*, sollen die angehenden Zauberer im Unterricht für Kräuterkunde Alraunen umtopfen. Sie müssen dabei Ohrenschützer tragen, weil die Pflanzen ja laut schreien sollen, sobald man sie aus der Erde zieht – wie erwähnt eine angeblich tödliche Gefahr.

Ein anderes Werk in denen die Alraune eine wichtige Rolle spielt, ist die Komödie *Mandragola*, die der berühmte Florentiner Philosoph, Politiker und Dichter Niccolò Machiavelli (1469-1527) verfasst hat, und in der er sich unter anderem über die angeblich empfängnisfördernden Eigenschaften der Pflanze lustig macht. In diesem Werk geht es um einen jungen Edelmann, der sich in die Frau eines anderen Mannes verliebt, aber wenig Aussicht hat, die tugendhafte Schöne für sich zu gewinnen. Daher greift zu einer List, wobei ihm zugutekommt, dass das Paar auch nach jahrelanger Ehe noch kinderlos ist. Der Plan besteht darin, dass dem Ehemann eingeredet wird, er könne die Kinderlosigkeit besiegen, wenn er seiner Gemahlin einen Alraunen-Trank geben würde. Ein Problem dabei sei allerdings, dass der erste Mann, der sich nach dieser Einnahme zu der Frau legen würde, innerhalb einer Woche sterben müsse. Das behagt dem Ehemann natürlich nicht, aber der liebestrunkene Edelmann und seine Komplizen schlagen ihm vor, sie würden einen Jüngling von der Straße holen, der nach der Verabreichung des Trankes eine Nacht bei seiner Frau verbringen solle. Dieser müsse dann natürlich auch die Folgen tragen und das Ehepaar können anschließend eine glücklichere Ehe führen. Wie unschwer zu erraten, schlüpft natürlich der trickreiche Edelmann in die Rolle des Jünglings und kommt so doch noch an sein Ziel.

Und auch in die Kinos hat es die Zauberpflanze geschafft. So geht es in einem Stummfilm mit dem Titel *Alraune, die Henkerstochter, genannt die rote Hanne*, den Eugen Illes (1879-1951) und Josef Klein (1862-1927) im Jahre 1918 nach einer Romanvorlage von Hanns Heinz Ewers (1871-1943) drehten, um einen gewissenlosen Professor, der mit dem Sperma eines gehenkten Lustmörders eine Prostituierte künstlich befruchtet. Das daraus hervorgehende Mädchen, das wegen des weiter oben erwähnten Aberglaubens, die Zauberpflanze würde häufig unter einem Galgen wachsen, Alraune genannt wird, zieht der Professor selbst auf, was aber nichts daran ändert, dass es sich am Schluss gegen seinen „Schöpfer" wendet. Später wurde der Stoff dann auch noch in mehreren Tonfilmen verwendet.

AN IHREM NAMEN SOLLT IHR SIE ERKENNEN

Eine weitere Pflanze, der schon seit Urzeiten magische Fähigkeiten nachgesagt werden, ist das Schwarze Bilsenkraut (*Hyoscyamus niger*). Die ebenfalls zu den Nachtschattengewächsen (Solanaceae) gehörende Art ist ein bis 90 cm hohes Gewächs mit großen, hellen, trichterförmigen Blüten, die schwarzviolett geadert sind und eine auffällige dunkle Mitte aufweisen.

Zu finden ist das Bilsenkraut an Wegrändern oder auf Schuttplätzen, wobei stickstoffhaltige Böden bevorzugt werden. Weitere umgangssprachlichen Namen sind Tollkraut, Dollkraut, Rasewurz, Schlafkraut und Teufelswurz, was bereits auf eine nicht alltägliche Wirkung der enthaltenen Inhaltsstoffe hinweist. In Griechenland hieß die Art Schweinekraut, weil die Zauberin Kirke mit ihrer Hilfe die Gefährten des Odysseus während seiner Irrfahrten in Schweine verwandelt haben soll. Und auch der wissenschaftliche Gattungsname *Hyoscyamus* bedeutet übersetzt etwa Saubohne, während der Artname *niger* sich auf die schwarzen Samen bezieht.

EIN FRAGWÜRDIGER BLICK IN DIE ZUKUNFT

Nachgesagt wurde dem Bilsenkraut unter anderem, dass der Konsum prophetische Fähigkeiten verleihen würde, sodass man es auch „Kraut des Apollon" oder „Pythonion" nannte, womit bereits ein Bezug zum Orakel von Delphi hergestellt ist, jener berühmten Weissagungsstätte im antiken Griechenland. Dieses Heiligtum, das zunächst der Erdgöttin Gaia und später dann Apollon gewidmet, der unter anderem als Gott der Weissagung galt, wurde später zu einer beliebten Pilgerstätte, denn dort konnte man sich bei einer Orakelpriesterin, Pythia genannt, Rat zu den unterschiedlichsten Problemen holen. Diese saß während der Befragung hinter einem Vorhang auf einem Dreifuß über einer Erdspalte und atmete dort angeblich austretende Dämpfe ein, die sie in einen tranceartigen Zustand versetzten, in dem sie dann ihre Voraussagen machte. Das Gesagte wurde anschließend normalerweise noch von weiteren Priestern interpretiert und dem Fragenden danach mitgeteilt.

Die Liste der Personen, die das Orakel befragt haben sollen, ist lang und nicht alle taten sich einen Gefallen, wenn sie auf die Prophezeiungen der Priesterin hörten. An erster Stelle gilt das wohl für Krösus (um 590 bis 541 v. Chr.), dem König der Lyder, einem Volk im Westen Kleinasiens, den man heute vor allem wegen seines sagenhaften Reichtums kennt. Krösus, so berichtet der griechische Geschichtsschreiber Herodot (ca. 486 bis ca. 430 v. Chr.), befragte das Orakel, ob er es wagen solle, gegen die mächtigen Perser in den Krieg zu ziehen. Vorher hatte er vorsichtshalber noch mehrere andere Orakel mit kniffligen Fragen getestet, und weil ihn nur die Antworten des Orakels von Delphi zufriedenstellten, fiel seine Wahl auf Pythia. Deren berühmt gewordener Ratschlag lautete: *Wenn du den Halys* [ein Fluss in der heutigen Türkei] *überschreitest, wirst du ein großes Reich zerstören*[35]. Krösus glaubte daraufhin, ihm wäre ein Sieg gegen die Perser vorhergesagt worden und zog gegen den Perserkönig Kyros II in die Schlacht. Krösus verlor sie und zerstörte so sein eigenes Reich.

Seit dieser Zeit wurde immer wieder gerätselt, welcher Umstand die Pythia glauben ließ, sie könne zukünftige Ereignisse vorauszuahnen, um den Ratsuchenden dann Empfehlungen für ihr Verhalten zu geben. Eine Theorie war, dass sie den Rauch von schwelendem Bilsenkraut-Samen einatmete, deren Inhaltsstoffe, die denen der Alraune entsprechen, in einer bestimmten Dosierung typische Halluzinationen hervorrufen können. Dadurch wurden der Priesterin möglicherweise Sinneseindrücke vorgegaukelt, die sie bei einer entsprechenden Erwartungshaltung für zukünftige Ereignisse hielt. Allerdings würde das nicht den Umstand erklären, dass die Pythia über einer Erdspalte sitzen musste, um ihre Voraussagen zu treffen. Daher hielt man es auch für möglich, dass ihr tatsächlich das Einatmen bestimmter Gase aus dem Erdinneren die prophetischen Vorhersagen ermöglichte.

Heute lässt sich im Heiligtum keine Erdspalte mehr entdecken und man findet dort auch keine ausströmenden Gase. Allerdings konnte ein Team von amerikanischen Geologen im Jahr 2001 einige Gase, etwa Ethan, Methan und Ethylen, im Wasser einer Quelle in der Nähe des Heiligtums nachweisen. Und weil Ethylen, das früher auch als Narkosemittel benutzt wurde, in geringeren Dosen auch euphorisierend wirken kann, glaubte man zunächst, das Rätsel gelöst zu haben.

Ein italienisches Geologenteam, das dort ebenfalls Untersuchungen durchführte, widersprach dieser Theorie jedoch, weil die Teilnehmer überzeugt waren, dass dieses Gas nicht in einer Konzentration aus der Erde aufgestiegen sein konnte, die ausreichen würde, um eine solche Wirkung hervorzurufen. Daher vermuteten sie, es könne sich um größere Mengen an austretendem Methan oder Kohlendioxid gehandelt haben, das bei der Priesterin einen Sauerstoffmangel verursacht und dadurch Halluzinationen hervorgerufen hatte.

Es gibt aber auch zahlreiche Experten, die glauben, die Erwähnung der Erdspalte würde zu hoch bewertet. Schließlich bestehe durchaus die Möglichkeit, dass sie nichts weiter sei, als ein Relikt der früheren Nutzung des Heiligtums in Delphi, das, wie bereits erwähnt, ursprünglich der Erdgöttin gewidmet war. Und was bietet sich für einen Kontakt mit dieser Göttin mehr an als eine Erdspalte.

Daher wird inzwischen auch wieder das Bilsenkraut favorisiert. Von diesem ist überliefert, dass es wegen seiner psychoaktiven Wirkung in der Antike häufig als Orakelkraut eingesetzt wurde, um die jeweilige weissagende Person in Trance zu versetzen. Deswegen, so heißt es, könnte die Pflanze auch beim Orakel von Delphi eine entscheidende Rolle gespielt haben.

TREIBSTOFF FÜR DEN BESEN

Die wohl häufigste Erwähnung findet das Bilsenkraut aber wohl, wenn es um die Zubereitung sogenannter Hexensalben geht. Mit diesen sollen sich Hexen den gesamten Körper eingerieben haben, was ihnen dann angeblich das Fliegen ermöglichte, sodass sie sich anschließend zu ihren regelmäßigen nächtlichen Treffen (Hexensabbate) mit dem Teufel auf einem Hexentanzplatz aufmachen konnten. Typischerweise geschah das auf einem ebenfalls eingesalbten Besen sitzend, manchmal auch auf einem Ziegenbock oder auf einer Sau.

Bei diesen geheimen Versammlungen mit dem Satan, dem sie ihre Seele versprochen hatten, um so übernatürliche Kräfte zu erlangen, wurden dann angeblich regelrechte Orgien gefeiert, bei denen der Pakt mit dem Teufel durch die sogenannte Teufelsbuhlschaft bekräftigt wurde. Dadurch waren die Hexen in der Lage und sogar verpflichtet, anderen Menschen Schaden zuzufügen. Außerdem soll es bei den Treffen aber nicht nur zur Anbetung und zu unzüchtigen Handlungen mit dem Fürsten der Finsternis, sondern sogar zur Opferung von Kindern gekommen sein.

Derartige, heute absurd anmutenden Vorstellungen, müssen die Menschen früherer Jahrhunderte durchaus realistisch vorgekommen sein, denn nur so lässt sich die weitverbreitete Angst vor Hexen und ihrer Zauberkraft erklären. Verendeten im Stall eines Bauern unerwartet mehrere Schweine, während die Tiere seiner Nachbarn gesund blieben, wurde schnell ein Schadenszauber durch eine Hexe vermutet. Aber auch Missernten, Hungersnöte und Seuchen wie die damals immer wieder grassierende Pest, die ganze Landstriche entvölkerte, galt als Hexenwerk. Und so war selbst ein eher kritischer Geist wie Martin Luther (1483-1546) davon überzeugt, dass ein Großteil des täglichen Unglücks der Menschen von Hexen verursacht würde, die dafür hart bestraft werden müssten, nicht zuletzt durch den Tod auf dem Scheiterhaufen. Deutlich wird das unter anderem an einer seiner Hexenpredigten – es gab mehr als 30 – die er im Frühjahr 1526 zum Thema: *Die Zauberinnen sollst du nicht am Leben lassen*, 2. Mose 22 Vers 17 hielt:

Es ist ein überaus gerechtes Gesetz, dass die Zauberinnen getötet werden, denn sie richten viel Schaden an, was bisweilen ignoriert wird, sie können nämlich Milch, Butter und alles aus dem Haus stehlen, indem sie es aus einem Handtuch, einem Tisch, einem Griff melken, das ein oder andere gute Wort sprechen und an eine Kuh denken. Und der Teufel bringt Milch und Butter zum gemolkenen Instrument. Sie können ein Kind verzaubern, dass es ständig schreit und nicht isst, nicht schläft usw. Auch können sie geheimnisvolle Krankheiten im menschlichen Knie erzeugen, dass der Körper verzehrt wird ... Schaden fügen sie nämlich an Körpern und Seelen zu, sie verabreichen Tränke und Beschwörungen, um Hass hervorzurufen, Liebe, Unwetter, alle Verwüstungen im Haus, auf dem Acker, über eine Entfernung von einer Meile und mehr machen sie mit ihren Zauberpfeilen Hinkende, dass niemand heilen kann. ... Die Zauberinnen sollen getötet werden, weil sie Diebe sind, Ehebrecher, Räuber, Mörder. ... Sie schaden mannigfaltig. Also sollen sie getötet werden, nicht allein weil sie schaden, sondern auch, weil sie Umgang mit dem Satan haben.[36]

Und in einer seiner Tischreden sagte er:

Ich habe dieser Tage einen Ehefall gehabt, da die Frau den Mann mit Gift umbringen wollte, also dass er Eidechsen hat ausgebrochen. Da sie auf der Folter verhört wurde, wollte sie nichts bekennen. Denn solche Zauberinnen sind stumm und verachten die Pein. Der Teufel lässt sie nicht reden. Derartige Tatsachen geben Zeugnis genug, dass man an solchen Leuten ein Exempel statuiere, damit andere abgeschreckt würden. ... Mit denselben soll man keine Barmherzigkeit haben. Ich wollte sie selber verbrennen.[37]

Natürlich versuchten sich die Menschen damals auf verschiedene Weise vor den angeblichen Gefahren durch Hexen zu schützen. Beliebte Gegenmittel waren christliche Symbole wie Kreuze oder Heiligenbilder, aber auch ein Fläschchen mit Weihwasser konnte angeblich helfen, ebenso wie ein kreuzförmig zugeschnittenes Säckchen, in das

Weihrauch eingenäht war. Und wenn man nichts davon zur Verfügung hatte, blieb immer noch die Möglichkeit, sich zu bekreuzigen.

Aber es gab auch zahlreiche Pflanzen, von denen die Menschen glaubten oder zumindest hofften, dass sie einen wirksamen Schutz bieten könnten. Ein Beispiel dafür ist der stark aromatisch, während des Trocknungsprozesses sogar ein wenig unangenehm riechende Echte Baldrian (*Valeriana officinalis*), auch Katzenkraut oder Stinkwurz genannt. Hatte man einen Zweig dieser Pflanze bei sich oder befestigte man ihn über seiner Eingangstür, konnten einem die bösen Mächte angeblich nichts anhaben. Und sorgte man für Baldrianpflanzen im Stall, durfte man sicher sein, dass auch das Vieh vor bösen Geistern und Hexenzauber geschützt war.

Nun könnte man die im Spätmittelalter und der frühen Neuzeit weitverbreitete Furcht vor Hexen und die damit verbundenen grotesken Vorstellungen, mit einem Kopfschütteln abtun, gäbe es nicht die unselige Verfolgung und grausame Verbrennung von unzähligen Frauen und Männern als angeblichen Hexen oder Hexer. Zwar weiß niemand genau, wie viele unschuldige Menschen auf dem Scheiterhaufen gestorben sind, aber man geht doch von mehreren 10.000 aus, während andere Quellen sogar von Hunderttausenden sprechen.

Häufig handelte es sich dabei um Frauen, die sich gut mit Kräutern auskannten und mit ihrer Hilfe zahlreiche Krankheiten lindern konnten, was nach Ansicht vieler Menschen schon allein nicht mit rechten Dingen zugehen konnte. Denn über deren Ursachen der meisten Krankheiten wusste man zu dieser Zeit nur wenig. Manchmal waren die angeblichen Hexen allerdings auch Menschen, die sich nicht an die damals üblichen Regeln hielten, wie sie vor allem von der Kirche vorgeschrieben wurden. Und denen traute man daher alle möglichen Schandtaten zu, auch die, einen Pakt mit dem Teufel zu schließen, um dann – mit seiner Unterstützung – Unheil über die Menschheit zu bringen.

Was die berüchtigten Hexensalben betrifft, so sind einige Rezepte, in denen das Bilsenkraut erwähnt wird, bis heute erhalten geblieben, wie diese Gebrauchsanweisung für die Herstellung einer Flugsalbe.

Nimm:

Bilsenkraut (Hyoscyamus niger),

Basilikum (Ocimum basilicum),

Petersilie (Petroselinum crispum),

Eisenhut (Aconitum napellus),

Pappelblätter (Populus tremula oder nigra).

Aus Schweineschmalz und den angegebenen Zutaten bereite eine Salbe. Reib diese kräftig ein, so dass sie – vor allem in den Achselhöhlen, am Schamhügel und in der Leiste – gut einzieht.

Kurze Zeit später wirst du fliegen.[38]

Ein anderes Beispiel ist ein Rezept für einen Zaubertrank aus dem Mittelalter, mit dem es möglich sein sollte, Menschen in Tiere zu verwandeln. Benötigt wurden dafür folgende Zutaten:

Zaubertrank zur Verwandlung von Menschen in Tiere

Nimm:

Bilsenkraut (Hyoscyamus niger),

Hexenkraut (Datura stramonium),

Fünffingerkraut (Potentilla reptans),

Tintenbeere (Atropa belladonna),

Fliegenpilz (Amanita muscaria),

Eisenhut (Aconitum napellus),

Gefleckter Schierling (Conium maculatum),

Christrose (Helleborus niger),

Indischen Hanf (Cannabis sativa var. indica),

Urin von der Kröte,

Urin vom Menschen,

Getrockneten Urin und getrocknetes Blut des Tieres, in welches du die Person verwandeln möchtest.

Verrühr alles zu einer wässrigen Lösung und laß diese auf kleiner Flamme mindestens drei Stunden lang kochen. Filtere sie sorgfältig aus. Gieß die Flüssigkeit in ein Glasgefäß und vermisch sie mit Met, damit sie besser schmeckt. Gib der betreffenden Person ein bis drei Gläschen davon zu trinken und sag dabei die Zauberformel. Sprich den Namen des Tieres aus, in welches die Person verwandelt werden soll. Dein Wunsch wird sofort Wirklichkeit, wenn die Beschwörung abgeschlossen ist.[39]

Allerdings stammen solche Rezepte wohl überwiegend aus Verhören der angeblichen Hexen und viele sind sicher unter der Folter entstanden. Die betroffenen Personen, bei denen es sich häufig um in eher einfachen Verhältnissen lebende Frauen handelte, haben schriftlich kaum etwas hinterlassen. Das ist auch nicht weiter verwunderlich, denn zu dieser Zeit konnte nur wenige Menschen lesen und schreiben, sodass ihr Wissen, wie schon seit Jahrhunderten, mündlich von Generation zu Generation weitergegeben wurde.

Auffällig ist, dass in solchen Rezepten vor allem Pflanzen aufgeführt sind, von denen wir heute wissen, dass sie halluzinogene Inhaltsstoffe enthalten, darunter vor allem Arten aus der Familie der Nachtschattengewächse wie Bilsenkraut oder Tollkirsche (siehe unten). Dabei ist es nicht unwahrscheinlich, dass die heilkundigen Frauen und Männer zu Zeiten der großen Hexenhysterie die Wirkung solcher Pflanzen durchaus kannten. Vorstellbar ist außerdem, dass nach dem Auftragen einer Salbe mit psychoaktiven Substanzen die

Wirkstoffe tatsächlich über die Haut, die Schweißdrüsen oder die Schleimhäute der Körperöffnungen aufgenommen wurden. Und wenn die betroffene Person anschließend aufgrund der bewusstseinserweiternden Wirkung dieser Substanzen wahnhafte Träume durchlebte, konnte es gut sein, dass sie sich einbildete, sie würde durch die Luft fliegen, obwohl sie in Wahrheit halluzinierend auf ihrem Bett lag. Wurden solche Erlebnisse weitererzählt, war es vermutlich nicht mehr weit bis zur festen Überzeugung vieler Menschen, pflanzenkundige Frauen würden aus Kräutern eine Salbe herstellen, den ganzen Körper damit einreiben und dann Hexenritte zu einem Hexentanzplatz unternehmen, um sich dort mit dem Teufel und anderen Hexen zu treffen und wilde Orgien zu feiern.

Diese Hexensabbate fanden angeblich vor allem in der Walpurgisnacht an abgelegenen und schwer zugänglichen Orten statt, von denen der Brocken im Harz einer der bekanntesten ist. Seine Berühmtheit verdankt er hauptsächlich Johann Wolfgang von Goethe, der dem Berg in seiner Tragödie *Faust* sozusagen ein Denkmal gesetzt hat:

Die Hexen zu dem Brocken ziehn,
Die Stoppel ist gelb, die Saat ist grün.
Dort sammelt sich der große Hauf,
Herr Urian sitzt oben auf.
So geht es über Stein und Stock,
Es farzt die Hexe, es stinkt der Bock.[40]

Allerdings gab es auch in zahlreichen anderen Regionen sogenannte Hexentanzplätze, an den angeblich der Teufel und seine Hexen ihr Unwesen trieben.

HÜHNERDIEBE UND BIERPANSCHER

Wie viele Giftpflanzen, wird auch das tödlich giftige Bilsenkraut in geringer Dosierung schon seit Jahrtausenden als Heilpflanze genutzt. Eine Erwähnung findet man bereits im *Papyrus Ebers*, wo es unter anderem gegen Zahnschmerzen empfohlen wird. Im 1. Jhdt. n. Chr. setzte es der griechische Arzt Dioskurides ebenfalls zur Behandlung von Schmerzen ein, aber auch als Schlafmittel; im Mittelalter diente es dann als Narkosemittel und zur Behandlung von Asthma. Außerdem wurde der Pflanze schon immer nachgesagt, sie sei ein gutes Aphrodisiakum, also ein Mittel zur Anregung und Steigerung des sexuellen Verlangens und der Potenz.

In China hieß es, das Kraut sei hilfreich, wenn es darum gehe, Kontakt mit der Geisterwelt aufzunehmen; in anderen Regionen der Erde sollte es dagegen helfen, unerwünschte nächtliche Besucher wie Elfen und andere Naturgeister fernzuhalten. Nach Hieronymus Bock, einem deutschen Arzt und Botaniker des 16. Jahrhunderts, wurde die Pflanze früher aber auch zum Fischfang eingesetzt, denn nachdem ein Sud ins Wasser gegeben wurde, würden die Tiere zunächst wie von Sinnen umherspringen und schließlich mit dem Bauch nach oben an der Oberfläche treiben. Außerdem sollen Bilsenkrautsamen bei Hühnerdieben einst sehr beliebt gewesen sein, denn ausgestreut auf einem Hühnerhof brauchten die Diebe nur zu warten, bis die Tiere bewusstlos niedersanken, um sie dann – ohne verräterisches Gackern und Flattern – einzusammeln.

Bis ins 17. Jahrhundert wurden die Samen des Bilsenkrauts manchmal während des Brauvorgangs ins Bier gegeben, um die berauschende Wirkung zu verstärken. Daher legten einige Brauereien sogar spezielle Bilsenkrautgärten an, um stets ausreichend Samen zur Verfügung zu haben. Dies soll auch für die berühmte Pilsener Brauerei aus der tschechischen Stadt Pilsen der Fall gewesen sein, deren Name angeblich sogar auf das Bilsenkrauts zurückgeht, was allerdings umstritten und auch nicht wirklich wahrscheinlich ist. Später wurde diese Praxis des Bierpanschens dann fast überall verboten.

Literarisch gewann das Bilsenkraut durch die Übersetzung von Shakespeares Tragödie *Hamlet* ins Deutsche an Publizität, weil das Gift *Hebenon*, das zur Ermordung von Hamlets Vater benutzt wird, als Bilsenkraut übersetzt wurde:

> *Da ich im Garten schlief,*
> *Wie immer meine Sitte nachmittags,*
> *Beschlich dein Oheim meine sichre Stunde,*
> *Mit Saft verfluchten Bilsenkrauts im Fläschchen,*
> *Und träufelt' in den Eingang meines Ohrs*
> *Das schwärende Getränk; wovon die Wirkung*
> *So mit des Menschen Blut in Feindschaft steht ...*[41]

Heute wird die Richtigkeit der Übersetzung als „Bilsenkraut" eher angezweifelt. Wenn es sich bei „Hebenon" nicht um einen Fantasienamen, sondern tatsächlich um eine bestimmte Pflanze gehandelt hat, gilt die Eibe inzwischen als Hauptverdächtige.

Dagegen ist in Hans Jakob Christoffel von Grimmelshausens (um 1622-1676) *Der Abenteuerliche Simplicissimus*, einen Roman aus der Zeit des Dreißigjährigen Krieges, wirklich vom Bilsenkraut die Rede, denn es heißt dort:

> *... Welcher aber ausdauren und am besten saufen konnte, wußte sich dessen groß zu machen, und dünkte sich kein geringer Kerl zu sein; zuletzt dürmelten sie alle herum, als wenn sie Bilsensamen genossen hätten. Es war eben ein wunderliches Faßnachtspiel an ihnen zu sehen, und war doch niemand, der sich darüber verwundert' als ich ...*[42]

136

Ähnliches gilt auch für das Gebräu, das die Hexen in Shakespeares *Macbeth* zusammenbrauen:

Sumpf'ger Schlange Schweif und Kopf
Brat' und koch' im Zaubertopf:
Molchesaug' und Unkenzehe,
Hundemaul und Hirn der Krähe;
Zäher Saft des Bilsenkrauts,
Eidechsbein und Flaum vom Kauz:
Mächt'ger Zauber würzt die Brühe,
Höllenbrei im Kessel glühe![43]

In der Naturheilkunde wird das Bilsenkraut heute praktisch nicht mehr angewendet, weil eine genaue Dosierung ziemlich schwierig ist, aber auch, weil der Gehalt an Inhaltsstoffen oft schwankt. Und wie gefährlich das Bilsenkraut ist, kann man schon daran erkennen, dass bereits fünfzehn der winzigen Samen, die ein wenig an Mohnsamen erinnern, für Kinder tödlich sein können. Grund für die starke Giftigkeit sind vor allem die in der Pflanze enthaltenen Alkaloide, darunter Hyoscyamin (Atropin) und Scopolamin, die bereits bei der Alraune erwähnt wurden und deren Konzentration in den Samen und den Blättern besonders hoch ist.

Eine Vergiftung äußert sich anfangs oft durch Hautrötung, einen trockenen Mund und zunehmender Unruhe oder Pulsbeschleunigung, manchmal verbunden mit Schweißausbrüchen und Erbrechen. Bei hoher Dosierung kommt es außerdem häufig zu Bewusstseins-, Hör- und Sehstörungen, Verwirrtheit oder starkem Redefluss, bis hin zu Delirien, oft verbunden mit Visionen und Halluzinationen, etwa dem bereits erwähnten Gefühl, man würde fliegen oder habe sich ein

Tier verwandelt. Im schlimmsten Fall sind schließlich Herzrhythmusstörungen, Bewusstlosigkeit oder ein narkoseähnlicher Schlaf die Folge, der im schlimmsten Fall zum Tod durch Atemlähmung führt.

Auf eine weitere, eher menschenverachtende und verbrecherische Nutzung der Pflanze deutet der Name Altsitzerkraut hin. Zurückzuführen ist er darauf, dass das Bilsenkraut früher immer wieder benutzt worden sein soll, um ältere Menschen ins Jenseits zu befördern. Besonders galt das für bäuerliche Betriebe, bei denen sich der Alteigentümer anlässlich der Übergabe des Hofes an einen Erben eine Altersversorgung in Form von lebenslangem Wohnrecht, Pflege bei Krankheit und altersbedingten Leiden, Versorgung mit Nahrung und Ähnlichem zusichern ließ. Natürlich lebten einige Menschen, die sich aufs Altenteil zurückgezogen hatten, oft noch recht lange, was die Erben wohl nicht selten als unzumutbar empfanden. Daher soll immer wieder versucht worden sein, das unausweichliche Ende des Altsitzers vorzeitig herbeizuführen, und zwar mithilfe des giftigen Bilsenkrautes, das man dem Altenteiler heimlich verabreichte.

Wie erwähnt, wurde es später durch das Altsitzerpulver abgelöst, also durch Arsen, das sich besser dosieren und leichter beschaffen ließ, weil es ein häufig verwendetes Rattengift war. Eine weitere ungewöhnliche Nutzung durch das Bilsenkraut ist aus Russland überliefert, wo es hieß, man könne einen Gläubiger noch einige Zeit von seinen berechtigten Forderungen abhalten, wenn man bei seinem Besuch einige Bilsenkrautsamen auf eine heiße Ofenplatte streute, die ihm vorübergehend die Sinne vernebelt.

DER DURCHTRENNTE LEBENSFADEN

Eine andere Pflanze, die immer wieder in Rezepten zur Herstellung von Hexen- oder Flugsalben erwähnt wird, ist die Schwarze

Tollkirsche (*Atropa belladonna*), die ebenfalls zu den Nachtschattengewächsen gehört. Es handelt sich um bis zu 1,5 m hohe ausdauernde Pflanzen mit ovalen Blättern und glockenförmigen Blüten, aus denen sich später etwa zwei Zentimeter große, im reifen Zustand glänzend purpurrote bis schwarze, sehr appetitlich aussehende Beeren entwickeln. Die Art kommt in Europa, Nordafrika und Teilen Asiens vor; typische Standorte sind lichte Wälder mit nährstoffreichen, oft kalkhaltigen Böden, wo man die Pflanzen vor allem auf Waldlichtungen oder Kahlschlägen, aber auch an Waldwegen findet.

Wie viele ihrer Verwandten enthält die Tollkirsche ebenfalls ein hochgiftiges Alkaloid-Gemisch aus Hyoscyamin (Atropin) und Scopolamin in wechselnder Zusammensetzung, deren Gehalt außerdem, je nach Standort oder Zustand des Materials, stark schwanken kann. Das Gift ist in allen Pflanzenteilen enthalten, also auch in den süß schmeckenden Beeren. Daher kann die Giftpflanze, besonders für Kinder, zu einer großen Gefahr werden, weil bei ihnen oft schon der Verzehr von drei bis vier Beeren zu einer tödlichen Vergiftung führt.

Der Grund dafür ist, dass die genannten Alkaloide – Atropin ist ein Racemat des Hyoscyamins – die Wirkung des Acetylcholins stark verringern, weil sie, wie schon bei der Alraune erwähnt, wegen der strukturellen Ähnlichkeit mit dem Neurotransmitter Acetylcholin, dessen Rezeptoren zumindest teilweise besetzen können. Dadurch verringert sich die für die normalen Abläufe unbedingt notwendige Wirkung des Acetylcholins, sodass es zu einer Störung der Reizweiterleitung in Nervenzellen kommen kann, verbunden mit einer Erschlaffung der Muskulatur und in sehr hoher Dosierung zu einem Atemstillstand.

Aber nicht nur für Kinder, sondern auch für Erwachsene kann eine versehentliche Vergiftung durchaus tödlich enden, wie der folgende Bericht zeigt:

Ein Hirt aus dem Schwarzwalde fällt auf den unglücklichen Gedanken, seinen Durst mit glänzenden, schwarzen Beeren zu stillen, die er für Kirschen hielt. Nicht zufrieden damit, dass er seinen Magen schon damit überladen hatte, brachte er einen ganzen fruchttragenden Zweig davon mit sich nach Hause. Kaum war er zu Bett, so wurde er unruhig und fing an irre zu reden. Seine Frau gab ihm sofort Brandewein, aber bald darauf bekam er einen Schauer, entsprang aus dem Bette, verfiel in Raserei und aus dieser in Zuckungen, bis er, durch die letzten ermüdet und aller seiner Sinne beraubt, in Zeit von 12 Stunden ein Raub des Todes wurde.[44]

Und selbst in nicht so hoher Dosis ruft das Gift oft schon starke Halluzinationen und Wahnvorstellungen hervor, was seine Erwähnung als Zutat in Rezepten für Hexensalben erklärt. Außerdem kann es die erwähnten Erregungszustände und krampfartigen Tobsuchtsanfälle verursachen, was zur Bezeichnung Tollkirsche geführt hat. Es gibt aber noch zahlreiche andere Namen wie Teufelsbeere, Wutbeere, Schlafkirsche, Schlafkraut, Saukraut, Schwindelbeere, Tollkraut, Todeskraut oder Wolfsbeere, die ebenfalls auf die ungewöhnliche Wirkung der Pflanze hinweisen. Ähnliches gilt auch für den wissenschaftlichen Gattungsnamen, denn der geht auf Atropos zurück, eine der drei griechischen Schicksalsgöttinnen (Moiren). Insgesamt kannte die griechische Mythologie drei Moiren, von denen die erste dafür zuständig war, den menschlichen Lebensfaden zu spinnen, die zweite, dessen Länge zu bestimmen, während die dritte, Atropos, ihn schließlich abschnitt.

Dagegen bezieht sich der Artname *belladonna*, was übersetzt „schöne Frau" bedeutet, auf eine ungewöhnliche Nutzung dieser Pflanze in der Renaissance. Damals war sie bei Teilen der Damenwelt sehr beliebt, weil der Saft der Beeren, wenn er in die Augen geträufelt wird, durch das darin enthaltene Atropin eine Lähmung der

Augenmuskulatur verursacht, sodass sich die Pupille weit öffnet. Dadurch wirken die Augen nicht nur größer, sondern erhalten auch ein dunkles, glänzendes Aussehen, was als besonders attraktiv galt. Diese muskellähmende Wirkung wird heute noch in der Augenheilkunde genutzt, weil sich der Augenhintergrund bei einer weit geöffneten Pupille besonders gut untersuchen lässt. Aber auch als krampflösendes Mittel im Magen-Darmbereich oder bei Asthma wird die Tollkirsche heute vereinzelt noch eingesetzt und das isolierte Atropin als Gegenmittel bei einer Vergiftung mit Pestiziden oder bei Kontakt mit Nervenkampfstoffen.

Falsch verstandene Vorsicht

Als Gegenmittel bei Vergiftungen mit Nervenkampfstoffen funktioniert Atropin aber nur, wenn es unmittelbar nach einem Kontakt mit dem Gift angewendet wird. Deshalb verfügen viele Armeen über mit Atropin gefüllte Autoinjektoren, sodass sich die Soldatinnen und Soldaten bei einem Nervengiftangriff das lebensrettende Mittel sehr schnell selbst injizieren können oder auch ihren Kameradinnen und Kameraden. Allerdings darf das nur nach einem tatsächlichen Angriff mit Nervenkampfstoffen geschehen, weil es sonst zu einer ebenfalls gefährlichen Atropin-Vergiftung kommt.

Dies passierte Anfang der 1990er-Jahre im Zweiten Golfkrieg, als Israel vom Irak mit Raketen beschossen wurde. Weil der irakische Diktator Saddam Hussein bereits einmal Nervenkampfstoffe im Krieg gegen den Iran eingesetzt hatte, befürchteten zahlreiche Bewohner Israels, diese Raketen könnten ebenfalls mit Nervenkampfstoff bestückt sein, sodass sich einige der verängstigten Menschen vorsichtshalber Atropin spritzten. Diese Maßnahmen erwiesen sich allerdings als fatal, denn die Raketen waren ausschließlich mit konventionellen Sprengköpfen ausgerüstet, sodass sich zahlreiche Personen nun nicht mit Nervenkampfstoffen vergifteten, sondern mit Atropin, und einige ihre unbedachte Aktion sogar mit dem Leben bezahlten.

Nun mag es verwundern, dass es möglich sein soll, Gift mit Gift zu bekämpfen, aber dies lässt sich durchaus erklären. Chemische Kampfstoffe, etwa das Nervengas Sarin, sind deswegen so gefährlich, weil sie das körpereigene Enzym Acetylcholin-Esterase hemmen. Dessen Aufgabe ist es, den Neurotransmitter Acetylcholin, sobald er seine Aufgabe erfüllt hat, wieder abzubauen, denn wenn das nicht geschieht, erhöht sich die Acetylcholin-Konzentration an den Nervenzellen so stark, dass es zu einer Dauererregung kommt. Dies ist zumeist verbunden mit erhöhtem Speichelfluss, einer laufenden Nase, schmerzenden Augen sowie Erbrechen, Muskelkrämpfen und Atemnot, gefolgt von Bewusstlosigkeit und einer tödlichen Lähmung der Atemmuskulatur.

Atropin macht nun etwas, das in einem solchen Fall von Nutzen sein kann, denn es ist wegen der strukturellen Ähnlichkeit mit dem Acetylcholin in der Lage, dessen Rezeptoren zu blockieren. Wenn also nach Kontakt mit einem Nervenkampfstoff das Andocken des nun reichlich vorhandenen Acetylcholins zumindest teilweise verhindert wird, verringert sich auch die Wirkung des Nervenkampfstoffs. Denn solange keine freien Rezeptoren vorhanden sind, ist die hohe Konzentration des Transmitters, die durch die Hemmung der Acetylcholin-Esterase entsteht, auch weniger gefährlich.

Und sobald man diese Zusammenhänge kennt wird auch klar, warum man Atropin nicht vorsorglich einsetzen kann. Denn wenn keine Vergiftung mit einem Nervenkampfstoff vorliegt, kann die körpereigene Acetylcholin-Esterase ihre Aufgabe ja wie gewohnt erledigen. Dafür würde das im Überfluss vorhandene Atropin nun allerdings die meisten Acetylcholin-Rezeptoren besetzen, was ebenfalls zu einer Atemlähmung führen könnte.

In der Antike nutzte man die Tollkirsche manchmal auch als Mittel gegen Krankheiten, die angeblich von Dämonen verursacht wurden, denn es hieß, mit ihrer Hilfe ließen sich die bösen Mächte aus einem Menschen vertreiben. Später wurde sie dann vor allem als Schmerz- und Schlafmittel verwendet und oft auch zusammen mit weiteren Pflanzen wie Schierling, Bilsenkraut oder Opium. Und man nutzte sie, wie bereits erwähnt, auch als Zutat bei der Herstellung von Schlafschwämmen, mit deren Hilfe man versuchte, Patienten vor einer schmerzhaften Behandlung zu betäuben.

Außerdem wird immer wieder berichtet, dass sich die starke Erregung durch Tollkirschen-Extrakte nicht nur in Form von verstärkten Rededrang, grundloser Heiterkeit, Tobsuchtsanfällen sowie Halluzinationen und Wahnvorstellungen äußert, sondern dass die Inhaltsstoffe auch aphrodisierende Eigenschaften haben können. Dabei soll die Wirkung auf Frauen stärker sein als auf Männer, und es gibt sogar die Vermutung, die Nutzung der Tollkirsche in den sogenannten Hexensalben könnte dazu geführt haben, dass die Halluzinationen häufig mit erotischen Träumen verbunden waren, was dann vielleicht auch die angeblichen erotischen Exzesse und Buhlschaften mit dem Teufel erklären könnte.

FÜR ALLES IST EIN KRAUT GEWACHSEN

Eine vierte Art aus der Familie der Nachtschattengewächse, die ähnliche Alkaloide enthält wie die drei zuvor genannten Pflanzen, ist der Gemeine Stechapfel (*Datura stramonium*), der manchmal auch Weißer Stechapfel genannt wird. Es handelt sich um bis zu 1 m hohe, einjährige Pflanzen mit großen trompetenförmigen Blüten, die einen angenehmen Duft verbreiten und stachligen Fruchtkapseln, die entfernt an Kastanien erinnern und denen die Pflanze auch ihrem Namen verdankt. In diesen Kapseln, die normalerweise vier Kammern unterteilt sind, befinden sich dann die braunschwarzen, 3-4 mm großen nierenförmigen Samen.

Die genaue Herkunft des Stechapfels ist umstritten. Vermutlich stammt die Art aber ursprünglich aus Nord- und Südamerika und kam daher erst nach Entdeckung der Neuen Welt nach Europa. Dagegen spricht, dass antike Autoren verschiedene Pflanzen mit unterschiedlichen Namen erwähnen, bei denen es sich der Beschreibung nach durchaus um den Stechapfel handeln könnte. Ganz sicher ist aber, dass die Art heute praktisch überall auf der Erde vorkommt, wo man sie vorzugsweise auf sonnigen Brachflächen, Schuttplätzen sowie an Wegrändern mit zumeist lockerem, stickstoffhaltigem Boden findet.

Bezüglich der Inhaltsstoffe ähnelt der Stechapfel anderen Nachtschattengewächsen, enthält also ebenfalls vor allem Hyoscyamin (Atropin) und Scopolamin. Diese sorgen dafür, dass eine Anwendung in geringeren Konzentrationen entspannend und beruhigend wirken kann, sodass die Pflanze in der Vergangenheit auch medizinisch eingesetzt wurde, etwa zur Behandlung von Asthma in Form sogenannter Asthmazigaretten, mit denen man die Symptome dieser Atemwegserkrankung ein wenig lindern konnte, aber auch bei Keuchhusten, rheumatischen Beschwerden oder als krampflindernde Arznei. In höheren Konzentrationen können die Inhaltsstoffe des Stechapfels aber ebenfalls starke Halluzinationen oder sogar Delirien verursachen, sodass es unter Umständen zu Sinnestäuschungen, Heiterkeitsausbrüchen, Sehstörungen, Benommenheit oder Halluzinationen kommen kann und unter Umständen sogar zu einem tödlichen Atemstillstand. Daher wird die Pflanze heute praktisch nicht mehr medizinisch angewendet.

Es gibt aber noch eine weitere Eigenschaft, die dem Stechapfel, wie auch anderen bereits erwähnten Nachtschattengewächsen nachgesagt wird: Eine aphrodisierende Wirkung. Aphrodisiaka, also Substanzen, die angeblich das sexuelle Verlangen und Lustempfinden steigern können oder sich positiv auf die Funktion der Geschlechtsorgane auswirken, beschäftigen die Fantasie der Menschen schon seit sehr langer Zeit. Und augenscheinlich haben diese Mittel bis heute wenig an Faszination verloren, wenn man bedenkt, dass Aphrodisiaka, die als besonders wirksam gelten, immer noch zu horrenden Preisen auf den Markt gebracht werden. Benannt sind diese angeblichen Wundermittel nach Aphrodite, der griechischen Göttin der Schönheit und der Liebe, wobei die Verwendung aber schon viel älter ist als der Name, denn frühe Hinweise auf einen Gebrauch solcher Substanzen gibt es schon in altägyptischen Papyrusrollen, aber auch bei den Sumerern und im alten China. Bis heute ist die Zahl der Stoffe, von denen es heißt, sie könnten Abhilfe bei Problemen in Liebesangelegenheiten bewirken, ähnlich groß, wie das Vertrauen gutgläubiger Menschen in solche Substanzen.

Allerdings bestand die Absicht nicht in jedem Fall darin, die eigene Potenz zu verbessern, sondern besonders abgewiesene Verehrer versuchten manchmal mit heimlich verabreichten Aphrodisiaka ihr Ziel auf diesem Wege doch noch zu erreichen. Aber auch Bordellwirte vermischten die Samen von Pflanzen mit dem entsprechenden Ruf gern mit Alkohol, um ihre Gäste in die gewünschte Stimmung zu bringen und so das Geschäft zu beleben.

Schon an diesen beiden Beispielen lässt sich erkennen, dass hinter der Benutzung von Liebestränken sehr häufig der überaus fragwürdige Plan steht, jemanden sozusagen willenlos und damit für seine Absichten gefügig zu machen. Vermutlich auch aus diesem Grunde, aber noch mehr, weil häufige Zutaten wie Bilsenkraut und Stechapfel nicht selten tödliche Vergiftung hervorriefen, wurden Liebestränke, die häufig Kuppler oder Giftmischern unter die Leute brachten, schon in der Antike verboten. So konnte unter dem römischen Kaiser Justinian (482-565) das Herstellen und Verbreiten von Liebestränken mit dem Tode bestraft werden und auch Kaiser Barbarossa (Friedrich I.; um 1122-1190) ließ nicht nur Verkäufer, sondern auch Käufer von Liebestränken in den Kerker werfen oder sogar hinrichten.

BRUDERSCHAFT MIT GESCHÄFTSSINN

Wie ernst solche Wundermittel einst genommen wurden, kann man an einer Pflanze namens Hundskolben (*Cynomorium coccineum*) sehen, einer sehr seltenen Art, die ausschließlich in trockenen Biotopen im Mittelmeerraum vorkommt. Zu den wenigen Standorten gehört Malta, wo man die ungewöhnliche Pflanze fast nur auf einer winzigen unbewohnten Felsinsel vor der Küste findet.

Bekannt ist der Hundskolben auch unter dem Namen Malteserschwamm, obwohl es sich nicht etwa um einen Pilz handelt, sondern um eine Blütenpflanze, die aber durchaus ein wenig an einen Pilz erinnert. Sie wächst die meiste Zeit ihres Lebens unterirdisch und ernährt sich parasitisch, denn sie besitzt selbst kein Chlorophyll für die Fotosynthese. Daher zapft sie die Wurzeln anderer Pflanzen an, besonders die einer speziellen Melden-Art (*Atriplex lanfrancoii*) und entzieht der Wirtspflanze so die benötigten Nährstoffe. Im Sommer schieben sich dann, wie aus dem Nichts, bis zu 30 cm lange Gebilde aus dem Boden, bei denen es sich um die Blütenstängel handelt, die fast in ganzer Länge dicht mit winzigen rotbraunen Blüten bedeckt sind, die sich nach dem Verwelken schwärzlich verfärben. Wegen seiner dunkelroten Färbung galt der Hundskolben als gutes blutstillendes Mittel für die Behandlung von Verletzungen, aber weil der Blütenkolben zudem ein phallusartiges Aussehen hat, was auch den

146

umgangssprachlichen Namen Hundskolben erklärt, wendete man ihn außerdem bei sexuellen Problemen an.

Die Herstellung solcher Zusammenhänge waren früher nichts Besonderes, denn die meisten Kräuterärzte hatten sich der sogenannten „Signaturenlehre" verschrieben, die schon im Altertum zahlreiche Anhänger hatte, etwa den berühmten griechischen Arzt Pedanios Dioskurides. Kurz gesagt beruht diese Signaturenlehre auf der Überzeugung, dass viele Heilmittel einen sichtbaren Hinweis auf die Krankheit enthielten, für deren Behandlung sie geeignet waren. Wenn also eine Pflanze eine gewisse Ähnlichkeit einem bestimmten menschlichen Organ hatte oder an sichtbare Symptome einer Krankheit erinnerte, wurde sie entsprechend eingesetzt. So nahm man beispielsweise die Walnuss, die ein wenig an ein menschliches Gehirn erinnert, zur Behandlung von Kopfschmerzen, das Schöllkraut, das einen gelben Milchsaft besitzt, zur Behandlung von Gelbsucht oder den Schlangen-Knöterich (*Polygonum bistorta*), der schlangenartig gewundene Rhizome bildet, zur Behandlung von Schlangenbissen, ebenso wie den Natternkopf (*Echium vulgare*), dessen Blüten – mit etwas Fantasie – Ähnlichkeit mit einem Schlangenkopf haben.

Ein späterer Anhänger dieser Theorie war Theophrastus Bombast von Hohenheim (1493-1541), der sich auch Paracelsus nannte. Er war einer der berühmtesten Ärzte seiner Zeit, der vor allem dadurch bekannt wurde, dass er die meisten der immer noch gebräuchlichen, oft wenig logischen medizinischen Ansätze aus der Antike ablehnte. Stattdessen forderte er, zunächst genaue Diagnosen für die unterschiedlichen Krankheiten zu erstellen, um sie dann gezielt behandeln zu können. Seine Auflehnung gegen die bisherige Praxis zeigte sich aber auch darin, dass er all seine medizinischen Schriften in deutscher Sprache verfasste, was bisher absolut unüblich gewesen war.

Außerdem experimentierte er bei der Behandlung von Krankheiten viel mit unterschiedlichsten Chemikalien, etwa Eisen, Schwefel oder Kaliumsulfat, sodass man ihn auch als „Vater der Chemie" bezeichnet. Und er erkannte, dass die Ursache von Krankheiten wie Gicht auf Ablagerungen unzureichend ausgeschiedene Stoffwechselprodukte zurückzuführen war oder dass man mit Äther betäuben konnte. An der Signaturlehre zweifelte er allerdings nicht, sondern verhalf ihr durch Niederschrift in seinen Büchern zu einer weiteren Verbreitung.

Als Angehörige des Malteserordens im 16. Jahrhundert die Insel Malta besetzten, nachdem sie aus Palästina vertrieben worden waren, wo sie zuvor ein Spital betrieben hatten, bemerkten sie schnell, welch ein Schatz ihnen auf der Insel zur Verfügung stand. Daher verwendeten sie die getrockneten Blütenkolben der Pflanze schon bald nicht nur zur Behandlung blutender Wunden, sondern verkauften sie vor allem als Aphrodisiakum – legten ihren Wahlspruch *Bezeugung des Glaubens und Hilfe den Bedürftigen* also recht großzügig aus.

Im 17. und 18. Jahrhundert stieg die Nachfrage dann so kräftig an, dass der Orden seine Ware für beträchtliche Summen an wohlhabende Abnehmer in ganz Europa verkaufen konnte, darunter zahlreiche Fürstenhäuser. Und weil die Pflanze plötzlich so wertvoll geworden war, wurde Anfang des 18. Jahrhunderts sogar ein Wachturm in der Nähe der kleinen Insel errichtet, um den Schatz vor Dieben zu schützen. Außerdem beseitigte man alle Felsvorsprünge an ihren steilen Wänden, damit sie Langfingern beim Klettern keinen Halt boten. Und zum Schluss war die Insel dann nur noch mit einem Korb zu erreichen, der an einem langen Seil zur Felseninsel hinübergezogen wurde. Erwischte man dennoch einen Dieb, drohten ihm drakonische Strafen.

GEMÜSE AUF ABWEGEN

Die Signaturenlehre hat aber auch noch vielen anderen Pflanzen zu ihrem Ruf als Aphrodisiaka verholfen. Ein Beispiel ist der Gemüsespargel (*Asparagus officinalis*), der durch seine Form die Fantasie der Menschen schon im alten Ägypten anregte. Er hat aber auch noch eine harntreibende Wirkung, und weil Harn einen ähnlichen Weg nimmt wie Sperma, wurde dies als zusätzlicher Beleg für die angebliche Wirkung angesehen. Heute heißt es außerdem, der hohe Vitamin-E-Gehalt der Pflanze könne die Libido sichtbar steigern.

Einen ähnlichen Ruf genoss auch der giftige Gefleckten Aronstab (*Arum maculatum*), dessen in Wein gesottene Wurzel man schon im antiken Griechenland als Aphrodisiakum nutzte. Grund war vermutlich, dass die Pflanze im Frühjahr im Schutze eines großen Hochblatts einen phallusähnlichen Kolben, Spadix genannt, bildet, in dessen unterem Bereich die Blüten sitzen. Wegen dieses sehr ungewöhnlichen Blütenstandes nannte man den Aronstab auch „Mönchsschwanz" oder „Pfaffenpint", wobei nicht wirklich ersichtlich ist, warum gerade die Geistlichkeit mit dieser Pflanze in Verbindung gebracht wurde. Da die Spadix weder von Umfang noch Länge her besonders eindrucksvoll ist, glaubte man vielleicht, mehr könne unter dem Gewand der keuschen Mönche und Priester nicht verborgen sein.

Wie erwähnt, ist die Liste der Pflanzen, die sich für Liebestränke eignen sollen, sehr umfangreich, wobei die verschiedenen Kulturen überall auf der Erde ihre eigenen Wundermittel hatten. In Europa handelte es sich häufig um Nachtschattengewächse wie Alraune, Bilsenkraut, Tollkirsche und Stechapfel, von denen es hieß, sie könnten wegen ihrer bewusstseinsverändernden Wirkstoffe nicht nur die Hemmschwelle herabsetzen, sondern außerdem die sexuelle Lust verstärken und dafür sorgen, dass sexuelle Erlebnisse besonders intensiv empfunden würden.

Aber auch eher alltägliche Gewächse, etwa die Große Brennnessel (*Urtica dioica*), stand in dem Ruf, ein gutes Aphrodisiakum zu sein. Diese Pflanze wird schon sehr lange als Heilkraut verwendet, etwa als adstringierendes, harntreibendes, stärkendes und blutstillendes Mittel. Außerdem nutzte man sie wegen des hohen Gehaltes an Eisen und Kalzium aber auch bei Blutarmut sowie zur Behandlung von arthritischen und rheumatischen Beschwerden, wobei es früher zumeist üblich war, die schmerzenden Gelenke mit frischen Brennnesseltrieben zu peitschen.

Aber nicht nur schmerzende Gelenke wurden so behandelt, sondern – zumindest im antiken Rom – oft auch die untere Bauchpartie, das Gesäß und der Rücken. Damit wollte man versuchen, Patienten von Impotenz zu befreien, eine Praxis, die der römische Dichter Titus Petronius Arbiter (um 14-66) in seinem satirischen Roman *Satyricon* recht drastisch beschreibt. Und Ovid (Publius Ovidius Naso; um 43 v. Chr. Bis 17 n. Chr.) empfahl in seinem Werk *Ars amatoria* („Lehrbuch der Liebe") einen Liebestrank, bei dessen Zubereitung Brennnesselsamen eine wichtige Rolle spielen.

Was die Samen für diese Aufgabe qualifiziert bleibt allerdings im Dunkeln. Irgendwelche Substanzen, die Einfluss auf die Libido haben könnten, hat man jedenfalls bisher nicht gefunden. Etwas anders ist es bei der äußerlichen Anwendung frischer Triebe auf bestimmte Körperbereiche, denn die in den winzigen Brennhaaren befindliche Flüssigkeit enthält unter anderem Histamin, also eine Substanz, die durchaus zu einer Erweiterung kleiner Blutgefäße beitragen kann. Ob sich dadurch aber wirklich der Blutzufluss in die Penisschwellkörper erhöhen lässt, muss jedoch eher bezweifelt werden, ganz abgesehen davon, dass eine solche Prozedur alles Begehren möglicherweise schon im Keim erstickt.

Auch die Petersilie (*Petroselinum crispum*), ein häufig genutztes Küchenkraut, bringt man nicht zwangsläufig mit Liebestränken in Verbindung. Das ändert sich vielleicht, wenn man weiß, dass Straßen wie Petersiliengasse oder Petersilienstraße, die es in einigen Städten gibt, ihren Namen zumeist der Tatsache verdanken, dass es dort einst ein Freudenhaus gab oder sogenannte „freie Frauen" ihre Dienste anboten. Für diese hatte die Petersilie, auch „Geilwurz" genannt, in zweierlei Hinsicht eine große Bedeutung, denn man glaubte, ein Sud aus den Pflanzenteilen könne Frauen vor Empfängnis schützen, aber es hieß auch, das Küchenkraut würde die Manneskraft stärken. Und das Sprichwort: *Die Petersilie hilft dem Mann aufs Pferd und der Frau unter die Erd'* weist noch auf eine weitere Verwendung hin, denn die Pflanze wurde auch bei Abtreibungen verwendet, eine Prozedur, die wegen der schwierigen Dosierung für die betroffenen Frauen lebensgefährlich war.

Grund für diese Anwendung war, dass die Petersilie eine Substanz namens Apiol enthält, die die Tätigkeit der Gebärmuttermuskulatur angeregt, wobei eine hohe Dosierung allerdings für eine so starke Gebärmutterkontraktion sorgt, dass es zu einem Schwangerschaftsabbruch kommen kann. Und weil es bei Petersiliensamen normalerweise etwas länger dauert, bis sie keimen, hieß es früher, sie müssten, weil die Petersilie auf nicht gerade gottesfürchtige Weise genutzt wurde, erst nach Rom pilgern, um sich beim Papst die Erlaubnis zum Keimen zu holen. Und das könne schon mal sieben Wochen dauern.

Und auch einer weiteren Nutzpflanze, die heute ebenfalls in vielen Gärten zu finden ist, werden aphrodisierende Eigenschaften nachgesagt. Gemeint ist der Garten-Rettich (*Raphanus sativus*), eine beliebte Gemüsepflanze aus der Familie der Kreuzblütengewächse (Brassicaceae), die ursprünglich aus dem Mittelmeerraum stammt und erst mit den Römern nach Mitteleuropa kam. Typisch für den Rettich ist die fleischig verdickte Wurzel und der scharfe Geschmack, der auf das Vorhandensein von Senfölen zurückzuführen ist. Eine aphrodisierende Wirkung sollen vor allem die in Schoten gebildeten Samen besitzen, die angeblich schon die alten Ägypter, mit Honig vermischt, für diesen Zweck verwendet haben.

Und auch der zur Familie der Doldenblütler (Apiaceae) gehörende Sellerie (*Apium graveolens*), von dem es zahlreiche Zuchtformen wie Knollen-, Stauden- und Schnittsellerie gibt, genießt einen ähnlichen Ruf. Er wurde in der Vergangenheit aber nicht nur als Gemüse genutzt, sondern auch als harntreibendes Mittel und zur Behandlung von rheumatischen oder arthritischen Beschwerden. Außerdem wird er heute oft für sogenannte Sellerie-Smoothies verwendet, also mit einem Mixer hergestellte Gemüsesäfte, die seit einigen Jahren sehr in Mode gekommen sind und als eine Art Wundermittel gelten. So sollen sie nicht nur wertvolle Mineralstoffe und Vitamine enthalten, sondern auch beim Abnehmen helfen, für gesunde Haut sorgen, die Ausdauer erhöhen, die Verdauung unterstützen und die Durchblutung – auch im Lendenbereich – verbessern, was zu seinem Ruf als Aphrodisiakum beigetragen hat. Weil dem Sellerie, der im Volksmund auch „Stehsalat" genannt wird, dieser Ruf vorauseilte, war Priestern der Verzehr verboten. Das war aber wohl eher überflüssig, denn man müsste Unmengen von Sellerie konsumieren, um eine Wirkung zu erzielen.

Daneben gibt es noch einen weiteren Grund, warum sich dieses Küchengemüse als Aphrodisiakum eignen soll, denn es enthält eine Substanz namens Androstenol, die sich auch in frischem Männerschweiß nachweisen lässt und deren Geruch Frauen angeblich sehr attraktiv finden. Wer also keine Lust auf den Verzehr großer Mengen Sellerie hat, könnte es vielleicht einmal mit dieser Taktik versuchen.

Der Knoblauch (*Allium sativum*) gilt ebenfalls als wertvolles, vitaminreiches Küchengewürz, er wird aber auch schon seit Jahrtausenden als Heilpflanze genutzt, denn es heißt, er habe unter anderem schleimlösende, schweißtreibende und gefäßerweiternde Eigenschaften. Außerdem verwendete man ihn vor der Entdeckung der Antibiotika zur Behandlung der unterschiedlichsten Infektionskrankheiten, etwa Tuberkulose oder Typhus, und auch im Ersten Weltkrieg wurde er noch häufig zur Wundbehandlung eingesetzt, um dadurch eine Infektion zu vermeiden. In der Antike nutzte man den ursprünglich aus Zentralasien stammenden, zu den Amaryllisgewächsen (Amaryllidaceae) gehörenden Knoblauch außerdem zur Behandlung von Bisswunden durch Hunde oder Schlangen, bei Hautausschlägen, Haarausfall, Zahnschmerzen und Menstruationsstörungen. Und im Nahen Osten hieß es, er sei ein sicheres Abwehrmittel gegen den „bösen Blick", während man in Europa bekanntlich glaubte, er könne vor Vampiren schützen.

Aber damit nicht genug, denn der Knoblauch soll auch noch aphrodisierende Eigenschaften besitzen. Daher mischte man im antiken Rom, wo er bezeichnenderweise der Fruchtbarkeitsgöttin Ceres geweiht war, den ausgepressten Saft mit Koriander und Wein für Liebestränke und auch der Arzt und Botaniker Leonhart Fuchs (1501-1566) empfahl in seinem *New Kreüterbuch* den Knoblauch nicht nur als Schlafmittel, sondern glaubte, er könne außerdem die Lust zum „ehelichen Werk" anregen.

Die alten Griechen waren allerdings genau gegenteiliger Meinung, denn sie meinten, der Knoblauch sei wegen seines durchdringenden Geruches allen Liebesdingen eher abträglich. Dieser Geruch entsteht, weil bei Beschädigung des Pflanzengewebes eine Reihe von chemischen Reaktionen ablaufen, bei denen der schwefelhaltige Inhaltsstoff Alliin in Allicin umgewandelt wird, das dann noch in Di- und

Trisulfide zerfällt, die letztlich für die typischen Ausdünstungen verantwortlich sind. Daher sollen die griechischen Männer, wenn sie für einige Zeit das Haus verließen, verlangt haben, dass ihre Frauen in ihrem Beisein Knobloch aßen, weil sie überzeugt davon waren, dies könne Seitensprünge verhindern. Aber auch an Festtagen, an denen die Götter Enthaltsamkeit verlangten, aß man Knoblauch.

NEUES AUS DER NEUEN WELT

Mit dem Zeitalter der Entdeckungen Anfang des 15. Jahrhunderts kamen schon bald zahlreiche, für Europäer zumeist exotisch anmutende Pflanzen in die Alte Welt. Darunter waren auch Arten, denen man aphrodisierende Eigenschaften nachsagte, sodass die Liste der angeblichen Wundermittel noch einmal deutlich länger wurde. Eine dieser Pflanzen, die es auf der Leiter der beliebtesten Aphrodisiaka weit nach oben geschafft hat, ist eine Art namens Damiana (*Turnera diffusa*) aus der Familie der Passionsblumengewächse (Passifloraceae), der man in ihrer süd- und mittelamerikanischen Heimat den vielsagenden Namen „Die dem Mann das Hemd runterreißt" gegeben hat.

Normalerweise wird der bis 2 m hohe Strauch mit aromatisch duftenden Blättern in seiner Heimat schon seit Urzeiten als Stärkungs- und Beruhigungsmittel verwendet, aber auch zur Behandlung von Atemwegserkrankungen, etwa Asthma oder bei Nierenproblemen und Durchfall. Außerdem heißt es, die Pflanze sei bei Menstruationsbeschwerden hilfreich, weil sie Substanzen enthält, die die Durchblutung im Unterbauch anregen. Und eine verbesserte Durchblutung in diesem Bereich des Körpers ist natürlich auch für Männer interessant. Und um das ganz deutlich zu machen, werden alkoholische Auszüge der Pflanze häufig als Likör verkauft, dessen Flaschen die Form einer schwangeren Frau haben.

Eine weitere, der bis dahin unbekannten Arten ist der Spanische Pfeffer, heute zumeist Paprika (*Capsicum annuum*) genannt, der zur bereits häufig erwähnten Familie der Nachtschattengewächse gehört. Das natürliche Verbreitungsgebiet liegt in Süd- und Mittelamerika sowie im südlichen Nordamerika, wo man die Pflanze schon seit Jahrhunderten kultiviert. Inzwischen baut man den Paprika, der im 16. Jahrhundert durch Seefahrer nach Europa gelangte, aber auch in vielen anderen Regionen der Erde an. Es gibt zahlreiche Sorten, die weißliche, gelbe, rote oder violette Blüten haben können und außerordentlich vielgestaltige Früchte in den unterschiedlichsten Formen, Farben und Größen. Eine weitere, eng mit dem Spanischen Pfeffer verwandte Art ist der Cayennepfeffer oder Chili (*Capsicum frutescens*), der ebenfalls aus der Neuen Welt stammt und sich vor allem durch die noch schärfer schmeckenden Früchte unterscheidet.

Paprika wird aber nicht nur als Gemüse oder Küchengewürz verwendet, sondern auch als Arznei, der eine wohltuende und stärkende Wirkung auf das Verdauungssystem nachgesagt wird, weil sie die Magensaftproduktion anregt und die Darmperistaltik fördert; der Cayennepfeffer soll außerdem schmerzlindernde, schweißtreibende und antiseptische Eigenschaften besitzen. Beide Pflanzen haben aber angeblich auch aphrodisierende Eigenschaften. Grund dafür soll das Alkaloid Capsaicin sein, das dem Gehirn beim Verzehr der scharf schmeckenden Früchte einen starken Schmerz vorgaukelt, dem der Körper durch Ausschüttung von Endorphinen entgegenwirkt, weil das körpereigene System zur Regelung von Schmerzempfindung in Gang gesetzt wurde. Diese Endorphine (Kurzform für „Endogene Morphine"), die als natürliches Schmerzmittel normalerweise in Notfallsituationen ausgeschüttet werden, setzen sich an bestimmte Rezeptoren, an die auch starke Schmerzmittel wie Morphin andocken würden und verhindern so, dass die Schmerzreize an das Gehirn weitergeleitet werden (vgl. Kap. 3).

Endorphine können neben der schmerzlindernden auch noch eine entspannende oder stimulierende Wirkung haben und damit zum körperlichen Wohlbefinden beitragen. Der Grund ist, dass sie zu den sogenannten „Glückshormonen" gehören, also bestimmten Botenstoffen, die Teil des körpereigenen Belohnungssystems sind und von denen später noch häufiger die Rede sein wird. Und weil die Bildung von Endorphinen auch durch Capsaicin angeregt wird, kann es nach dem Verzehr von Paprika oder Chilischoten so einem gesteigerten Glücksempfinden („Pepper-High") kommen. Von beiden Pflanzen heißt es außerdem, der Verzehr ihrer Früchte würde durch schnelleren Herzschlag und eine Erweiterung der Adern die Durchblutung fördern, auch im Genitalbereich; außerdem soll es zu einer Öffnung der Poren in der Haut kommen, was diese angeblich sensibler macht, sodass man empfindlicher auf Berührungen reagiert. Bedenken muss man dabei aber, das Capsaicin in zu hohen Dosen ein lebensgefährliches Absinken der Körpertemperatur verursachen kann.

Um den Versuch, durch Verzehr bestimmter Pflanzen körpereigene „Glückshormone" ausschütten, geht es auch bei zwei weiteren Arten, deren Heimat ebenfalls Mittelamerika ist. Gemeint sind der Kakaobaum (*Theobroma cacao*) und die Vanille (*Vanilla*), die wohl beide schon lange vor dem Auftauchen der Europäer von den dortigen Ureinwohnern als Aphrodisiaka genutzt wurden. So soll Montezuma (um 1465-1520) der zu Beginn des 16. Jahrhunderts über das Reich der Azteken herrschte, eine große Vorliebe für ein Kakaogetränk gehabt haben, das noch mit Vanille aromatisiert und dem außerdem Honig und Chili zugesetzt war. Serviert bekam der Herrscher den Trank in einem goldenen Becher, und verlangt haben soll er ihn vor allem dann, wenn er vorhatte, seinen Harem aufzusuchen. Das war möglicherweise häufiger der Fall, denn die Spanier fanden später bei der Eroberung seines Palastes angeblich einen Vorrat von 25.000 Zentnern Kakaobohnen.

Der bis zu 15 m hohe Kakaobaum, der zu Familie der Malvengewächse (Malvaceae) gehört, wurde in den Tropen Mittel- und Südamerikas von den dort lebenden indigenen Völkern schon lange vor Ankunft der Europäer kultiviert, etwa von den Azteken, bei denen es hieß, er sei ihnen von ihrem Gott Quetzalcoatl geschenkt worden. Daher nannte man die Früchte „Speise der Götter", was im wissenschaftlichen Namen *Theobroma* zum Ausdruck kommt, denn der bedeutet übersetzt „Götterspeise" (von griech. theos „Gott" und brōma „Speise"). Das daraus zubereitete Getränke wurde dagegen Xocoatl („bitteres Wasser") genannt, ein Begriff, von dem sich unsere Bezeichnung Schokolade ableitet. Dass dem Kakao, der aus den Samen des Baumes hergestellt wird, aphrodisierende Eigenschaften nachgesagt werden, hat vermutlich damit zu tun, dass er Theobromin enthält, eine Substanz mit einer leicht anregenden Wirkung. Wie vielen andere der angeblichen Aphrodisiaka werden dem Kakao aber auch harntreibende, gefäßerweiternde und herzstimulierende Eigenschaften nachgesagt.

Eine aphrodisierende Wirkung schreibt man aber auch der zweiten wichtige Zutat aus der Montezuma-Mischung zu, der Gewürz- oder Echten Vanille (*Vanilla planifolia*). Grund dafür soll der in der Pflanze vorhandene Duftstoff Vanillin sein, der chemisch bestimmten natürlichen Sexuallockstoffen des Menschen ähnelt. Daher rieben sich bereits die Ureinwohner Mexikos mit den Schoten der Vanille den Körper ein, um auf diese Weise ihre Anziehungskraft zu erhöhen. Und auch heutige Parfüms enthalten häufig einen Vanillegeruchsstoff, ebenso wie Bodylotions, Shampoos, Deos oder Badezusätze. Außerdem wurde der Pflanze auch noch eine belebende Wirkung auf die

Geschlechtsorgane nachgesagt wird, weil ihr Konsum angeblich Endorphine im Gehirn freisetzen würde. Und dank solcher Glückshormone könne die Vanille als Stimmungsaufheller dienen und so unter bestimmten Umständen auch für eine Steigerung des sexuellen Begehrens sorgen.

Als Kakao und Vanille nach Europa gelangten, wurde die Azteken-Mischung schnell auch zum Lieblingstrank der sogenannten besseren Gesellschaft. Vor allem galt das für die Adelshäuser, deren Angehörige zu den wenigen gehörten, die sich das kostbare Getränk leisten konnten. Später setzte es sich dann aber auch beim wohlhabenden Bürgertum durch, und sogar in den Klöstern fand man zumindest Gefallen an der nahrhaften Trinkschokolade. Der Grund dafür war, dass die Kirchenoberen festgelegt hatten, Kakao sei keine Speise, sondern ein Getränk, sodass man ihn auch während der 40-tägigen Fastenzeit konsumieren und so bei Kräften bleiben konnte. Der Ruf, der dem Getränk anhaftete, wurde dabei großzügig übersehen. Bei der Vanille, die einem die Fastenzeit nicht erleichtern konnte, tat man sich dagegen mit einem Verbot leichter. Sie blieb aus den meisten Klosterküchen verbannt, mit der Begründung, ein Gewürz, das in der Lage war, erotische Gefühle zu erwecken, könne ja nur vom Teufel stammen, der die Klosterbewohner zu Müßiggang und Lasterhaftigkeit verleiten wolle.

VIEL HEIßE LUFT

Bei realistischer Einschätzung muss man wohl davon ausgehen, dass die Mehrzahl der Pflanzen, denen eine aphrodisierende Wirkung nachgesagt wird, eher nicht den erhofften Erfolg bringen. Allerdings darf man in diesem Zusammenhang nicht den Placebo-Effekt vergessen, also das Phänomen, dass die psychische Bereitschaft zur Veränderung durchaus eine physische Reaktion hervorrufen kann. Zeigen lässt sich das durch Versuche mit sogenannten Placebos. Dabei handelt es sich um Scheinmedikamente, denen die tatsächlich wirksamen Stoffe der echten Arznei fehlen. Eine Testperson, der ein solches Placebo verabreicht wird und die nicht weiß, ob sie das richtige Medikament oder die unwirksame Fälschung eingenommen hat, kann unter Umständen auch ohne vorhandene Inhaltsstoffe eine Besserung spüren. So ist es etwa möglich, dass jemand, der glaubt, eine Kopfschmerztablette geschluckt zu haben, plötzlich keine Schmerzen mehr verspürt, selbst wenn es sich tatsächlich um eine Zuckerpastille gehandelt hatte. Und möglicherweise wirkt sich dieses Phänomen im komplizierten erotischen Bereich besonders stark aus, sodass es durchaus sein kann, dass der Glaube auf diesem Gebiet tatsächlich Berge versetzen kann.

Aber es gibt auch Substanzen, bei denen die Wirkung nicht nur Wunschdenken ist. So wurde für Papaverin, einen im Opium enthaltenen Inhaltsstoff, dank seiner krampflösenden Eigenschaften eine positive Wirkung auf die Potenz tatsächlich nachgewiesen. Dazu muss man wissen, dass bei sexueller Erregung in den Muskelzellen der Penis-Schwellkörper ein Botenstoff namens cyklisches Guanosinmonophosphat (cGMP) synthetisiert wird. Dadurch kommt es zu einer deutlichen Erhöhung der intrazellulärem cGMP Konzentration, was wiederum eine Erschlaffung der glatten Muskulatur und damit eine Gefäßerweiterung zur Folge hat, mit dem Ergebnis, dass mehr Blut in den Penis fließt und es dadurch zu einer Erektion kommt.

Funktioniert dieses natürliche System nicht mehr in der vorgesehenen Art und Weise, kann man mit PDE-Hemmern wie Papaverin eingreifen, denn diese können dafür sorgen, dass der cGMP-Spiegel hoch bleibt. Möglich ist das, weil sie in der Lage sind, die Aktivität von Phosphodiesterasen zu hemmen, also von Enzymen, deren Aufgabe es ist, den Botenstoff cGMP wieder abzubauen. Das funktioniert, weil die PDE-Inhibitoren dem cGMP so ähnlich sind, dass sie sich an ihrer Stelle an die Bindungsstelle des Enzyms setzen können. Ist also ausreichend Papaverin vorhanden, wird die Wirkung der Phosphodiesterasen so stark verringert, dass die Konzentration an intrazellulärem cGMP hoch bleibt, verbunden mit einer Entspannung der glatten Muskulatur, einer Gefäßerweiterung und einer deswegen besseren Durchblutung.

Daher wurde Papaverin früher zur Behandlung von Erektionsstörungen (erektile Dysfunktion) direkt in den Penis injiziert, um so eine verstärkte arterielle Durchblutung zu erreichen. Allerdings sind solche Injektionen zwar wirksam, aber nicht ganz risikolos, denn es kann zu Nebenwirkungen kommen. Dazu gehören Herzrhythmusstörungen und Leberschädigungen, aber manchmal auch eine langanhaltende schmerzhafte Dauererektion ohne sexuelle Erregung. Heute benutzt man zur Behandlung einer erektilen Dysfunktion zumeist synthetische Medikamente wie Viagra, die oral eingenommen werden, bei denen es sich aber ebenfalls um PDE-Hemmer handelt.

VERSUCHE EINER GEGENSTEUERUNG

Allerdings waren in der Vergangenheit nicht alle Menschen auf der Suche nach Mitteln, mit denen man die Fleischeslust fördern oder verlorengegangene Stärke zurückgewinnen wollte, sondern es auch gab Gruppen, die vielmehr an Pflanzen interessiert waren, die angeblich genau das Gegenteil bewirkten. An solchen Anaphrodisiaka oder Antaphrodisiakum, also Anti-Aphrodisiaka hatte besonders die Geistlichkeit großes Interesse, weil die Betroffenen hofften, diese Pflanzen könnten ihnen helfen, das Keuschheitsgelübde, also die Verpflichtung zur sexuellen Enthaltsamkeit, leichter einzuhalten. Aber auch viele Ärzte hielten übermäßigen Sex und somit auch die häufige

Anwendung von Aphrodisiaka für krankhaft und daher für ein medizinisches Problem, für das sie Behandlungsmöglichkeiten suchten.

Zu einer dritten Gruppe gehörte eine Vielzahl von Frauen, vor allem jene, bei denen die Eheschließung nicht auf gegenseitiger Zuneigung beruht hatte, sondern arrangiert worden war. Denn in Zeiten, da Frauen häufig wenig Einfluss auf die Wahl ihres Ehegatten hatten, weil die Verbindung durch Eltern oder andere Angehörige über ihren Kopf hinweg arrangiert wurde, müssen die Zuneigungsbekundungen des oft ungeliebten Gemahls nicht selten als Qual empfunden worden sein. Daher kann man sich gut vorstellen, dass sich die Nöte der unglücklichen Ehefrau noch vergrößerten, wenn der nimmersatte Ehegatte auch noch Aphrodisiaka verwendete. Diese Frauen versuchten sich dann häufig mit Pflanzen zu schützen, von denen es hieß, sie könnten die Wirkung der vom Ehemann konsumierten Liebeskräuter aufheben. So empfahl man ihnen beispielsweise, sich eine Paste aus Ginsterschösslingen (*Genista*), Storchschnabelblättern und –wurzeln (*Geranium*) sowie Malven (*Malva*) auf den Körper zu streichen, weil dann vom Ehemann eingenommene Aphrodisiaka keine Wirkung mehr hätten.

Ob diese oder auch vergleichbare Mittel jemals geholfen haben, ist nicht überliefert. Immerhin scheint der Handel mit ihnen aber durchaus ertragreich gewesen sein, denn geschäftstüchtigen Kräuterhändlern muss es immer wieder gelungen sein, bei gutgläubigen Kunden nicht nur ihre Aphrodisiaka an den Mann zu bringen, sondern gleichzeitig an der Hintertür ein Gegenmittel an die Frauen, die hofften, die angebliche Wirkung der Aphrodisiaka durch die angebliche Wirkung der Anaphrodisiaka aufheben zu können.

Wie erwähnt, waren aber vor allem Priester und Mönche an solchen Pflanzen interessiert. Zu den von ihnen eingesetzten „Hilfsmitteln" gehörte unter anderem der Mönchspfeffer (*Vitex agnus-castus*), der die

Zielgruppe schon durch seinen Namen verrät. Es handelt sich um einen Strauch aus der Familie der Lippenblütler (Lamiaceae), der auch Keuschbaum, Keuschlamm oder Liebfrauenbettstroh genannt wird. Die würzig duftende Pflanze stammt aus dem Mittelmeerraum und galt dort schon in der Antike als Symbol der Enthaltsamkeit.

So berichtet Dioskurides in seiner *Materia medica* über ein Fest, das die Griechen zu Ehren der Göttin des Ackerbaus und der Fruchtbarkeit veranstalteten und an dem ausschließlich Frauen teilnehmen durften. Um die dabei verlangte Keuschheit zu symbolisieren, benutzten sie während dieser Zeit die Blätter des Strauches als Lager, bereiteten aus der Pflanze aber auch ein Trank zu, der ihren Drang zum Beischlaf mäßigen sollte. Diese Überlieferung nahmen dann wohl die Mönche des Mittelalters als Anlass, den Strauch in ihren Klostergärten anzupflanzen und die pfefferartig schmeckenden Früchte bei der Zubereitung ihrer Speisen zu verwenden. Es gab aber auch aus Mönchspfeffer hergestellte Amulette, die ebenfalls helfen sollten, den Geschlechtstrieb zu dämpfen.

Heute werden die getrockneten Früchte der Pflanze manchmal noch zur Behandlung von Frauenbeschwerden hormoneller Art verwendet, etwa bei Menstruationsstörungen und zur Behandlung des prämenstruellen Syndroms (PMS), mit der Absicht, auf diese Weise den Prolaktin-Spiegel zu senken. Das Hormon Prolaktin ist aber auch im Blut von Männern vorhanden, wobei es vorkommen kann, dass dieser Prolaktin-Spiegel krankhaft erhöht ist. Dies führt dann oft zu einer Beeinträchtigung der Östrogen- und Testosteronbildung und damit nicht selten zu Erektionsstörungen oder sogar zu Impotenz. So gesehen dürften die Versuche der mittelalterlichen Mönche durch Mönchspfefferkonsum wohl nicht erfolgreich gewesen sein, weil sie durch eine Senkung des Prolaktin-Spiegels vermutlich eher das Gegenteil erreicht hätten.

Aber auch für „Notfälle" hatten die Mönche des Mittelalters ein Mittel parat. So trugen viele von ihnen stets einen Beutel mit Blättern des Kampferbaumes (*Cinnamomum camphora*) um den Hals, in den sie bei ganz besonderen Herausforderungen ihre Nase stecken konnten, denn es hieß, der durchdringende Geruch der Blätter würde alle unsittlichen Gelüste verdrängen. Für Normalfälle sollte sogar der Duft ausreichen, der dem Träger ständig aus dem um den Hals hängenden Beutel in die Nase zog.

Wie Kampfer dazu beitragen sollte, das Begehren der Mönche zu verringern, bleibt eher im Dunkeln. Vielleicht reichte allein der durchdringende Geruch der Blätter aus, um die Klosterbrüder an ihr Gelübde zu erinnern. Wer ganz auf Nummer sicher gehen wollte, konnte aber zusätzlich auch noch den Rat des Arztes Pietro Andrea Mattioli berücksichtigen, bei dem es heißt: ... *Kampfer benimmt die unkeuschen Gelüste, so man ihn mit Rautensaft auf das Gemächt streicht* ...[45], wie auch immer diese Wirkung zustande kommen sollte.

Die Heimat des bis 50 m hohen Kampferbaumes, der zur Familie der Lorbeergewächse (Lauraceae) gehört, ist Ostasien, wo er schon seit sehr langer Zeit für medizinische Zwecke verwendet wird, vor allem äußerlich bei Schwellungen, Zerrungen und Verstauchungen oder rheumatischen Beschwerden, aber auch zum Inhalieren bei Erkrankungen der Atemwege. Und auch in vielen europäischen Hausapotheken gehörten Salben, Inhalationsmischungen oder Badezusätze mit Kampfer später zur normalen Ausstattung.

Auch die Weiße Seerose (*Nymphaea alba*) steht schon seit der Antike in dem Ruf, ein gutes Keuschheitsmittel zu sein. So schreibt Plinius in seiner *Naturalis historia*, der Verzehr der Blüten und Samen würde dafür sorgen, dass man zwölf Nächte keine wollüstigen Träume mehr hätte. Diese Wirkung bestätigt auch der etwa zur gleichen Zeit lebende griechische Arzt Dioskurides, bei dem es heißt: *Die Wurzel ist auch gut, getruncken, wider die unkeuschen Träume, denn sie schafft sie gänzlich ab; bringt aber, etliche Tag davon getruncken, den Menschen von seiner Männlichkeit ...* [46] Und auch in den Klöstern des Mittelalters glaubte man, es sei möglich, die in jedem Menschen vorhandenen sexuellen Gelüste mithilfe der Seerose auszulöschen.

Der Grund dieser Auffassung lässt sich wohl nur mit etwas Fantasie nachzuvollziehen. So galt die Farbe „weiß" als Zeichen für die weibliche Unschuld, was sich bis heute durch das traditionell weiße Brautkleid erhalten hat, denn damit soll symbolisiert werden, dass die Braut als Jungfrau in die Ehe geht. Daher galten auch die weißen Blüten der Seerose, die man auch „Seejungfer" nennt, als Symbol der Reinheit und Keuschheit, sodass es dann vielleicht nicht mehr weit ist bis zu der Vorstellung, die Pflanze ließe sich als Anaphrodisiakum verwenden. Anhaltspunkte für eine pharmakologische Wirkung der Pflanze hat man nicht gefunden.

Das gilt auch für die Garten- oder Weinraute (*Ruta graveolens*), eine zu den Rautengewächsen (Rutaceae) gehörende mehrjährige Pflanze, die vor allen im Mittelmeergebiet weit verbreitet ist. Sie war im Mittelalter aber auch in vielen Klostergärten zu finden, weil die Mönche daraus ein alkoholisches Getränk, *Vinum rutae* genannt, zubereiteten und konsumierten, da sie glaubten, es würde gegen die „Gliedsteife" und andere sexuelle Bedrängnisse helfen. Mit dieser Auffassung standen sie aber nicht allein, denn auch bei Leonhart Fuchs heißt es in seinem *New Kreuterbuch*: *Die Raut stäts in der speiß unnd dem dranck genützt tilget auß den mennlichen samen ...* [47] und der Arzt, Apotheker und Botaniker Jacobus Theodorus Tabernaemontanus (um 1522-1590), der eigentlich Jakob Diether hieß, schreibt in seinem *Neuw Kreuterbuch*:

... Weinrauthen gessen oder getruncken dämpffet und trucknet aus den natürlichen Saamen und vertreibet die unmäßige Unkeuschheit ist eine

heilsame un gesunde Artzney vor die Geistlichen und diejenigen so Keusch-
heit zu halten gelobet haben ... Fährt dann aber fort: *... den Weibern aber*
mehret es die Lust zur Unkeuschheit ... daß sie zu der Unkeuschheit eine
grössere Begierigkeit bekommet derowegen die geistliche Weibspersohnen/
Jungfrauen und Wittiben den Gebrauch der Rauten fliehen und vermeiden
sollen.[48]

Diese Aussagen lassen vermuten, dass sich die Weinraute in den mittelalterlichen Klostergärten einer unterschiedlichen Wertschätzung
erfreute, denn während sie in den Mönchsklöstern wohl hochwill-
kommen war, stand sie in den Nonnenklöstern vermutlich auf der Roten Liste.

TIEFE ERSTARRUNG UND EIN LEERER BLICK

Ebenfalls zur Familie der Nachtschattengewächse gehören die Engelstrompeten (*Brugmansia*), die so nah mit dem Stechapfel verwandt
sind, dass beide früher in einer Gattung zusammengefasst wurden.
Und ganz ähnlich sind auch die Inhaltsstoffe und die durch sie verur-
sachten Effekte. So wirken sie in geringeren Konzentrationen zumeist
entspannend und beruhigend, in höheren Dosen rufen sie dagegen oft
starke Halluzinationen hervor.

Heimisch sind Engelstrompeten in Südamerika, wo es eine Reihe
unterschiedlicher Arten gibt, bei denen es sich zumeist um Sträucher
oder kleine Bäume handelt. Typisch sind außerdem die großen Blätter
sowie die trompetenförmigen Blüten, die über 40 cm lang werden
können. Diese verbreiten – besonders nachts – einen starken Duft, was
auch sinnvoll ist, denn die meisten Engelstrompeten werden von Fle-
dermäusen oder Nachtfaltern bestäubt, die die Pflanzen so leichter
finden können. Es gibt aber auch Arten, die annähernd geruchslos

sind, die dann aber von Kolibris bestäubt werden. Besonders wegen der hübschen, großen Blüten sind Engelstrompeten heute auch in Europa beliebte, allerdings nicht winterharte Zierpflanzen.

Aufgrund der in allen oberirdischen Teilen der Pflanze enthaltenen Alkaloide wurden Engelstrompeten in Südamerika von der einheimischen Bevölkerung vermutlich schon seit Urzeiten für medizinische Zwecke verwendet, etwa bei Asthma oder Bronchitis, aber auch zur Wundbehandlung, bei rheumatischen Beschwerden oder als Aphrodisiakum. Besonders häufig benutzte man sie aber zur Bereitung von halluzinogenen Getränken, mit denen sich die Medizinmänner in Trance versetzten, um Kontakt mit den Geistern ihrer Ahnen aufzunehmen, von denen man sich Hilfe versprach (vgl. Kap. 3).

Wie zahlreiche andere Nachtschattengewächse enthalten auch Engelstrompeten sogenannte Tropanalkaloide, darunter vor allem Scopolamin, aber auch Hyoscyamin (Atropin). Und die Aufnahme dieser Substanzen kann, wie bereits erwähnt, optische und akustische Halluzinationen hervorrufen, was auch die Verwendung in magisch-kultischen Zeremonien erklärt. Nach dem Konsum tritt zunächst eine gewisse Benommenheit auf, die dann in eine Art Erregungszustand übergeht, nicht selten verbunden mit einem starken Redefluss, übertriebener Euphorie, großer Heiterkeit und starkem Bewegungsdrang. Daher nennt man die Pflanze in Kolumbien auch "Borrachero-Strauch", was übersetzt etwa "betrunken machender Strauch" bedeutet. Danach folgt dann eine Phase starker Müdigkeit, die schließlich in einer komatösen Bewusstlosigkeit endet. Dazu existiert die Schilderung eines Augenzeugen aus dem Jahr 1846, in der es heißt:

Der Eingeborene fiel in eine tiefe Erstarrung, sein leerer Blick auf den Boden geheftet, sein Mund krampfartig geschlossen und seine Nasenlöcher gebläht. Nach einer Viertelstunde begann er seine Augen zu rollen, Schaum trat aus

seinem Mund, und sein ganzer Körper wurde von furchtbaren Krämpfen ge-
schüttelt. Als diese heftigen Symptome vorbei waren, folgte ein tiefer, mehr-
stündiger Schlaf, und als der Mann sich erholt hatte, berichtete er von seinen
Ahnen.[49]

Nicht selten tritt aber auch eine starke Verwirrtheit bis hin zum Delirium auf, verbunden mit großen Gedächtnislücken oder sogar Gedächtnisverlust. Außerdem wird immer wieder berichtet, die Droge,
die in Südamerika auch Burundanga genannt wird, könnte für eine
regelrechte Apathie sorgen und nicht selten sogar zu einer völligen
Willenlosigkeit führen. Dabei soll der Konsument aber wach wirken
und relativ normal ansprechbar sein, sei anderen Menschen jedoch
völlig ausgeliefert, weil er widerspruchslos deren Befehle befolgte.

Daher wird immer wieder berichtet, dass die Engelstrompete in
Südamerika für betrügerische Machenschaften eingesetzt wurden
und werden. Häufig soll es sich dabei um Prostituierte gehandelt haben, die ihre Opfer nach heimlicher Beimischung der Droge in ein Getränk dazu brachten, größere Geldmengen abzuheben. Es wird aber
auch von Betrügern berichtet, die sich von ihrem willenlosen Opfer
die Wohnung öffnen ließen, um diese dann völlig ausräumen. Am
nächsten Tag konnten sich die Geschädigten dann zumeist an nichts
mehr erinnern.

Dazu würde dann auch ein Bericht aus dem Jahre 1589 passen, der
beschreibt, wie das Volk der Muisca, das zu Zeiten der spanischen Eroberung im Nordwesten Süd- und Teilen Mittelamerikas lebte, die
Wirkung der Engelstrompete einsetzten, um ihre grauenvollen Bestat-
tungsrituale etwas abzumildern. Bei ihnen war es üblich, dass man
beim Tod eines Stammesführers dessen Frauen und Sklaven lebendig
mit ihm beisetzte. Dazu wurde der verstorbene Häuptling während
der Begräbnisfeierlichkeiten von seinen Frauen und Sklaven zum

Grab geleitet, wo man sie dann in verschiedenen Erdschichten begrub, von denen, wie es hieß, keine ohne Gold war.

Und damit sich die Frauen und armen Sklaven beim Anblick des entsetzlichen Grabes nicht vor ihrem Tode fürchteten, gaben ihnen die Vornehmen des Stammes Säfte mit berauschendem Tabak und Blattern des Baumes, den wir Borrachero nennen, mit. Diese Beigaben mischten sie ihrem gewohnten Getränk bei. So konnte keiner ihrer Sinne das ihnen bevorstehende Unglück erkennen.[50]

Berichtet wird aber auch noch über eine weitere, ziemlich ungewöhnliche Anwendung, denn es heißt, einige indigene Völker hätten die Engelstrompete für die Erziehung ungehorsamer Kinder benutzt. Dazu wurde aus Pflanzenteilen und geröstetem Mais ein Getränk zubereitet, das der aufsässige Nachwuchs trinken musste. Während des Rauschzustandes, so glauben die Menschen, würden ihre Vorfahren dann zu den Kindern sprechen, um sie zu maßregeln und auf den rechten Weg zurückzuführen. Ob dies wirklich geholfen hat, ist nicht überliefert, aber auf heutige Verhältnisse übertragen würde man ein solches Vorgehen vermutlich doch eher für einen pädagogischen Offenbarungseid der Eltern halten.

Medizinisch wird gering dosiertes Scopolamin, das sich inzwischen auch synthetisch herstellen lässt, vereinzelt gegen die Reisekrankheit angewendet, zumeist in Form von Pflastern. Möglich ist dies, weil die lähmende Wirkung des Alkaloids auf das Gleichgewichtsorgan dafür sorgt, dass der Brechreiz unterdrückt wird. Wegen der halluzinogenen Eigenschaften wurde die Engelstrompete aber auch immer wieder von überwiegend jugendlichen Konsumenten missbraucht, um Rauschzustände herbeizuführen. Dabei kam es nicht selten zu schweren, manchmal sogar lebensgefährlichen Vergiftungen – die tödliche

Dosis für den Menschen soll bei etwa 100 mg liegen –. sodass in einigen Staaten der USA, beispielsweise Florida, inzwischen sogar die Kultur von Engelstrompeten verboten wurde.

VIELE KLEINE HELFERLEIN

Neben den bisher genannten Arten gab es aber noch zahlreiche andere Pflanzen, denen geheimnisvolle Kräfte nachgesagt wurden. Ihren Ruf verdankten sie häufig der bereits erwähnten Signaturenlehre, also dem Umstand, dass man sie aufgrund eines äußeren Merkmals für eine bestimmte Aufgabe angeblich besonders geeignet hielt. Das gilt beispielsweise für den zur Familie der Amaryllisgewächse (Amaryllidaceae) gehörenden Allermannsharnisch (*Allium victorialis*), eine bis 60 cm hohe, krautige Gebirgspflanze mit einer annähernd zylindrischen Zwiebel, deren äußere Schalen sich mit zunehmendem Alter faserig auflösen, sodass es aussieht, als sei sie von einem netzartigen Gewebe umgeben.

Und dieses Gewebe, das die Menschen er damaligen Zeit an den aus kleinen Ringen hergestellten Harnisch (Kettenhemd) erinnerte, den die Ritter des Mittelalters zum Schutz ihres Oberkörpers trugen, veranlasste sie, zu glauben, die Pflanze könne ebenfalls vor Verletzungen schützen. Daher trugen vor allem Soldaten den Allermannsharnisch, den man auch noch unter einer Reihe anderer Namen kennt, etwa Siegwurz, Wilde Alraune, Bergknoblauch oder Schlangenwurz, als Amulett bei sich. Besonders ausgeprägt war der Aberglaube zu Zeiten des Dreißigjährigen Krieges, aber sogar im Ersten Weltkrieg sollen Soldaten noch versucht haben, sich durch diese Zauberpflanze zu schützen.

Später wurde der erhoffte Schutz dann auch auf andere Bereiche ausgeweitet. So hatten Bergbewohner die Pflanze oft dabei, um vor

Lawinen oder Steinschlägen geschützt zu sein, für die man normalerweise unberechenbare Bergmännlein verantwortlich machte. Im eigenen Haus war man dann besonders gut geschützt, wenn man eine Zwiebel unter der Türschwelle vergrub, um so dafür zu sorgen, dass alles Böse draußen blieb, was auch für Poltergeister oder andere Unholde galt.

Legte man einem Neugeborenen eine Allermannsharnisch-Zwiebel in die Wiege, behütete sie das Kind vor bösem Zauber, ebenso wie das Vieh, wenn die Zwiebel über die Stahltür genagelt wurde. Auf diese Weise wurde der Allermannsharnisch im Laufe der Zeit zu einem Harnisch für jedermann, der angeblich vor den unterschiedlichsten Gefahren schützen konnte. Aber auch um Fälschungen der begehrten Alraune herzustellen, wurde der Allermannsharnisch verwendet. So versuchte man entsprechend zurechtgeschnitzte, mit angeklebten Gliedmaßen versehene und wie ein Alraunenmännchen bekleidete Exemplare gutgläubigen Käufern auf Märkten als Original anzudrehen.

DIE ANGST VOR HEXEN

Wie bereits angedeutet war bei den Menschen der damaligen Zeit die Furcht vor dem Einfluss von Hexen besonders groß. Aber auch die Angst vor dem Teufel, wie vor Dämonen und anderen furchteinflößenden Wesen aus der Geisterwelt war weit verbreitet, sodass es zahlreiche Versuche gab, sich mithilfe von Pflanzen vor ihnen zu schützen. So kennt man eine Reihe von Arten, von denen es hieß, sie würden gegen Hexenzauber helfen. Häufig handelt es sich dabei um Kräuter mit einem starken Eigengeruch, etwa Baldrian (*Valeriana officinalis*), von dem der Volksmund sagt: *Baldrian, Dost und Dill, kann die Hex' nicht wie sie will*, sodass man die Pflanze auch Hexenkraut nannte.

Warum sich Hexen vom Geruch der Pflanze abschrecken lassen sollten, ist nicht wirklich ersichtlich. Zwar riecht die getrocknete Wurzel nach menschlichem Empfinden ziemlich ekelhaft – ein weiterer Name ist Stinkwurz –, aber man muss sich doch fragen, ob das Hexen wirklich beeindrucken würde. Schließlich wird doch gerade dem Satan ein bestialischer Gestank nachgesagt. Auf viele Katzen wirkt Baldriangeruch dagegen anziehend, wobei der Grund dafür noch nicht abschließend geklärt ist. Immerhin hat diese Vorliebe zu weiteren Namen geführt wie Katzenbuckel, Katzenkraut und Katzenglück.

Aber nicht nur Menschen konnten mithilfe von Baldrian vor dem gefürchteten Einfluss angeblicher Hexen geschützt werden, sondern auch das Vieh. So hängte man Baldrian-Büschel in den Ställen auf, damit ihr Geruch eine Hexe vertrieb, bevor sie ein Unheil anrichten konnte. Denn andernfalls konnte es leicht passieren, dass das Vieh erkrankte, Kühe keine Milch mehr gaben oder sich diese nicht mehr zu Butter verarbeiten ließ. Im letztgenannten Fall ließ sich aber Abhilfe schaffen, indem man den verhexten Rahm durch einen Kranz goss, dem man zuvor aus Baldrianpflanzen geflochten hatte.

Der Pflanze wurde aber noch eine weitere wertvolle Eigenschaft nachgesagt, denn es hieß, mit ihrer Hilfe könne man eine Hexe sicher erkennen. Dazu musste man nur einen Baldrianstrauß frei beweglich an einem Faden an der Zimmerdecke auf aufhängen, denn dieser würde sich von selbst zu drehen anfangen, sobald eine Hexe den Raum betrat – eine recht fragwürdige Methode, die falschen Beschuldigungen ganz sicher Tür und Tor öffnete.

Baldrian ist eine bis 150 cm hohe ausdauernde Pflanze, die man fast überall in Europa an zumeist feuchten Standorten findet, etwa Wiesen, Fluss- und Bachufern, Gräben oder auf feuchten Waldlichtungen und an Quellen, also Stellen, an denen sich, so ein alter Aberglaube gern auch Feen, Nixen und Elfen aufhalten. Und so nennt man den

Baldrian manchmal auch Elfenkraut. Der Baldrian ist aber auch ein uraltes Heilkraut, das vor allem bei Schlafstörungen, Unruhe, Nervenschwäche und krampfartigen Magen-Darm-Beschwerden angewendet wird.

Außerdem sagte man Baldrian nach, er könne gegen die Pest helfen. *Esst Bibernellen und Baldrian, so geht euch die Pest nicht an*, hieß es im Volksmund. Daher gab man die Pflanze in einigen Gegenden auch in das erste Bad eines Neugeborenen, um es vor der Pest und anderen Seuchen zu schützen. Aber auch für sehr viel alltäglichere Dinge konnte der Baldrian angeblich nützlich sein. So empfahl man Anglern, sie sollten ihre Köder mit Baldrian berühren, weil die Fische dann besser anbissen, und wenn man Baldrianwurzeln in den Bienenstock legte, ließ sich angeblich nicht nur das Ausschwärmen verhindern, sondern es gelang oft sogar noch, fremde Bienenvölker anzulocken.

Aber auch von anderen Pflanzen mit starkem Eigengeruch hieß es, sie könnten Unheil abwenden. Dazu gehört der Dill (*Anethum graveolens*), ein bekanntes Küchenkraut, das seinen typischen Geruch und Geschmack ätherischen Ölen verdankt. Es handelt sich um eine etwa 1 m hohe, einjährige Art, die eigentlich aus dem Mittelmeerraum stammt, heute aber in vielen Gemüsegärten zu finden ist, weil sie bestimmten Gerichten, etwa Fisch, ein appetitliches Aroma verleiht. Außerdem sind die Samen ein unverzichtbarer Bestandteil beim Einlegen von Gurken.

Der Dill war einst aber wohl auch zu Höherem berufen, denn wie bereits angedeutet glaubte man, sein Geruch würde Hexen ihre Zauberkraft nehmen, sodass sie die Nähe der Pflanze mieden. Daher wurden Kälber schon gleich nach der Geburt mit Dill bestreut oder eingerieben, um sie so vor einer Verhexung zu schützen. Und Mütter mit viel Lebenserfahrung rieten ihren Töchtern, sich während ihrer Ehe stets Dillsamen und Senfkörner (*Brassica*) in die Taschen und Schuhe zu stecken und dabei zu sagen: *Ich habe Senf und Dill, mein Mann muss tun was ich will,* denn dies würde garantieren, dass stets sie die Hosen anhätten.

Der Gundermann (*Glechoma hederacea*), eine kleine, auch in Mitteleuropa heimische Pflanze mit rosa bis violetten Blüten, konnte sich bei der Abwehr von Hexen ebenfalls als nützlich erweisen, wenn auch auf andere Weise. Sammelte man ihn in der Walpurgisnacht und setzte sich einen Kranz davon am folgenden Tag auf dem Kopf, so konnte man sehen, ob jemand einen Melkeimer oder Melkschemel dabeihatte – ein sicheres Erkennungszeichen für Hexen – und sich dann schnell aus dem Staub machen. Am Karfreitag ließen sich aber auch die Zweige der Salweide (*Salix caprea*) als Hilfsmittel nutzen. Diese mussten um 3 Uhr nachts geschnitten und dann unter der Kleidung um den Körper gebunden werden. War man auf diese Weise vorbereitet, konnte man nun in die Kirche anwesende Hexen sofort erkennen, weil alle mit dem Rücken zum Pfarrer saßen.

Ein eher gegenteiliger Effekt wurde angeblich erreicht, wenn man einen Kochlöffel aus Holunderholz am Osterabend in Milch tauchte, ihn dann trocknen lies und diese Prozedur eine Woche später in gleicher Weise wiederholte. Nahm man diesen Löffel dann zu einem Sonnenwendfeuer mit, liefen einem dort alle Hexen hinterher, sodass man sie anschließend vielleicht aus dem Ort locken konnte. Als erfolgversprechend galt auch der Brauch, am Abend vor der Walpurgisnacht, in der es die Hexen bekanntlich besonders arg treiben, junge Birken beiderseits der Stalltüren aufzustellen, um die gefährlichen Frauen auf diese Weise fernzuhalten. Möglich sollte das sein, weil Hexen angeblich erst zwanghaft alle Blätter an den Bäumchen zählen mussten, bevor sie den Stall betreten konnte. Und weil Birken zahlreiche kleine Blätter besitzen, war sie damit bis zum Morgengrauen beschäftigt, wo ihre Zauberkräfte dann ganz automatisch wirkungslos wurden.

DEM TEUFEL KEINE CHANCE

Auch den Teufel brachte man mit bestimmten Kräutern in Verbindung. Ein Beispiel ist das Echte Johanniskraut (*Hypericum perforatum*). Diese Pflanze verdankt ihren Namen dem Umstand, dass es um den Johannistag herum blüht, also zur Zeit der Sommersonnenwende. Daher nennt man es manchmal auch Sonnenwendkraut. Weitere Namen sind – wegen der angeblich abschreckenden Wirkung auf den Satan – Teufelsfuchtel, Teufelsflucht oder Teufelsbanner. Auch hier lässt sich anhand der zahlreichen Namen, die man dieser Pflanze gegeben hat, bereits erkennen, dass sie im Leben unserer Vorfahren eine große Rolle gespielt hat.

Bei der zur Familie der Johanniskrautgewächse (Hypericaceae) gerechneten Pflanze handelt es sich um ein ausdauerndes, 60-80 cm hohes Kraut mit elliptischen Blättern und hellgelben, in Trugdolden angeordneten Blüten, das überall in Europa in lichten Wäldern, an Wegrändern, Böschungen und auf Brachflächen vorkommt. Wegen seiner beruhigenden, antidepressiven, krampflösenden, verdauungsfördernden, adstringierenden, blutdrucksenkenden, entzündungshemmenden, schmerzlindernden sowie antiviralen Eigenschaften wurde es schon seit der Antike für medizinische Zwecke genutzt, aber auch als Zauberpflanze.

So heißt es, zur Sommersonnenwende gesammelte blühende Pflanzen zu einem Kranz geflochten oder als Strauß ins Fenster gehängt, würden Unheil aller Art abzuwenden. So sollten sie vor Blitzschlag schützen, aber auch Gespenster und Unholde fernhalten. Gesammelt wurde das Kraut möglichst früh am Morgen, wenn der „Johannes-Tau" noch auf den Blättern lag, dem eine verstärkende Wirkung zugeschrieben wurde. Aus Johanniskraut geflochtene Kränze trug man aber auch beim Tanz um das Johannisfeuer (Sonnenwendfeuer), das in der Johannisnacht angezündet wurde. Anschließend warf man die Kränze zum Schutz gegen Blitzschlag auf die Hausdächer.

Entzündet wurden diese Feuer zum Gedenken an Johannes den Täufer, einem wichtigen Heiligen der katholischen Kirche, der angeblich um 5 v. Chr. am Tag der Sommersonnenwende auf die Welt kam. Später wurde er auf Anordnung von König Herodes enthauptet, vor allem, weil er kritisiert hatte, dass dieser seine erste Frau verstoßen und dann erneut geheiratet hatte. Aus dem Blut, das während der Enthauptung floss, entstand dann angeblich das Johanniskraut, was sich noch heute an dem roten Farbstoff (Hypericin) zu erkennen ist, der beim Zerreiben der Blütenknospen die Finger rötlich färbt. Und natürlich hat auch das zu weiteren Namen wie Blutkraut oder Johannisblut geführt. Für die Germanen war es übrigens noch das Blut des ermordeten Gottes Baldur, aber wie so oft wurde dies dann während der Christianisierung umgedeutet.

Ein weiteres typisches Merkmal des Echten Johanniskrauts lässt sich erkennen, wenn man ein Blatt gegen das Licht hält, denn dann werden helle Punkte sichtbar, die das Blatt wie durchlöchert aussehen lassen, was den Namen Durchlöchertes Johanniskraut erklärt, ebenso wie den wissenschaftlichen Artnamen *perforatum*. Diese Löcher wurden dem Johanniskraut der Legende nach vom Teufel beigebracht, den die starke Heilwirkung der Pflanze so wütend gemacht hatte, dass er die Blätter mit einer Nadel durchstieß. Tatsächlich handelt es sich aber um winzige, mit stark lichtbrechenden ätherischen Ölen gefüllte Sekretbehälter, sogenannte Tüpfel, was die Bezeichnung Tüpfel-Johanniskraut erklärt. Während der Hexenverfolgung mussten angebliche Hexen das Johanniskraut manchmal vor einem Verhör zu sich nehmen, denn es hieß, dies würde dafür sorgen, dass sie nicht Lügen konnten.

Eine weitere Pflanze, die häufig mit dem Teufel in Verbindung gebracht wurde, ist der zur Familie der Geißblattgewächse (Caprifoliaceae) gehörende Gewöhnliche Teufelsabbiss (*Succisa pratensis*), auch Teufelswurz oder Teufelsbiss genannt. Es handelt sich um eine ausdauernde, bis 50 cm hohe Pflanze mit rundlichen Blütenständen, die aus zahlreichen kleinen violetten bis blauvioletten Einzelblüten zusammengesetzt sind. Ihren Namen verdankt die Pflanze aber dem senkrecht im Boden verankerten Rhizom, das im Laufe des Jahres an ihrem unteren Ende abstirbt, sodass es ein wenig wie abgebissen aussieht. Dafür machte man früher den Teufel verantwortlich, wobei man ihm unterstellte, er würde die Wurzel abbeißen, weil er den Menschen die wertvolle Pflanze nicht gönnte. Denn diese wurde nicht nur als Blutreinigungsmittel oder bei Husten und anderen Atemwegserkrankungen eingesetzt, sondern konnte angeblich auch böse Mächte fernhalten und sogar vor der Pest schützen, wenn man ein Amulett aus ihren Blättern um den Hals trug.

Tatsächlich handelt es sich aber um nichts weiter als eine Pflanze, die gern an wechselfeuchten Standorten wächst, etwa in Flachmooren oder auf Feuchtwiesen, wo keine weit verzweigte Wurzel benötigt wird, weil stets ausreichend Wasser vorhanden ist. Außerdem bauen Mikroorganismen unter den feuchten Bedingungen organische Substanzen wie abgestorbene Wurzelteile sehr schnell ab, was zu dem etwas ungewöhnlichen Erscheinungsbild beiträgt. In einigen Gegenden hieß es sogar, der Teufel würde auf einem Maulwurf oder einer Schermaus unter der Erde herangeritten kommen und sich dann über die Wurzel hermachen.

Und es gibt weitere Pflanzen, deren umgangssprachliche Namen auf den Teufel zurückgehen. Besonders galt das für Arten aus der

Familie der Nachtschattengewächse mit ihren bewusstseinsverändernden Inhaltsstoffen, deren Wirkung sich für die Menschen der damaligen Zeit nur schwer erklären ließen. Daher erschienen es naheliegend, sie mit gefürchteten übernatürlichen Mächten wie dem Teufel in Verbindung zu bringen. Deshalb wurde die Alraune auch Teufelskerze genannt und ihre Früchte Äpfel des Teufels, Teufelshoden oder Hoden des Dämons, das Bilsenkraut hieß in vielen Regionen Teufelswurz, die Tollkirsche Höllenwurz und ihre Früchte Satansbeeren oder Teufelskirschen.

Besonders fantasievolle Menschen brachten aber noch weitere Pflanzen mit dem Teufel in Verbindung, etwa die Schwarze Teufelskralle (*Phyteuma nigrum*), auch Schwarze Rapunzel genannt, die zur Familie der Glockenblumengewächse (Campanulaceae) gehört und ihren Namen der krallenartigen Form der schwarzvioletten Einzelblüten verdankt. Bei der Kriechenden Nelkenwurz (*Geum reptans*), einer kleinen Alpenpflanze, die auch Teufelsbart genannt wird, ist es die Frucht, die dicht mit langen, rotbraunen Haaren bedeckt ist, die an einen Bart erinnern, beim Braunen Storchschnabel (*Geranium phaeum*), im Volksmund auch Teufelsregenschirm genannt, sind es die nach hinten gebogenen, braunvioletten Blütenblätter.

Das Flammen-Adonisröschen (*Adonis flammea*) wird wegen der intensiv scharlach- oder blutrot gefärbten Blüten mit dunkler Mitte auch Brennendes Teufelsauge genannt, das Sommer-Adonisröschen (*Adonis aestivalis*), nicht nur Blutauge oder Blutströpfchen, sondern aus den genannten Gründen auch Kleines Teufelsauge. Beim Teufelszwirn (*Cuscuta*) ist es dagegen nicht das Erscheinungsbild, sondern wohl eher das „unchristliche Verhalten", das zur Namensgebung geführt hat, denn die zu den Windengewächsen (Convolvulaceae) gehörenden Pflanzen sind sogenannte Schmarotzer, die sich fadenartig um andere Pflanzen herumwinden und ihnen über spezielle Saugorgane

(Haustorien) Wasser und Nährstoffe entziehen. Wegen dieser parasitischen Lebensweise besitzen diese, auch Kletterhur, Schmarotzerseide oder Hexenseide genannten Pflanzen, von denen es weltweit über 200 Arten gibt, praktisch keine Wurzel und auch nur schuppenartige Blätter ohne Chlorophyll.

BLITZ UND DONNER

Große Angst machten unseren Vorfahren aber auch Gewitter. Das ist nicht wirklich verwunderlich, denn mit dem Wetterphänomen war immer die Gefahr eines Blitzeinschlags verbunden und damit der Ausbruch eines Feuers. Und dies konnte leicht das Vieh und die Erntevorräte vernichten und damit die Existenzgrundlage der betroffenen Menschen. Daher hütete man sich, Pflanzen mit blauen oder roten Blüten ins Haus zu bringen, denn von ihnen hieß es, sie würden Gewitter anziehen.

Es gab aber auch Pflanzen, von denen man sagte, sie könnten vor Blitzschlag schützen. Die bekannteste ist sicher die Dach-Hauswurz (*Sempervivum tectorum*), auch Donner- oder Wetterwurz genannt, die zur Familie der Dickblattgewächse (Crassulaceae) gehört. Es handelt sich um ausdauernde Pflanzen mit einer flachen Rosette aus fleischigen Blättern und langen, dicht beblätterten Blütenstängeln, an deren Spitze die weißen oder rötlichen Blüten sitzen. Wildwachsend kommt die Art von den Alpen bis zu den Pyrenäen auf felsigen Gebirgsstandorten vor; in Mitteleuropa wurde sie dadurch eingebürgert, dass man sie vielerorts wegen ihrer angeblich vor Blitzschlag schützenden Wirkung auf die Hausdächer pflanzte. Heute ist sie vor allem eine beliebte Zierpflanze für Steingärten.

Schon die von Karl dem Großen erlassene Landgüterverordnung (*Capitulare de villis*), eine detaillierte Vorschrift über die Verwaltung der Wirtschaftshöfe seiner Pfalzen aus dem 9. Jahrhundert, enthält die

Anweisung, Hauswurz auf die Dächer zu pflanzen. Ließ man sie dort wachsen, sorgte sie angeblich nicht nur für Schutz, sondern brachte dem Haus und seinen Bewohnern außerdem Glück und durfte daher auf keinen Fall entfernt werden, weil das Glück sonst schnell verschwand. Und hängte man die Pflanze in den Kamin, konnte man verhindern, dass Hexen auf diesem Weg ins Haus kamen.

Aber dies ist nicht die einzige Pflanze, von der es hieß, sie könne vor Gewittern schützen. Sammelte man den Alant (*Inula helenium*), auch Donnerkraut genannt, noch vor dem ersten Donner, so war man vor Blitzschlag geschützt. Und der Wegwarte (*Cichorium intybus*), einer Pflanze mit blauen Blüten, sagte man diese Fähigkeiten ebenfalls nach, was etwas verwirrend ist, weil es ja eigentlich hieß, blau blühende Gewächse würden Gewitter anziehen. Die Art konnte aber glücklicherweise auch noch auf andere Weise nützlich sein, denn trug man eine Wurzel bei sich, die man am Tag des Festes der Apostel Petrus und Paulus (29. Juni) um Viertel vor zwölf im hellen Sonnenschein ausgegraben hatte, öffneten sich vor einem alle Schlösser. Und weil das schon fast eine Aufforderung zum Diebstahl war, hieß es in weiser Voraussicht weiter, dies gelte auch für Türen, hinter denen man eingesperrt war.

Der Gewöhnliche Thymian (*Thymus pulegioides*), in Form eines Kreuzes oder Kranzes zusammengebunden und dann im Haus oder in den Stallungen aufgehängt, sollte ebenfalls vor Blitzschlag schützen. Er musste allerdings am Trinitatissonntag mittags um zwölf gesammelt werden, wobei man nicht sprechen und auf dem Weg dorthin kein Gewässer überqueren durfte. Auch junge Mädchen trugen solche Thymiankränze gern bei sich, weil sie so verhindern wollten, dass sich ihnen der Teufel in Gestalt eines schönen Jünglings näherte und sie verführte.

Arnikabüschel (*Arnica montana*), die man auf dem Dachboden hängte, galten ebenfalls als guter Schutz vor Blitzschlag. Wer ganz sicher gehen wollte, zündete vor einem Gewitter getrocknete Arnikapflanzen an, um so dafür zu sorgen, dass das Unwetter vorbeizog ohne Schaden anzurichten. Und wenn man Arnikasträuße an allen vier Ecken eines Getreidefeldes auslegte, war dies vor Hagel geschützt, aber auch vor einem gefährlichen Korndämon namens Bilwisschnitter, der besonders zur Zeit der Sommersonnenwende durch die Felder streifte, was insofern schlecht war, weil er mit Sicheln, die er an den Füßen trug, die Halme abschnitt, sodass sie verdorrten.

SCHATZSUCHE LEICHT GEMACHT

Zu den ungewöhnlichsten pflanzlichen „Zauberwerkzeugen" gehört aber sicher die Wünschelrute, mit deren Hilfe es möglich sein soll, Schätze zu finden, Wasseradern zu entdecken, Hexen zu bannen oder Diebe aufzuspüren. Gefertigt wird sie normalerweise aus einem Y-förmig gegabelten Ast der Gemeinen Hasel (*Corylus avellana*) aus der Familie der Birkengewächse (Betulaceae). Wichtig war es dabei, unbedingt einen einjährigen Trieb zu verwenden und ihn zu bestimmten Zeiten zu schneiden, etwa drei Tage nach Neumond vor Sonnenaufgang, wobei der Rücken der aufgehenden Sonne zugewandt sein musste. Außerdem wurden zusätzlich Beschwörungsformeln aufgesagt, etwa:

Ich schneide dich, liebe Rute
Dass du mir sollst sagen,
Was ich dich will fragen,
Dich so lang nit rühren,
Bist du die Wahrheit thust spüren.[51]

In anderen Gegenden gab es auch abweichende Vorschriften, die einzuhalten waren, um das Funktionieren der Wünschelrute sicherzustellen. Vor allem unterschieden sich die Zeitpunkte, an denen man die Zweige schneiden musste. So konnte es der Tag der Sommersonnenwende sein, die Walpurgisnacht, Maria Himmelfahrt oder auch die Osterwoche. Anschließend nahm man die beiden Enden der Astgabel in die rechte und die linke Hand, streckte die Arme nach vorn und marschierte los. Wenn die Wünschelrute das Gewünschte „gespürt" hatte, neigte sich die Spitze zum Boden und zeigte damit an: Hier muss gegraben werden.

Ursprünglich wurden als Wünschelruten – der Begriff leitet sich vom althochdeutschen Wort *wunsciligerta* ab – allerdings Gerten oder Stäbe mit Zauberkraft bezeichnet. So heißt es etwa im Nibelungenlied, einem mittelalterlichen Heldenepos, der berühmte Schatz der Nibelungen würde auch eine goldene Rute enthalten („von golde ein rütelin") die dem Besitzer besondere Macht verleihen würde. Später gab es dann aber auch erste Berichte und Bilder von Wünschelruten, wie wir sie heute kennen. Verwendet wurden sie vor allen von Bergleuten, die versuchten, mit ihrer Hilfe neue Erzlagerstätten zu finden, weil es hieß, Wünschelruten würden auf die „Ausstrahlung" von Metallen reagieren.

Alle Versuche, einen wissenschaftlichen Beweis dafür zu finden, dass ein solches Phänomen tatsächlich existiert, waren bisher erfolglos, aber dennoch haben Wünschelruten bei vielen Menschen bis heute nichts von ihrer Faszination verloren. Inzwischen sind sie aber häufig nicht mehr aus Haselnussholz, sondern es handelt sich um zwei L-förmig gebogene Metallstäbe, einen für jede Hand, die sich im „Erfolgsfall" übereinanderlegen. Und die „Werkzeuge" werden heute von Wünschelrutengängern oft auch zum Auffinden von Erdstrahlen oder Wasseradern verwendet, von denen es heißt, sie könnten die

Ursache für schlechten Schlaf und weitere Beschwerden sein, wenn ein Bett direkt über ihnen stehen würde. Durch Möbelrücken ließ sich das Problem dann leicht beseitigen. Und wer vorbeugen möchte, so heißt es, könne durch das Anpflanzen von Haselnusssträuchern angeblich alle schädlichen Erdstrahlen von seinem Haus fernhalten.

FÜR ZAUBERTRÄNKE UNVERZICHTBAR

Eine andere uralte Zauberpflanze ist auch die Mistel (*Viscum album*), deren Zweige manchmal ebenfalls als Wünschelrute verwendet wurden. Der Bekanntheitsgrad dieser ungewöhnlichen Pflanze hat gerade in den letzten Jahrzehnten deutlich zugenommen, nicht zuletzt, weil sie in der Comicserie um die Gallier Asterix und Obelix, eine wichtige Rolle spielt. Der Grund dafür ist, dass man die Pflanze unbedingt für einen geheimnisvollen Zaubertrank benötigt, der den Bewohnern eines kleinen gallischen Dorfes für begrenzte Zeit übernatürliche Kräfte verleiht und sie dadurch unbesiegbar macht, sodass es ihnen gelungen ist, sich dem Eroberungsfeldzug der Römer während des Gallischen Krieges zu widersetzen.

Zubereitet wird der Zaubertrank von ihrem Druiden Miraculix, der die Mistel zuvor mit einer goldenen Sichel von einer Eiche schneiden muss, weil sie nur dann ihre Zauberkraft entfalten kann. Erwähnt wird das hier ausschließlich deswegen, weil sich die Verfasser der Comics tatsächlich an historische Tatsache halten, denn für die Druiden der unter anderem in Gallien heimischen Kelten, war besonders die auf Eichen wachsende Mistel tatsächlich eine heilige Pflanze. Und diese wurde auch wirklich für die Zubereitung eines Trankes verwendet, der zwar keine Zauberkräfte besaß, von dem es aber hieß er würde gegen Krankheiten aller Art helfen. Außerdem konnte man ihn bei Vergiftungen nutzen, aber auch, um unfruchtbaren Tieren die Fruchtbarkeit zurückzugeben. Und die Misteln wurden bei den

Kelten auch tatsächlich zu bestimmten Zeiten von einem weiß bekleideten Druiden mit einer goldenen Sichel abgeschnitten und mit einem weißen Tuch aufgefangen, damit sie den Boden nicht berührten.

Aber auch in Griechenland spielte die Mistel eine wichtige Rolle. So soll Persephone, die zusammen mit ihrem Gatten Hermes über den Hades herrschte, sie benutzt haben, um die Pforten zur Welt der Toten vorübergehend zu öffnen und die Verstorbenen hereinzulassen. Später trugen die Menschen dann kleine Teile der Mistel als Amulett um den Hals, weil man so angeblich vor Zauberei geschützt war und wurde sie im Stall aufgehängt, galt das auch für das Vieh. Sehr begehrt waren außerdem Rosenkränze aus Mistelholz und Mistelzweige, die in Wein gesotten von beiden Ehepartnern getrunken wurden, sollten helfen, für den erhofften Kindersegen zu sorgen.

Der Ruf als Zauberpflanze hat vermutlich damit zu tun, dass die seltsame Mistel, die zur Familie der Sandelholzgewächse (Santalaceae) gehört, den Menschen früher zahlreiche Rätsel aufgab. So war sie selbst im Winter noch grün, wenn der Baum, auf dem sie wuchs, schon lange alle Blätter abgeworfen hatte. Außerdem konnte man sich nicht erklären, wie die kugelartigen Gewächse, die einen Durchmesser von bis zu einem Meter erreichen können, ohne die Ausbildung von Wurzeln überhaupt in den Bäumen wachsen konnten und wie sie dort eigentlich hinkamen. Die naheliegendste Erklärung war, sie seien direkt vom Himmel gefallen. Und natürlich mussten solche Pflanzen besondere Kräfte haben.

Großes Glück hatten diejenigen, die eine Mistel entdeckten, die auf einer Hasel wuchs, denn dies bedeutete, dass darunter ein Schatz vergraben war. Man musste dann nur noch so tief graben, wie die Mistel vom Boden entfernt war, um dort die begehrte Belohnung zu finden. Ob jemals wirklich ein Schatz gefunden wurde, ist nicht überliefert und man weiß nicht einmal, ob es wirklich Menschen gegeben hat, die

die Mühe auf sich genommen haben, ein tiefes Loch unter der Hasel zu graben. Wenn man aber bedenkt, wie viele Menschen heute auf der Suche nach dem vermissten Bernsteinzimmer oder nach dem sagenhaften Goldzug aus dem Dritten Reich sind, kann man annehmen, dass es auch damals Leute gegeben hat, die sich dieser Herausforderung gestellt haben und dann am nächsten Tag sicher nicht nur darüber gejammert haben, dass ihnen der erhoffte Schatz entgangen war, sondern vielleicht auch über einen Muskelkater.

Heute weiß man, dass Misteln sogenannte Halbschmarotzer sind, die den Bäumen, auf denen sie wachsen, Wasser und darin gelöste Nährsalze entziehen. Weil sie grüne Blätter besitzen, sind sie aber in der Lage, selbst Fotosynthese zu betreiben, können also die benötigten Nährstoffe für ihr Wachstum selbst synthetisieren. Und hoch in die Bäume gelangen sie, weil Vögel ihre Früchte fressen und die Samen dann mit ihren Ausscheidungen dort hinterlassen.

Natürlich kann man sich fragen, ob es wirklich sinnvoll ist, sich heute noch mit abergläubischem Unsinn dieser Art zu beschäftigen, den vermutlich sowieso niemand mehr glaubt. Dem könnte man entgegenhalten, dass solche Dinge durchaus eine beachtliche Langzeitwirkung besitzen können. Das gilt beispielsweise für die Ende des 18. Jahrhunderts verbreitete Horrormeldungen, nach einer Impfung gegen die Pocken – man benutzte für Menschen harmlose Kuhpockenviren – würden einem Hörner oder ein Euter wachsen. Nun sollten derartig unsinnige Gerüchte eigentlich längst für immer auf dem Abfallhaufen der Lächerlichkeit gelandet sein, aber tatsächlich behaupten heute Impfgegner wieder ähnlich abstruse Dinge.

Daher ist es möglicherweise auch nicht ausgeschlossen, dass der eine oder andere Aberglaube über die unglaublichen Fähigkeiten der Zauberpflanzen irgendwann wieder zu Ehren kommt. Und dann ist es vielleicht auch wieder möglich, dass Menschen Blätter des Tausendgüldenkrautes (*Centaurium*) in ihr Portemonnaie legen, weil es heißt, die Geldstücke würden sich dann auf geheimnisvolle Weise vermehren. Und möglicherweise kann man dann auch wieder auf den Wetterbericht aus den angeblich so verlogenen Zeitungen und Rundfunkanstalten verzichten und sich dafür an die Königskerze (*Verbascum*) halten, denn von der hieß es früher, sie könne zuverlässig anzeigen, wie das Wetter würde: Sobald sich die Spitze des Blütenstängels nach Westen neigt, ist mit schlechtem Wetter zu rechnen, zeigt sie dagegen Osten, passiert das Gegenteil.

Die Pflanzen, die im nächsten Kapitel behandelt werden, besitzen dagegen tatsächlich ganz besondere Eigenschaften. Diese werden aus den unterschiedlichsten Gründen schon lange wissenschaftlich untersucht, sodass die Zusammenhänge in vielen Fällen ziemlich gut bekannt sind. Und auch wenn wissenschaftlich Fakten für vielen Menschen heute eher „fake" sind, kann man nur raten, jedenfalls die entsprechenden Warnhinweise ernst zu nehmen.

KAPITEL 3

IM RAUSCH DER SINNE

O, Nacht:
O, Nacht! Ich nahm schon Kokain,
Und Blutverteilung ist im Gange.
Das Haar wird grau, die Jahre flieh'n,
Ich muss, ich muss im Ueberschwange
Noch einmal vorm Vergängnis blühn ...

Gottfried Benn[52]

In diesem Kapitel geht es um die vielleicht geheimnisvollsten pflanzlichen Eigenschaften. Gemeint sind von bestimmten Arten gebildete Substanzen, die, sobald sie in den menschlichen Körper gelangen, eine ungewöhnliche, oft nur schwer vorhersehbare Wirkung hervorrufen können.

KRAUT DES VERGESSENS

Schon bald nachdem Nero Claudius Caesar Augustus Germanicus, kurz Nero genannt, im Jahre 37 n. Chr. Kaiser des Römischen Reiches geworden war, beauftragte er seinen griechischen Leibarzt Andromachos, ihm umgehend ein Mittel zu beschaffen, das ihn vor einem Giftanschlag seiner Feinde schützte. Das war zunächst nichts Besonderes, weil in der Antike unter allen, die Macht besaßen, eine ständige Angst vor solchen Anschlägen herrschte. Aber bei Nero war diese Furcht wahrscheinlich noch etwas stärker ausgeprägt, denn er war, wie bereits in Kapitel 1 ausgeführt, nur deswegen Kaiser geworden, weil seine Mutter Agrippina, wenn denn die Berichte der antiken Historiker zutreffen, den damaligen Kaiser Claudius vergiftet hatte, um ihren Sohn an die Macht zu bringen. Nero hatte aber wohl auch selbst eigene Erfahrung, denn es heißt, er habe beim Kampf um die Macht seinen Stiefbruder durch Gift umgebracht.

Andromachos entschied sich, zunächst einmal auf eine schon seit längerer Zeit in Gebrauch befindliche Arznei namens Theriak zurückzugreifen. Das schon um 200 v. Chr. erstmals erwähnte Mittel war eine Mischung aus Pflanzenextrakten, dem Blut und Mageninhalt verschiedener Tiere und vor allen Dingen reichlich Opium, dem getrockneten Milchsaft des Schlafmohns. Angewendet wurde sie bei einer Vielzahl von Krankheiten und Beschwerden, aber vor allem als Gegenmittel bei Vergiftungen. Der Name geht vermutlich auf das persische Wort „Teriak" für Opium zurück, also auf eine der Hauptzutaten, vielleicht aber auch auf den griechischen Begriff *theriakos*, was „Arznei gegen Gift" bedeutet oder auf *thērion*, was sich mit „wildem Tier" oder „giftigem Tier" übersetzen lässt.

Wegen der großen Angst vor Vergiftungen war die Nachfrage nach diesem Wundermittel groß, und es gab auch immer wieder Versuche, das Mittel weiter zu verbessern. Und die ganz Vorsichtigen hielten es nicht nur für den Fall einer mutmaßlichen Vergiftung bereit, sondern nahmen es vorbeugend dauerhaft ein, um auf diese Weise immun gegen Gifte zu werden. Einer von ihnen war Mithridates VI. Eupator (132-63 v. Chr.), König von Pontos am Schwarzen Meer. Dieser wurde nach der Ermordung seines Vaters im Alter von elf Jahren König, musste aber, weil ihm seine Mutter nach dem Leben trachtete, um selbst die Macht ergreifen zu können, vom Königshof fliehen. Anschließend soll er jahrelang allein in der Wildnis gelebt haben, um dann später zurückzukehren, seine Mutter sowie den jüngeren Bruder aus dem Weg zu schaffen und die Macht wieder zu übernehmen.

Vermutlich nicht ohne Grund lebte Mithridates anschließend in ständiger Angst vor Giftanschlägen, sodass er seine Ärzte beauftragte, ein Mittel herzustellen, das gegen alle bekannten Gifte wirksam wäre. Da er selbst eine ausgezeichnete Pflanzenkenntnis besessen haben soll, beteiligte er sich ebenfalls an dieser Suche und noch mehr an der Erprobung möglicher Gegenmittel. Dazu mussten zum Tode verurteilte Verbrecher zunächst ein Gift zu sich nehmen und anschließend eines der Mittel, die getestet werden sollten, oder auch zuerst das Gegengift und dann das Gift.

Dabei kristallisierte sich schließlich eine Mischung unterschiedlichster Pflanzen und weiterer Substanzen heraus, die eine Wirkung zu haben schienen. Diesem Mittel gab der Herrscher den Namen Mithridatikum. Insgesamt soll es sich aus 54 Zutaten zusammengesetzt haben. Darunter waren Anis, Fenchelsamen, Walnüsse, Feigen und Kümmel, aber auch Blut von Enten, die Giftpflanzen gefressen hatten, Bärengalle, Bibersekret, Fleisch von Kröten und Giftschlangen – vermutlich, um auch gegen deren Gifte immun zu werden – sowie reichlich Opium. Diese Mischung nahm Mithridates dann täglich ein, in der Hoffnung, dadurch gut vor Vergiftungen geschützt zu sein.

Glaubt man Geschichtsschreibern wie Appian (Appianos von Alexandria, um 90-160 n. Chr.) oder Lucius Cassius Dio (um 163-235), dann hat das möglicherweise tatsächlich zum Erfolg geführt. Allerdings anders als geplant. Denn als Mithridates gegen die Römer, mit denen sich seit Jahren im Krieg befand, im Jahr 63 v. Chr. eine vernichtende Niederlage erlitt, musste er sich schließlich in eine Festung zurückziehen, aus der es am Ende kein Entkommen mehr gab. Um seiner Gefangennahme zu entgehen, die damit geendet hätte, dass er im Triumphzug durch Rom geführt und dann hingerichtet worden wäre, beschloss er, sich und anwesende Angehörige seiner Familie zu vergiften. Deshalb mischte Mithridates einen Giftbecher zusammen, von dem er und zwei seiner Töchter tranken. Letztgenannte verstarben schnell, aber beim König, so die überlieferte Legende, hätte das Gift wegen der jahrelangen Gewöhnung an sein Mithridatikum nicht gewirkt, sodass ihn schließlich einer seiner Getreuen mit dem Schwert töten musste.

Neros Leibarzt erweiterte die überlieferten Rezepte noch um einige Zutaten, und dieses Gemisch nahm der Kaiser dann täglich vorbeugend zu sich. Da der Opiumanteil dieser Mischung wohl bei etwa 30 Prozent lag, kann man davon ausgehen, dass Nero über kurz oder lang eine starke Opiumabhängigkeit entwickelte, was möglicherweise auch sein späteres Verhalten beeinflusste. Immerhin wird ihm vorgeworfen, er habe Rom angezündet, seine Mutter und seinen Stiefbruder umgebracht und zahlreiche Christen hinrichten lassen, darunter den Apostel Petrus, um nur einige seiner Missetaten zu nennen.

Da Theriak sich aber nach und nach nicht nur den Ruf eines wirksamen Mittels gegen Vergiftungen erworben hatte, sondern auch als Allheil- oder sogar Wundermittel galt, blieb es auch in den nächsten Jahrhunderten eine sehr begehrte Arznei, die zur Behandlung der unterschiedlichsten Krankheiten eingesetzt wurde, darunter Syphilis, Epilepsie, Cholera und sogar gegen die Pest. Und Theriak war, wie wir später sehen werden, nicht die einzige stark opiumhaltige Arznei, die in der Vergangenheit in Heilkunde und Medizin bedenkenlos angewendet wurde und sogar in vielen Hausapotheken zu finden war.

Die ständige Anwendung solcher Mittel mutet aus heutiger Sicht zweifellos etwas sonderbar an, weil inzwischen allgemein bekannt ist, welche Gefahren mit Rauschdrogen wie Opium verbunden sein können. Aber ungeachtet des später weit verbreiteten Missbrauchs gehört der Schlafmohn (*Papaver somniferum*) mit seinen ganz speziellen, therapeutisch sehr wertvollen Inhaltsstoffen dennoch zu den ältesten und wichtigsten Heilpflanzen der Medizingeschichte. Was das

Aussehen betrifft, so handelt es sich um einjährige, 30-150 cm hohe, krautige Pflanzen mit großen Blüten und sehr typischen, etwa walnussgroßen, bauchigen Kapselfrüchten, in den sich zahlreiche Samen befinden. Besonders typisch ist aber ein weißer Milchsaft (griechisch: *opion*), der in getrocknetem Zustand Opium genannt wird. Vorhanden ist er in allen grünen Teilen der Pflanze, besonders reichhaltig aber in der Wand unreifer Kapseln, die zu diesem Zeitpunkt von zahlreichen, prall mit Milchsaft gefüllten Gefäßen durchzogen sind.

Diese kautschukartige Flüssigkeit, die der römische Dichter Ovid (43 v. Chr. bis ca. 17 n. Chr.) „Saft vom Kraut des Vergessens" nannte, während Johann Wolfgang Goethe (1749-1832) im *Faust* „Vom Inbegriff der holden Schlummersäfte" spricht, enthält ungefähr 40 verschiedene Alkaloide, denen die Pflanze auch ihre wertvollen therapeutischen Eigenschaften verdankt. Gewonnen wird Opium dadurch, dass man die Kapsel mit einem scharfen Messer anritzt, damit der Milchsaft austreten kann. Diesen lässt man eintrocknen und schabt ihn dann beim Sammeln ab, wobei für 1 kg bis zu 20.000 Kapseln angeritzt werden müssen.

Wild wachsend kommt Schlafmohn heute vermutlich nicht mehr vor, denn die Pflanze wird schon seit Jahrtausenden kultiviert. Wo die Menschen lebten, die damit begannen, ist nicht bekannt, ebenso wenig wie die ursprüngliche Art, von der die heutigen Pflanzen abstammen. Fest steht aber, dass unsere Vorfahren schon recht früh mit dem Anbau bestimmter Mohnarten begonnen haben, unter anderem, um daraus durch Auspressen ein wertvolles Öl zu gewinnen, das viel Kalzium und Magnesium enthält und zudem vitaminreich ist. So hat man hat bei Ausgrabungen von Pfahlbausiedlungen aus der Stein- und Bronzezeit (4000-800 v. Chr.), etwa am Bodensee oder an einigen Schweizer Seen, Mohnsamenreste in größerer Zahl gefunden, und bei der sogenannten Wasserburg Buchau, einer befestigten bronzezeit-

lichen Siedlung aus der Zeit um 1100 v. Chr. fand man sogar ein Gefäß, das mit Mohnsamen gefüllt war.

DIE ÄRZTE ENTDECKEN DEN MOHNSAFT

Anfangs nutzen unsere Vorfahren vermutlich nur die nahrhaften Samen des angebauten Mohns für ihre Ernährung und vielleicht deren
Pressreste als Viehfutter oder die getrockneten Stängel als Brennma-
terial. Aber schon bald müssen sie entdeckt haben, dass sich der
Milchsaft des Schlafmohns auch therapeutisch nutzen lässt. So gibt es
schon im *Papyrus Ebers* ein Rezept, das empfiehlt, Kapseln von *mehes*
mit Wespenkot zu mischen und dies schreienden Kindern zu verabreichen, damit diese sich beruhigen, wobei es sich bei *mehes* nach Ansicht der meisten Experten um den Schlafmohn handelt.

Im Mittelmeerraum wurden außerdem Kult- und Gebrauchsgegen-
stände aus dieser Zeit gefunden, die ebenfalls darauf hindeuten, dass
der Mohn damals eine besondere Rolle gespielt hat. So grub man auf
Zypern Gefäße aus der Bronzezeit aus, die in ihrer Form an eine auf
dem Kopf stehende Mohnkapsel erinnern. Von ihnen wird angenommen, dass sie zum Transport und zur Aufbewahrung von Opium
dienten, auch, weil man in einigen dieser Tongefäße tatsächlich Opi-
umspuren nachweisen konnte. Und auf Kreta wurde eine kleine,
ebenfalls aus der Bronzezeit stammende Frauenstatue gefunden, die
eine Kopfbedeckung mit drei angeritzten Mohnkapseln trägt.

Aber auch der Umstand, dass die Mohnkapsel in der griechischen
Mythologie immer wieder erwähnt wird, könnte als Hinweis darauf
gedeutet werden, dass die Pflanze schon zu dieser Zeit keinesfalls nur
Nahrungsmittel war. So galt sie beispielsweise als Symbol für Morpheus, den Gott der Träume sowie für Nyx, die Göttin der Nacht. Und
auch deren Söhne Hypnos und Thanatos, Gott des Schlafes bzw. Gott

des friedlichen Todes wurden häufig zusammen mit Mohnkapseln dargestellt.

Ähnliches gilt für Demeter, die griechische Göttin der Fruchtbarkeit, der Saat und des Getreides. Sie trägt auf Darstellungen zumeist Ährenbündel im Arm, aber oft auch Stängel mit Mohnkapseln oder Mohnblüten. Und glaubt man der griechischen Mythologie, war sie es, die die Wirkung des Milchsaftes der Mohnpflanze entdeckte und diesen nutzte, um ihren Schmerz über den Verlust ihrer Tochter Persephone zu betäuben, die Hades, der Herrscher über das Totenreich, in die Unterwelt entführt hatte.

Möglicherweise gibt es aber einen noch früheren schriftlichen Hinweis auf die Nutzung des Schlafmohns und seiner Inhaltsstoffe im antiken Griechenland. Gemeint ist die Odyssee, ein Epos, das normalerweise Homer zugeschrieben wird und dessen Entstehung man zumeist auf das 7. oder 8. Jhdt. v. Chr. datiert. Darin werden die Irrfahrten des griechischen Sagenhelden Odysseus geschildert, der zusammen seinen Gefolgsleuten auf der Rückfahrt von der Belagerung Trojas in seine Heimat Ithaka zahlreiche Gefahrensituationen und Schicksalsschläge überstehen musste. In diesem Werk wird ein Elixier namens *nepenthes* erwähnt, das die schöne Helena, eine Tochter des Zeus, deren Entführung nach Troja den gleichnamigen Krieg auslöste, angeblich von einer ägyptischen Königin erhalten hatte. Dem Wein beigemischt, sollte diese Substanz nicht nur Kummer und Leid beseitigen, sondern auch Ängste vertreiben und Krankheiten vergessen lassen (der Begriff setzt sich aus ne = nicht und penthos = Kummer, Leid, Pein zusammen), war also etwas, das man heute vielleicht Antidepressivum nennen würde.

Siehe sie warf in den Wein, wovon sie tranken, ein Mittel

Gegen Kummer und Groll und aller Leiden Gedächtnis.

Kostet einer des Weins, mit dieser Würze gemischet;

Dann benetzet den Tag ihm keine Träne die Wangen,

Wär' ihm auch sein Vater und seine Mutter gestorben,

Würde vor ihm sein Bruder, und sein geliebtester Sohn auch

Mit dem Schwerte getötet, daß seine Augen es sähen.

Siehe so heilsam war die künstlich bereitete Würze, nun

Welche Helenen einst die Gemahlin Thons Polydamna

In Ägyptos geschenkt.[53]

Natürlich kann man in diesem Fall, wie auch beim im *Papyrus Ebers* erwähnten *mehes,* nicht völlig sicher sein, von welchen Pflanzen die erwähnten Substanzen wirklich gestammt haben sollen, weil die spärlichen Hinweise keine ganz sichere Identifizierung zulassen. Aufgrund der beschriebenen Wirkungen ist es aber nicht unwahrscheinlich, dass in beiden Fällen tatsächlich um Opium gemeint war.

Einige Jahrhunderte später gibt es dann aber exaktere Aufzeichnungen über die Verwendung des Schlafmohns, etwa in den hippokratischen Schriften (*Corpus Hippocraticum*), einer Sammlung antiker medizinischer Texte, die nach dem bekannten griechischen Arzt Hippokrates benannt sind, der um 460 v. Chr. auf der Insel von Kos geboren wurde. Wie man heute weiß, handelt es sich dabei um Schriften verschiedener Autoren, die vermutlich zwischen dem 6. Jh. v. Chr. und dem 2. Jh. n. Chr. entstanden und später zu einem Gesamtwerk zusammengefügt wurden. In diesem *Corpus* wird der Schlafmohn für die Behandlungen unterschiedlicher Krankheiten empfohlen, etwa als Arznei zur Schmerzlinderung, als Schlafmittel, zur Anwendung bei Husten und Verdauungsbeschwerden sowie zur Behandlung der unterschiedlichsten Frauenleiden.

Diagoras von Melos (ca. 475–410 v. Chr.) warnt dann aber auch bereits vor den gefährlichen Nebenwirkungen und der Suchtgefahr des Opiumsaftes, und beim griechischen Philosophen und Naturforscher Theophrast (etwa 371-287 v. Chr.), einem Schüler des Universalgelehrten Aristoteles, kann man nachlesen, wie der Milchsaft des Schlafmohns, von ihm als *opos* bezeichnet, aus den Mohnkapseln gewonnen wird. Auch bei Theophrast werden die typischen Anwendungen dieser Arznei genannt, also die Behandlung von Schlaflosigkeit, Husten, Verdauungsbeschwerden und Schmerzen, außerdem warnt er eindringlich davor, dass eine unsachgemäße Anwendung durchaus mit dem Tod enden kann.

Im 1. Jahrhundert nach der Zeitenwende verfasste der griechische Arzt Pedanios Dioskurides dann die bereits erwähnte *Materia medica*, die auch eine recht genaue Beschreibung des Schlafmohns enthält. Außerdem schilderte er ebenfalls recht ausführlich, wie man aus dem Milchsaft Rohopium gewinnen konnte und für welche Beschwerden und Krankheiten es sich sinnvoll anwenden ließ. So schrieb er, dass der Milchsaft Schmerzen lindern, den Schlaf und die Verdauung fördern, in größeren Mengen eingenommen allerdings auch tödlich sein könne. Und auch Galen, neben Hippokrates einer der berühmtesten Ärzte der Antike, lobte das Opium in seinen Schriften als gutes Mittel zur Behandlung der unterschiedlichsten Krankheiten.

Zum Einsatz kamen in dieser Zeit immer noch hauptsächlich Theriak und ähnliche Mixturen, die, wie schon erwähnt, oft vorbeugend zum Schutz vor Vergiftungen eingesetzt wurden. Dabei hatte Galen, der zwischenzeitlich auch in den Diensten des Kaisers Marc Aurel (121-180) gewesen war, mitbekommen, dass dieser zur Immunisierung täglich eine bohnengroße Menge Opium zu sich nahm, entweder in Wein aufgelöst oder ohne Zusatz von Flüssigkeit, was schließlich zu einer starken Abhängigkeit geführt hatte. Daher sprach sich Galen auch gegen eine vorbeugende Behandlung mit Opiumarzneien aus und empfahl stattdessen eine streng limitierte Verwendung.

MEHR ALS NUR ARZNEI

Schon im alten Rom wurde Opium aber nicht nur zur Behandlung von Krankheiten verwendet, sondern es war, wie man heute sagen würde, bereits eine Art Wohlstandsdroge, wobei die Nutzung aber damals keinerlei anrüchigen Beigeschmack hatte. Zum Einsatz kamen auch hier vor allem Theriak und ähnliche Mixturen, es gab aber wohl auch mit Opium versetzte Pillen, die gern bei Festlichkeiten gereicht wurden. So ist es wohl wenig verwunderlich, dass im Jahre 214 n. Chr. bei einer Inventur des kaiserlichen Palastes angeblich 17 Tonnen Opium registriert wurden. Und etwa 100 Jahre später soll es in Rom bereits ungefähr 800 Opiumapotheken gegeben haben, um sicherzustellen, dass sich die Bewohner problemlos mit dem begehrten Stoff versorgen konnten.

Mit Ausbreitung des Christentums im Römischen Reich begann sich dann aber die Einstellung der Menschen zum ausschweifenden Lebensstil in der Ewigen Stadt langsam zu verändern. Und auch der Einsatz von Theriak und vergleichbaren Mitteln zur Behandlung von Krankheiten ging zurück, weil die christliche Lehre menschliches Leiden eher als göttliche Fügung betrachtete, die man ertragen müsse. Für ein gesundes Leben waren daher auch nicht so sehr Arzneien notwendig, sondern vielmehr ein gottgefälliges Leben und Gebete. In der Bibel wird Opium daher auch nicht erwähnt, wenngleich es eine Theorie gibt, nach der dies aber vielleicht doch nicht ganz zutreffend ist. So heißt es bei der Schilderung der Kreuzigung Jesu bei Matthäus 27, 34 ... *aber gaben sie ihm Essig zu trinken mit Galle vermischt; und da er's schmeckte, wollte er nicht trinken.*[54] Weil das verwendete althebräische Wort *rosh* aber nicht nur „Galle" bedeuten kann, sondern auch

„Opium", könnte es sein, dass ihm tatsächlich ein Opiumgemisch gereicht wurde, um seine Schmerzen zu lindern. Allerdings ist diese Theorie rein spekulativ.

Besonders nach der Teilung des Römischen Reiches im Jahr 395 gelangten viele der medizinischen Texte aus dem antiken Griechenland auch in die arabische Welt und nach Persien. Hauptsächlich geschah dies über den Ostteil des *Imperium Romanum*, wo die großen Medizinschulen der damaligen Zeit ihre Bedeutung behalten hatten, vor allem deswegen, weil die Menschen dort, anders als im Westreich, überwiegend Griechisch und nicht Latein sprachen. Erst einmal in den arabischen Kulturkreis geraten, verbreiteten sich die Texte der griechischen Antike dort recht schnell, nicht zuletzt, weil viele schon bald ins Arabische übersetzt wurden.

Da die arabischen Ärzte gleichzeitig zahlreiche griechische Behandlungsmethoden übernahmen, kam so auch der Opiumgebrauch in diese Region. Und wie überall, wo Opium für die Behandlung von Krankheiten verfügbar war, setzte auch dort schon bald der Missbrauch ein, nicht zuletzt, weil der Prophet Mohammed den Gläubigen das Trinken von Alkohol verboten hatte, sodass eine Ersatzdroge durchaus willkommen war. Dass Opium nicht ebenfalls auf der Verbotsliste landete, lag letztendlich wohl daran, dass es Mohammed noch nicht bekannt war.

Aber die arabischen und persischen Ärzte begnügten sich nicht damit, dass neu erlernte Wissen der Griechen einfach nur anzuwenden, sondern sie brachten ihre eigenen Ideen und Erfahrungen ein und legten diese Erkenntnisse in ihren Schriften nieder. Zu den bekanntesten Persönlichkeiten dieser Epoche gehört Abū Alī al-Husain ibn Abd Allāh ibn Sīnā (um 980-1037), der bereits eingangs erwähnte persische Arzt, Philosoph und Mathematiker, den man heute unter dem Namen Avicenna kennt. Dieser verfasste zahlreiche Schriften zur Medizin und Philosophie, darunter sein vielleicht wichtigstes Werk *Al-Qanun fi-at-Tibb* („Kanon der Medizin"), das in fünf Bänden das medizinische Wissen der damaligen Zeit zusammenfasste. Darin sind über 700 Medikamente aufgeführt, mit genauen Angaben zur Anwendung, aber auch zur Wirksamkeit der Arzneien, sodass der Kanon, nachdem er später ins Lateinische übersetzt worden war, auch in Europa bis ins 17. Jahrhundert zu den einflussreichen Medizinlehrbüchern gehörte. Der Blütezeit der arabischen und persischen Medizin während dieser Epoche ist es auch zu verdanken, dass ein großer Teil des medizinischen Wissens aus dem antiken Griechenland und Rom erhalten blieb und so später auch in Europa wieder zur Verfügung stand.

Nach der Überlieferung begann Avicennas Karriere damit, dass er einen Emir, der an einer schweren Kolik litt, durch Opium von seinen Schmerzen befreite, woraufhin dieser ihn zum Wesir ernannte, also zu einem hohen Regierungsbeamten. Aber auch später gehörte die Substanz zu den Mitteln, die der Arzt regelmäßig anwandte, besonders zur Schmerzlinderung, aber auch bei Diarrhöe oder zur Behandlung von Augenkrankheiten. Bei ihm findet sich eine ausführliche Anleitung, wie sich Opium gewinnen lässt, er beschrieb aber auch bereits Suchtsymptome und er wusste um die Gefahren einer Überdosierung. Dennoch sei er, so heißt es, im Alter von 57 Jahren an einer Opium-Überdosis gestorben, weil er seine starken Schmerzen aufgrund einer Darmerkrankung mit einer Opium-Arznei behandelte, die einer seiner Gehilfen vermutlich zu hoch dosiert angesetzt hatte.

Aber auch der Gebrauch von Opium für nichtmedizinische Zwecke und die damit oft verbundenen Suchterscheinungen wurde um diese Zeit bereits erwähnt. Als Beispiel kann der persische Universalgelehrte Ahmad al-Bīrūnī (973-1048) dienen, der lange mit Avicenna im engen Briefkontakt stand. Bīrūnī berichtet davon, dass besonders Menschen, die in heißen Klimazonen lebten, nahezu täglich Opium zu sich nahmen, um die große Hitze besser ertragen zu können. Und sie würden, so heißt es weiter, die Dosis immer weiter steigern müssen – bis hin zu einer tödlichen Menge.

DIE DROGE ERREICHT INDIEN UND CHINA

In seiner Ausdehnung nach Osten gelangte das Wissen über die medizinischen Anwendungsmöglichkeiten des Opiums auch nach Indien, wo es im 7. Jahrhundert augenscheinlich noch weitgehend unbekannt gewesen war, obwohl es dort durchaus eine uralte Heilkundetradition gab. Jedenfalls taucht es in keiner der klassischen indischen Schriften auf, und es wurde auch danach nur vergleichsweise selten eingesetzt, etwa bei Diarrhöe oder Dysenterie (Ruhr). Besonders europäische Reisenden, die Indien in den Jahrhunderten danach besuchten, berichteten allerdings, der Gebrauch von Opium als Rauschmittel sei dort inzwischen durchaus verbreitet gewesen, nicht nur bei der herrschenden Klasse, sondern auch bei der breiten Masse.

Vermutlich im 7. oder 8. Jahrhundert erreichte das Opium dann China, das zu dieser Zeit ebenfalls schon eine sehr alte und hoch entwickelte Heilkundetradition besaß. Dort wurde die Substanz zunächst vor allem bei der Behandlung von Krankheiten eingesetzt, besonders zur Linderung von Darmbeschwerden, aber dann schon bald mehr und mehr auch als Rauschmittel, sodass die Opiumsucht schließlich zu einem gesellschaftlichen Problem wurde, weil die Zahl der Süchtigen ständig zunahm. Zwar wurde der Gebrauch schon bald von oberster Stelle verboten, aber die Verbreitung ließ sich diesem Zeitpunkt schon nicht mehr aufhalten.

Diese Entwicklung endete schließlich in einem militärischen Konflikt, dem sogenannten Opiumkrieg. Eine entscheidende Rolle spielte dabei, dass zahlreiche aus China stammende Luxusgüter wie Tee, Porzellan und Seide ab dem 18. Jahrhundert in Europa immer stärker gefragt waren. Ganz besonders galt das für Tee, dessen Verbrauch allein in Großbritannien von 250.000 Pfund im Jahr 1725 auf fast 30 Millionen Pfund im Jahr 1820 anstieg. Weil es aber nur wenig gab, was die Engländer den Chinesen zum Tausch für den Tee anbieten konnten, kam es schnell zu einer stark negativen Handelsbilanz zuungunsten der Briten, und weil die Chinesen zudem fast nur Silber als Zahlungsmittel für ihren Tee akzeptierten, fürchtete man langfristig eine bedenkliche Dezimierung der englischen Silbervorräte.

Etwas gab es allerdings, das in China durchaus begehrt war: Opium. Und dies stand den Briten in ausreichender Menge zur Verfügung, weil Schlafmohn in einigen ihrer Kolonien, vor allem Indien und Bengalen, dem heutigen Bangladesch, in größerem Maßstab angebaut wurde. Und so gelangte durch britische Händler im 18. und 19. Jahrhundert massenhaft Opium nach China. Zumeist geschah dies mithilfe von Schmugglern, weil die Chinesen die Einfuhr von Opium, sofern es nicht für medizinische Zwecke vorgesehen war, schon 1729 verboten hatten. Ende des 18. Jahrhunderts wurde dieses Verbot noch einmal erneuert und der ständig steigende Konsum im Lande mit drastischen Strafen belegt, angefangen bei Stockschlägen bis hin zum Abschneiden der Oberlippe.

Trotzdem ging der Missbrauch weiter. Waren es Ende des 18. Jahrhunderts noch ungefähr 4000 Kisten mit jeweils etwa 60 kg Opium, die mithilfe der Briten nach China gelangten, so erhöhte sich die Menge in den nächsten Jahrzehnten auf etwa 40.000 Kisten – umgerechnet etwa zweieinhalb Millionen Kilogramm. Dadurch gerieten immer mehr Chinesen in eine Opiumabhängigkeit. Zwar gibt es keine genauen Zahlen, aber man schätzt, dass dies ungefähr 10 Prozent der damals rund 400 Millionen Einwohner betraf. Als Gegenmaßnahme versuchten die Behörden, den Schmuggel noch stärker zu unterbinden. So wurden die Rauschgiftschmuggler gnadenlos verfolgt, das

Rauschgift konfisziert und vernichtet, ihre Schiffe zerstört und viele von ihnen hingerichtet, ganz abgesehen davon, dass die Behörden unzählige Opiumpfeifen beschlagnahmten und zerstörten, denn das Rauschgift wurde in China vor allem geraucht.

Durch diese Maßnahmen erlitten die britischen Händler natürlich starke Verluste, aber noch viel entscheidender war, dass in Indien schon die Opiumernte des laufenden Jahres für den Export nach China bereitstand und unbedingt verkauft werden sollte, weil man nicht Gefahr laufen wollte, den indischen Staatshaushalt an den Rand des Ruins zu bringen. Daher beschloss die britische Regierung, eine größere Anzahl von Kriegsschiffen und ein Expeditionskorps zu entsenden, um die chinesischen Blockademaßnahmen zu beenden.

Und weil die Briten militärisch deutlich überlegen waren, gelang es ihnen, den bewaffneten Konflikt relativ schnell für sich zu entscheiden. Beendet wurde der sogenannte Opiumkrieg schließlich im Jahre 1842 mit dem Vertrag von Nanking, in dem den britischen Kaufleuten freier Zugang zu chinesischen Häfen zugesichert wurde. Außerdem mussten die Chinesen Reparationszahlungen leisten und die besetzte Halbinsel Hongkong an die Briten abtreten, die bald darauf zur Kronkolonie erklärt wurde. Damit begann die langsame Öffnung Chinas für den europäischen Handel und auch die Versorgung mit Opium wurde nicht nur fortgesetzt, sondern beträchtlich gesteigert. Der Höhepunkt wurde 1884 erreicht, als über 80.000 Kisten mit Opium nach China gelangten, also fast 5000 Tonnen.

EUROPA MIT NACHHOLBEDARF

In Europa spielte Opium nach dem Niedergang des weströmischen Reiches über 500 Jahre praktisch keine Rolle mehr, weder als Arznei noch als Rauschmittel. Zwar wird der Schlafmohn vereinzelt in den Pflanzenlisten von Klostergärten und auch im *Capitulare de villis* er-

wähnt, der bereits erwähnten Landgüterverordnung Karls des Großen aus dem 9. Jahrhundert. Unter den 72 Nutzpflanzen, die in dieser
Verordnung aufgeführt waren, gehörte neben anderen Heilkräutern
auch der Schlafmohn. Allerdings gibt es aus dieser Zeit kaum Hinweise auf eine medizinische Verwendung, vielleicht einmal abgesehen von den Schriften Hildegards von Bingen, bei der es heißt, der
Verzehr von Mohnsamen könne den Schlaf herbeiführen und Juckreiz
verhindern.

Ab dem 11. Jahrhundert begann man dann aber, in den Klöstern die
antiken Schriften der griechischen Gelehrten aus dem Arabischen und
Persischen vermehrt ins Lateinische zu übersetzen, das dadurch zur
zukünftigen Medizinsprache wurde. Damit wurde nun auch Theriak
wieder zu einem Begriff, und diese geheimnisvolle, opiumhaltige
Wundermedizin, mit der schon in der Antike die unterschiedlichsten
Krankheiten behandelt wurden, fand schnell große Verbreitung. Sogar als die Pest große Teile Europas im 14. Jahrhundert besonders
stark heimsuchte, versuchte man die unzähligen Erkrankten mit Theriak zu kurieren. Erfolgreich war man damit nicht, was dem Ansehen
des angeblichen Allheilmittels aber nicht schadete, denn man setzte es
auch weiterhin regelmäßig ein.

Besonders galt das, wenn es sich um unbekannte Krankheiten handelte oder solche, deren Ursachen man nicht verstand. So hieß es beispielsweise, es würde gegen den „Englischen Schweiß" helfen, wie
die Syphilis damals genannt wurde, die sich im 16. Jahrhundert in Europa stark ausbreitete. Daneben nutzte man Opium aber auch zur
Herstellung von anderen Arzneien, oft in Verbindung mit Nachtschattengewächsen, etwa Tollkirsche, Schierling oder Bilsenkraut. Ein
Beispiel sind die bereits erwähnten Schlafschwämme. Dabei handelte
es sich um Badeschwämme, die mit Opium und zumeist noch anderen Pflanzensäften getränkt worden waren und die dann Patienten,

bei denen beispielsweise eine Operation durchgeführt werden sollte, so auf das Gesicht gedrückt wurden, dass sie durch diesen Schwamm atmen mussten, bis sie eingeschlafen waren.

Natürlich war diese Form der Narkose nicht ganz unproblematisch, denn bei zu hoher Dosierung konnte es leicht passieren, dass der Patient nicht wieder aus der Bewusstlosigkeit erwachte oder vielleicht bleibende Schäden davontrug, während bei zu geringer Dosierung das Schmerzempfinden nicht wirklich ausgeschaltet war. Wegen dieser Wirkung wurde Opium aber nicht nur zum Wohl der Menschen eingesetzt, denn wenn man es schaffte, ein Getränk oder die Speise eines vermögenden Reisenden in einer Herberge heimlich damit zu versetzen, war es leicht, ihm später, nachdem er eingeschlafen war, sein Hab und Gut zu entwenden.

Im 16. Jahrhundert taucht der Schlafmohn dann auch in verschiedenen Pflanzenbüchern auf, die durch die Erfindung des Buchdrucks in dieser Zeit eine größere Verbreitung fanden, etwa im „Neu Kreutterbuch" von Hieronymus Bock oder im „New Kreüterbuch" von Leonhart Fuchs, der empfiehlt, Blätter und Samenkapseln in Wasser zu kochen und bei Schmerzen, Schlaflosigkeit oder Husten anzuwenden. Er warnt aber auch schon, dass der Saft in zu großer Menge genossen tödlich sei.

Ein überzeugter Anhänger des Opiums war auch der Schweizer Mediziner, Naturforscher und Alchemist Theophrastus Bombastus von Hohenheim (1493-1541), der sich selbst Paracelsus nannte und im 16. Jahrhundert zu den bekanntesten Ärzten Europas gehörte. Paracelsus glaubte, mit einer Opiumtinktur, die er Laudanum nannte, eine Art Allheilmittel gefunden zu haben, sodass er sie auch als „Stein der Unsterblichkeit" bezeichnete. Weil er die Zusammensetzung geheim hielt, ist nicht genau bekannt, welche Zutaten er für sein Laudanum benutzte, man nimmt aber an, dass Alkohol und Opium die Hauptzutaten waren.

In der Folgezeit gab es unter der Bezeichnung Laudanum dann weitere, ähnliche Arzneien, bei denen die genaue Zusammensetzung in vielen Fällen aber bekannt ist. Das gilt beispielsweise für die Opiumtinktur von Thomas Sydenham (1624-1689), der auch der englische Hippokrates genannt wird. Sein Laudanum bestand aus Alkohol, Opium und etwas Safran (*Crocus sativus*), und diese, später *Tinctura Opii crocata* genannte Tinktur, war bis Anfang des 20. Jahrhunderts ein weit verbreitetes Arzneimittel, was sich auch daran erkennen lässt, dass sie noch im deutschen Arzneibuch von 1926 aufgeführt war. Von Sydenham heißt es, er habe im Verlauf seiner ärztlichen Tätigkeit ungefähr 17.000 Pfund Opium verordnet, wobei als sicher gilt, dass ein beachtlicher Teil davon Eigenbedarf war.

Und er war nicht der einzige Arzt, der diese Substanz im großen Maßstab unter die Leute brachte, denn Anfang des 18. Jahrhunderts bekam die Tinktur starke Konkurrenz durch ein Mittel mit der Bezeichnung Doversches Pulver. Erfunden wurde es von Thomas Dover (1660–1742), einem Engländer mit einem sehr ungewöhnlichen Lebenslauf, denn er war nicht nur Arzt, sondern auch Freibeuter und „Retter von Robinson Crusoe".

Ursprünglich in Oxford und Cambridge medizinisch ausgebildet, unter anderem als Schüler von Thomas Sydenham, entschied er sich aber zunächst gegen ein Leben als Arzt und wurde stattdessen Freibeuter. Dies waren mehr oder weniger legale Piraten, die man mit sogenannten Freibeuter- oder Kaperbriefen ausgestattet hatte. Das erlaubte es ihnen, Schiffe anderer Nationen zu überfallen und auszurauben. Dafür verpflichteten sie sich, dem Aussteller des Kaperbriefes, bei Sydenham die englische Krone, einen Anteil an der Beute zu überlassen. Sinn dieser Maßnahme war vor allem die Schwächung des

Gegners, im Falle der englischen Königin Elizabeth I. (1533-1603) der spanische König Philipp II (1527-1598). Aber die zusätzlichen Einnahmen – bei den überfallenen Schiffen handelte es sich häufig um mit Gold- und Silberschätzen aus den amerikanischen Kolonien beladene Handelsschiffe – erlaubten es der Königin gleichzeitig, die englische Kriegsflotte beträchtlich zu vergrößern.

Auf einem solchen Freibeuter-Schiff heuerte Thomas Dover an und er war augenscheinlich recht erfolgreich bei seiner „Arbeit", denn er kehrte 1711 mit reicher Beute nach England zurück. Zuvor war er auf einer seiner Fahrten durch die Karibik aber auch noch an der Rettung des schottischen Seemanns Alexander Selkirk beteiligt gewesen, der nach einem Schiffbruch über vier Jahre in völliger Einsamkeit auf einer unbewohnten Insel gelebt und dann das Glück hatte, dass Dover den Rauch seines Feuers entdeckte. Diese Geschichte erregte in England einiges Aufsehen und inspirierte den Schriftsteller Daniel Defoe später zu seinem Roman *Robinson Crusoe*.

Zurück in der Heimat genoss Dover zunächst seinen Wohlstand, verlor dann aber einige Jahre später sein Vermögen bei einem Börsencrash. Dies zwang ihn, wieder eine Tätigkeit auszuüben, sodass er sich entschloss, in London eine Arztpraxis zu eröffnen. Diese erwies sich durchaus als lukrativ, aber vermögend wurde er erst wieder durch die Erfindung seines berühmten Pulvers. Dieses bestand hauptsächlich aus Opium, Milchzucker und Brechwurzelpulver (*Carapichea ipecacuanha*), einer in Südamerika heimischen Pflanze, die starke Gifte enthält, aber dort dennoch schon lange als Arznei verwendet wurde. So nutzte man sie in geringer Dosis als schleimlösendes und auswurfförderndes Mittel bei Bronchitis, in höherer Dosis wegen der emetischen Wirkung als Brechmittel, besonders bei der Behandlung von Vergiftungen, was auch den umgangssprachlichen Namen erklärt.

Die Brechwurzel oder Brechwurz ist ein kleiner Strauch aus der Familie der Rötegewächse (Rubiaceae) mit glänzenden Blättern und weißen Blüten, aus denen sich kleine Früchte mit zwei Samen entwickeln. Nach Europa kam die Pflanze Ende des 17. Jahrhunderts, weil sich herausgestellt hatte, dass sie sich gegen Amöbenruhr einsetzen ließ. Diese Krankheit, die auch heute noch weltweit für zahlreiche Todesfälle verantwortlich ist, wird durch parasitische Amöben verursacht, die nach einer Infektion starke Bauchschmerzen und blutige Durchfälle verursachen können. Und weil die Brechwurzel ein Alkaloid namens Emetin enthält, das die Erreger wirksam abtötet, wurde die Pflanze früher erfolgreich zur Behandlung dieser Krankheit eingesetzt, unter anderem bei Ludwig XIV (1638-1715), was ihr eine gewisse Berühmtheit verlieh.

Wegen der schleimlösenden und auswurffördernden Eigenschaften der im Doverschen Pulver enthaltenen Brechwurzel verwendete man dieses hauptsächlich als Hausmittel bei Erkältung, Husten und Fieber, aber auch zur Behandlung von Schmerzen, Durchfall oder Schlafstörungen. Verkauft wurde es, ebenso wie Laudanum, noch bis ins 20. Jahrhundert – rezeptfrei! Daher war das Doversche Pulver auch mehr als zwei Jahrhunderte lang in den meisten Hausapotheken zu finden. Und ging man auf Reisen, kam das Pulver natürlich mit, wie man am Beispiel eines Wanderführers durch Chemnitz und Umgebung von Leo Woerl aus dem Jahr 1897 sehen kann, der auch Tipps für die Zusammenstellung der Reiseapotheke enthielt. Empfohlen wurde neben relativ normalen Dingen wie Heftpflaster, Hoffmanns Tropfen, Streifen alter Leinwand für Verbandszwecke, Chininpulver, Citronensäure, Baumwolle, Salmiak und Karbol (Phenol) auch Doversches Pulver. Und auch in der Tiermedizin wurde das Pulver verwendet, etwa als Mittel gegen die Staupe bei Hunden.

Kindern wurden solche Tinkturen ebenfalls bedenkenlos verabreicht, wenn zumeist auch in verdünnter Form. In der Regel geschah dies, um sie ruhig zu stellen. Und einem solchen Zweck diente auch der sogenannte Mohnschnuller, der noch bis ins vorige Jahrhundert häufig verwendet wurde. Dazu wurde ein kleines Leinensäckchen mit Schlafmohnsamen und Zucker oder Honig gefüllt und den Kindern zum Nuckeln gegeben. Hierzu muss man allerdings wissen, dass die Konzentration der wirksamen Substanzen in den Mohnsamen deutlich geringer ist als im Milchsaft.

Und natürlich war auch in Europa der Gebrauch von Opium als der Entspannung dienendes Rauschmittel schon bald an der Tagesordnung. Üblicherweise wurde die Droge in Form von Laudanum oder vergleichbaren Tinkturen konsumiert, aber mittlerweile war die Methode, Opium in einer Pfeife zu rauchen, von China aus nach Europa gelangt, sodass es vermehrt Opiumraucher gab. Zu den häufigen Konsumenten der Droge gehörten schon bald auch Teile des aufstrebenden Bürgertums, bei denen ausreichend finanzielle Mittel vorhanden waren, um sich die Droge regelmäßig zu beschaffen.

Spätestens seit der Romantik war Opium dann auch bei Schriftstellern und Dichtern sehr beliebt, weil sich viele dadurch eine Erweiterung ihres Bewusstseins und eine Steigerung ihrer Kreativität erhofften. Dabei gingen einige ganz offen mit ihrem Konsum um, was nicht weiter verwunderlich ist, weil die Droge ja nicht verboten war, sondern der Gebrauch höchstens etwas anrüchig. Beispiele sind der britische Schriftsteller Thomas De Quincey (1785-1859), zu dessen Hauptwerken *Confessions of an English Opium-Eater* („Bekenntnisse eines englischen Opiumessers") gehört. Aber auch Friedrich Schlegel (1772-1829) sinniert anlässlich eines augenscheinlich ziemlich misslungenen Dramas aus seiner Feder: *Ich hätte mehr Opium nehmen sollen, als ich den Alarcos schrieb, dann würde ich mit ihm erreicht haben, was ich gewollt.*[55]

Böse Zungen behaupten allerdings, das Werk wäre vermutlich besser gelungen, wenn er beim Schreiben etwas weniger Opium konsumiert hätte.

Zu den Kulturschaffenden, von denen es zumindest gerüchteweise heißt, sie seien Opiumkonsumenten gewesen, gehören: Charles Baudelaire (1821–1867), Edgar Allan Poe (1809–1849), Ernst Jünger (1895–1998), Friedrich Nietzsche (1844–1900), Graham Greene (1909–1991), Heinrich Heine (1797–1856), Ludwig II. von Bayern (1845–1886), Oscar Wilde (1854–1900), Rainer Maria Rilke (1875–1926) und Yves Saint Laurent (1936–2008). Und die Liste der „Verdächtigen" ließe sich weiter fortsetzen. Bei einigen Schriftstellern und Dichtern untermauern aber auch die Aussagen in ihren Werken den Verdacht, sie hätten ebenfalls zum Kreis der Opiumkonsumenten gehört. Dazu gehört etwa Novalis (Georg Philipp Friedrich von Hardenberg, 1772–1801), in dessen *Hymnen an die Nacht* es beispielsweise heißt: *Köstlicher Balsam träuft aus deiner Hand, aus dem Bündel Mohn. Die schweren Flügel des Gemüts hebst du empor.*[56]

DAS DUNKEL LICHTET SICH

Welche Substanzen für die besonderen Eigenschaften des Opiums verantwortlich waren, fand man erst Anfang des 19. Jahrhunderts heraus, als eines der wirksamen Alkaloide aus dem Opium isoliert wurde, das sich dann als schlaffördernd erwies. Daher nannte ihr Entdecker, der deutschen Apothekergehilfe Friedrich Wilhelm Adam Sertürner (1783-1841) die Substanz auch Morphium, nach Morpheus, dem Gott der Träume. Später wurde daraus dann der heute übliche Begriff Morphin.

Aber die schlaffördernde Wirkung ist nicht die einzige Eigenschaft des Morphins, sondern es gilt auch heute noch als das beste natürliche Schmerzmittel. Daher setzt man es weiterhin zur Behandlung chro-

nischer Schmerzen ein, beispielsweise palliativmedizinisch bei Krebserkrankungen. Möglich ist das, weil der menschliche Körper über ein
eigenes schmerzstillendes System verfügt, das beispielsweise in
Stresssituationen aktiviert wird. Daher kann es sein, dass eine
schmerzhafte Verletzung, etwa nach einem Autounfall, zunächst gar
nicht bemerkt wird, sondern erst, wenn der Stress nachlässt.

Dies funktioniert, weil der Körper in einem solchen Fall die bereits
erwähnten Endorphine ausschüttet, also Substanzen, die unter anderem in der Hirnanhangsdrüse produziert werden. Diese binden dann
an sogenannte Opioidrezeptoren und beeinflussen dadurch bestimmte Ionenkanäle in der Membran von Nervenzellen und damit die Reizweiterleitung. Dadurch werden zum Gehirn aufsteigende Schmerz-
signale nur noch abgeschwächt weitergeleitet. Morphin kann nun
ebenfalls an diese Rezeptoren binden und sie auch aktivieren, sodass
die Reizweiterleitung behindert und dadurch das Schmerzempfinden
verringert wird.

Morphin, das in hohen Dosen eine tödliche Lähmung des Atemzentrums verursacht, wird aber auch zur Beruhigung und in Verbindung mit anderen Substanzen als Narkosemittel eingesetzt. Außerdem kann es Auswirkungen auf die Psyche haben. Möglich ist das
wegen des bereits angesprochenen, körpereigenen Belohnungssystems (mesocortikolimbisches dopaminerges Belohnungssystem) mit
seinem Hauptakteur Dopamin, einem Neurotransmitter, der zu den
bereits mehrfach erwähnten „Glückshormonen" gehört. Fühlen wir
uns besonders wohl oder erleben gerade etwas sehr Schönes – oft
reicht es auch schon, nur daran zu denken – wird Dopamin ausgeschüttet, zumeist verbunden mit einem Hochgefühl und verstärktem
Wohlbefinden. Leider bleibt der erhöhte Dopaminspiegel aber nicht
lange erhalten, sodass auch die euphorischen Effekte nur von kurzer
Dauer sind.

Allerdings ist das mesocortikolimbische System in der Lage, positive Erfahrungen von Handlungen oder Ereignissen festzuhalten, was wiederum zu einer Beeinflussung unserer Motivation führen kann. Denn je öfter wir ein solches Wohlfühlerlebnis haben, umso stärker wird die Motivation, die entsprechende Handlung zu wiederholen, damit eine weitere Dopaminausschüttung erfolgt. Und weil die verstärkte Ausschüttung auch durch Morphin angeregt wird, wobei die Substanz den Dopaminspiegel sogar sehr zuverlässig und besonders schnell anheben kann, legt dieser Mechanismus häufig den Grundstein für ein Suchtverhalten, das bei längerem Gebrauch schließlich zu einer körperlichen und psychischen Abhängigkeit führt. Deswegen ist der Zugang zu Morphin fast überall auf der Erde so stark reglementiert, dass selbst die ärztliche Verordnung dem Betäubungsmittelgesetz unterliegt, also nur zulässig ist, wenn die Behandlung mit anderen Arzneien keinen Erfolg mehr verspricht.

Opium enthält, je nach Herkunft, zwischen 10-15 Prozent Morphin, wobei der unterschiedliche Gehalt zumeist von den Bodenverhältnissen, den Klimabedingungen, der Zubereitungsart und weiteren Faktoren abhängt. Deshalb bestand früher auch immer die Möglichkeit, dass eine Opiumtinktur nicht so exakt angesetzt war, wie es eigentlich notwendig gewesen wäre. Weil mit Morphin nun aber ein reiner Wirkstoff zur Verfügung stand, konnte man diese Gefahr leichter umgehen. Es dauerte allerdings nicht lange, bis Morphin ebenfalls nicht nur für medizinische Zwecke, sondern auch als Rauschmittel benutzt wurde. Anfangs konsumierte man es zumeist in Form von Tinkturen, aber das änderte sich mit der Erfindung der Injektionsspritze und deren Nutzung für Morphininjektionen. Der Vorteil einer gespritzten Substanz war, dass sie nicht den Verdauungstrakt durchlaufen musste und daher mit einer höheren Konzentration in der Blutbahn und im Gehirn vorlag.

Wie beim Opium, gibt es auch beim Morphin eine lange Liste mit Personen, denen nachgesagt wird, dieses zum Zwecke der Rauscherzeugung verwendet zu haben. Dazu gehörten zeitweise auch zahlreiche Damen der Pariser Gesellschaft, von denen es heißt, sie hätten bei ihren regelmäßigen Kaffeekränzchen nicht nur Gebäck gereicht, sondern auch Morphin konsumiert, um sich auf diese Weise ein gemeinsames Rauscherlebnis zu verschaffen. In einigen Fällen sollen dabei sogar sehr wertvolle Spritzen aus Gold verwendet worden sein, die der berühmte Goldschmied Fabergè angefertigt hatte.

Trotz solcher Auswüchse und der damit häufig verbundenen Abhängigkeit, die über kurz oder lang zu körperlichem Verfall führt, muss das Morphin dennoch als außerordentlich segensreiche Arznei bezeichnet werden. Besonders wenn es um Schmerzbekämpfung geht, ist Morphin oder eine der zahlreichen synthetisch oder halbsynthetisch hergestellten, strukturell ähnlichen Substanz, die ebenfalls die Opioidrezeptoren besetzen können und daher eine vergleichbare Wirkung haben wie Morphin, weiterhin unentbehrlich.

FALSCHE VERSPRECHUNGEN

Mit der Isolierung des Morphins war die Entwicklung auf diesem Gebiet aber noch nicht am Ende. So stellte der britische Chemiker Charles Romley Alder Wright (1844 -1894) im Jahr 1874 aus Morphin halbsynthetisch eine Substanz namens Diacetylmorphin her, bei der es sich um ein Syntheseprodukt aus Morphin und Essigsäureanhydrid handelte. Wie sich zeigte, hatte diese Substanz eine noch stärker schmerzlindernde Wirkung als Morphin, sodass sich mehr als 20 Jahre später die Elberfelder Farbenfabriken, heute Bayer AG, intensiv mit dieser Substanz beschäftigte. Nach Abschluss der Arbeiten ließ sich die Firma dann ein Mittel patentieren, von dem es hieß, es hätte alle Vorteile des Morphins, aber keine seiner Nachteile. So gab es angeblich kaum Nebenwirkungen, außerdem sollte die neue Substanz nicht süchtig machen. Und weil man diese Arznei deshalb für eine Entwicklung mit geradezu heroischen Eigenschaften hielt, nannte man sie Heroin, in Anlehnung an die halbgöttlichen Heldengestalten der griechischen Mythologie (Heroine griechisch für „Heldin") und vermarktete es als ein oral einzunehmendes, sehr wirksames Schmerz- und Hustenmittel. Außerdem sollte es sich zur Behandlung von Bluthochdruck, Lungen- und Herzerkrankungen sowie eine Reihe weitere Beschwerden einsetzen lassen, und es wurde sogar als Medikament zur Linderung der Entzugssymptome nach Opium- oder Morphinmissbrauch angepriesen.

Dank der ihm nachgesagten Eigenschaften wurde das Medikament zunächst sehr positiv aufgenommen, aber Anfang des 20. Jahrhunderts erkannte man dann, dass Heroin ebenfalls zu einer schnellen Gewöhnung und Abhängigkeit führte. Tatsächlich trat sie normalerweise sogar noch schneller ein als beim Morphin. Ungeachtet dieser Gefahren wurde auch Heroin schon sehr bald ebenfalls als Rauschmittel missbraucht und, weil es leicht erhältlich war, stieg die Zahl der Konsumenten schnell an, sodass es schon bald eine größere Zahl von Heroinabhängigen gab. Um diesen Trend zu unterbrechen, wurde in vielen Ländern über ein Verbot von Heroin diskutiert, was dazu führte, dass die Bayer AG unter dem politischen Druck die Produktion von Heroin 1931 schließlich einstellte. Allerdings dauerte es nicht lange, bis die ersten illegalen Drogenlabore entstanden, in denen Heroin in größeren Mengen hergestellt wurde.

Und als wäre die Verwendung von Heroin nicht schon gefährlich genug, streckt man die illegale Droge heute häufig zusätzlich mit Strychnin, einer stark giftigen Substanz, die aus der Brechnuss gewonnen wird. Der Grund ist, dass sich dadurch eine beim Rauchen von Heroin, einer häufigen Form des Konsums, oft auftretende Atemdepressionen abmildern lassen, also eine Abflachung der Atmung, die oft mit Kurzatmigkeit und Atemnot verbunden ist. Wurde Strychnin untergemischt, besteht die Möglichkeit, eine deutlich höhere Dosis zu konsumieren.

Die Gewöhnliche Brechnuss (*Strychnos nux-vomica*), die manchmal auch Krähenauge genannt wird, ist ein immergrüner Laubbaum, der vor allem in Teilen Indiens, auf Sri Lanka und in Nordaustralien weit verbreitet ist, aber auch in Indonesien, Malaysia und weiteren Regionen Asiens und in Westafrika vorkommt. Er wird zur Familie der Brechnussgewächse (Loganiaceae) gerechnet und gehört zur selben Gattung wie die Gift-Brechnuss (*Strychnos toxifera*), die von einigen indigenen Völkern südamerikanischer Regenwälder zur Herstellung ihrer Blasrohrpfeilgifte benutzt wird. Typisch für die Pflanze sind die flachen, scheibenförmigen Samen, die ein wenig an Münzen erinnern und die, ebenso wie die Rinde und die Blätter, größere Mengen des stark giftigen Strychnins enthalten.

Strychnin ist ein Indol-Alkaloid, das eine strukturelle Ähnlichkeit mit Glycin hat. Letzteres ist ein Neurotransmitter des menschlichen Körpers mit hemmenden Eigenschaften, und wenn sich nun Strychnin anstelle von Glycin an die dafür vorgesehenen Rezeptoren im Rückenmark setzt, entfällt der hemmende Effekt, sodass es zu einer Übererregung der Rückenmarksnerven kommen kann und damit zu lebensgefährlichen Krämpfen.

Als das Strychnin im 15. Jahrhundert nach Europa gelangte, setzte man es zunächst sogar gegen die Pest ein, später dann vor allem als wirksames Rattengift, sodass es in vielen Haushalten vorhanden war. Dadurch kam es immer wieder zu versehentlichen Vergiftungen, vor allem bei Kindern. Für Giftmorde, wie es in Kriminalromanen vereinzelt geschildert wird, eignet sich Strychnin aber eher nicht, denn es besitzt einen bitteren, übelkeitserregend Geschmack.

Strychnin wird aber nicht nur zum Strecken von Heroin verwendet, sondern ohne Vermischung mit anderen Substanzen auch als eigenständige Rauschdroge und Dopingmittel, denn es wirkt selbst in geringer Dosierung stimulierend und euphorisierend. Ein solcher Gebrauch ist allerdings lebensgefährlich, denn schon eine leichte Überdosierung kann die bereits erwähnten schweren Kämpfe hervorrufen, durch die der Körper häufig bogenartig überstreckt wird, was sehr starke Schmerzen bei vollem Bewusstsein verursacht. Und auch die Verkrampfung der Gesichtsmuskulatur, das sogenannte „Sardonische Lachen" oder „Teufelsgrinsen", das durch eine Kontraktion der Gesichtsmuskulatur beim Eintritt des Todes entsteht, ist häufig zu beobachten.

WIRKSTOFFE OHNE ENDE

Die Entdeckung und Charakterisierung des Morphins und die Herstellung von Heroin waren aber nur der Beginn einer jahrzehntelangen Beschäftigung von Chemikern, Pharmazeuten und anderen Wissenschaftlern mit dem geheimnisvollen Milchsaft des Mohns. Dabei zeigte sich, dass die wichtigsten therapeutischen Eigenschaften des Opiums zwar vom Morphin bestimmt werden, es aber noch weitere wirksame Alkaloide gibt. Dazu gehört auch Narkotin (Noscapin), das mit etwa fünf Prozent im Opium enthalten ist und hustenreizlindernde Eigenschaften besitzt.

Letzteres gilt auch für Codein, das etwa ein Prozent des Opiums ausmacht. Codein kann aber nicht nur Hustenreiz lindern, sondern wirkt außerdem schmerzstillend, sodass man die Substanz besonders gern zur Herstellung von Hustensaft verwendet. Durch Veränderung der Alkaloid-Struktur wurde daraus schon Anfang des 20. Jahrhunderts außerdem ein halbsynthetisches Opioid namens Oxycodon hergestellt. Auch diese Substanz verringert die Reizung des Hustenzentrums, ist aber außerdem noch ein starkes Schmerzmittel, das in seiner Wirkung sogar Morphium übertrifft.

Oxycodon wurde zu Beginn des 20. Jahrhunderts unter dem Namen Eukodal als schmerz- und hustenstillende Arznei vermarktet, aber der Verkauf wurde wieder eingestellt, als sich zeigte, dass es ein hohes Suchtpotenzial besitzt. Ebenfalls mit etwa einem Prozent ist Papaverin im Opium enthalten. Es wirkt auf das Atem- und Hustenzentrum, hat aber auch eine krampflösende Wirkung auf die glatte Muskulatur. Daher kann es Bronchialspasmen bei Asthma lindern, aber auch krampflösend bei Koliken wirken. Außerdem erweitert es die Blutgefäße und steigert dadurch den Blutfluss, sodass es sich bei Bluthochdruck und, wie bereits erwähnt, bei Impotenz einsetzen lässt.

HAUSMITTEL MIT ZWEIFELHAFTEM RUF

In den 1840er-Jahren wurde in Paris auf Initiative des Psychiaters Jacques Joseph Moreau (1804-1884) der *Club des hachichins* gegründet, zumeist übersetzt mit „Klub der Haschischesser". Helfen sollte die Gruppe von Gleichgesinnten, den Einfluss von Drogen, insbesondere von Haschisch, dem getrockneten Harz des Indischen Hanfs (*Cannabis sativa indica*) auf das zentrale Nervensystem zu erforschen. Die Wirkung von Rauschmitteln hatte Moreau bei seinen jahrelangen Aufenthalten in verschiedenen Ländern der arabisch-islamischen Welt kennengelernt und nun suchte er Freiwillige, die bereit waren, ihn bei seinen Forschungen zu unterstützen.

Diese zu finden war augenscheinlich nicht schwierig, denn schon bald schlossen sich dem Klub zahlreiche Künstler an, vor allem solche der sogenannten Boheme, zu deren Lebensstil es bekanntlich gehörte, sich nicht an bürgerliche Konventionen zu halten. Darunter waren beispielsweise die Schriftsteller Honoré de Balzac (*Die menschliche*

214

Komödie), Alexandre Dumas (*Die drei Musketiere, Der Graf von Monte Christo*), Charles Baudelaire (*Die Blumen des Bösen*), Gustave Flaubert (*Madame Bovary*) und die Maler und Bildhauer Eugène Delacroix, Honoré Daumier sowie James Pradier. Zu den „Pflichten" der Mitglieder gehörte es, an den monatlich veranstalten Treffen teilzunehmen, bei denen eine Art von Konfekt gereicht wurde, das aus cannabishaltiger Butter, Zucker, Orangensaft und verschiedenen Gewürzen wie Zimt, Gewürznelken, Kardamom und Muskatnuss hergestellt worden war.

1846 veröffentlichte der Schriftsteller Théophile Gautier (1811-1872) in der Zeitschrift *Revue des Deux Mondes* einen Artikel, in dem er ein solches Treffen schildert. Dort heißt es: *Des Doktors Gesicht strahlte vor Begeisterung, seine Augen funkelten, seine Wangen waren gerötet, die Adern seiner Schläfen zeichneten sich deutlich ab, seine aufgeblähten Nasenflügel sogen die Luft kraftvoll ein. „Dies wird Ihnen dereinst von ihrem Anteil am Paradies abgezogen werden" sagte er, als er mir die Dosis überreichte, die mir zustand.*[57]

Beim Indischen Hanf, aus dem sich sowohl Haschisch als auch Marihuana herstellen lassen, handelt es sich um einjährige, bis 5 m hohe Pflanzen mit sehr typischen, handförmig zusammengesetzten Blättern. Die Art ist zweihäusig, d. h., männliche und weibliche Blüten wachsen auf unterschiedlichen Pflanzen; die Bestäubung erfolgt durch den Wind. Die ursprüngliche Heimat ist vermutlich Zentralasien, aber weil die zur Familie der Hanfgewächse (Cannabaceae) gehörende Art schon seit Jahrtausenden als Nutzpflanze verwendet wird, wurde sie durch den Menschen in praktisch alle gemäßigten und tropischen Zonen der Erde verbreitet.

Es gibt nur eine Art mit allerdings drei Unterarten, die Indischer Hanf (*Cannabis sativa indica*), Kultur- oder Faser-Hanf (*Cannabis sativa sativa*) und Wilder oder Ruderal-Hanf (*Cannabis sativa spontanea*) genannt werden. Letzterer spielt als Nutzpflanze praktisch keine Rolle, während der Kultur-Hanf vor allem als Faserpflanze dient, aus der sich sehr strapazierfähige Gewebe herstellen lassen. Der Indische Hanf wird dagegen hauptsächlich für medizinische Zwecke und als Rauschmittel verwendet. Der Grund für die unterschiedliche Verwendung ist, dass *Cannabis sativa indica* einen sehr viel höheren Gehalt an sogenannten Phytocannabinoiden aufweist.

Insgesamt kennt man über 100 unterschiedliche Phytocannabinoide, von denen Tetrahydrocannabinol (THC) sicher das bekannteste ist. Wie THC auf den menschlichen Organismus wirkt, ist immer noch nicht vollständig geklärt, aber man weiß heute, dass die Substanz eine strukturelle Ähnlichkeit mit bestimmten körpereigenen Stoffen aufweist, den sogenannten Endocannabinoiden. Das bekannteste von ihnen ist Anandamid, das Anfang der 1990er-Jahre erstmals nachgewiesen wurde, wobei der Name, den ihm seine Entdecker gaben, vom Sanskrit-Wort *Ananda* abgeleitet ist, was so viel wie „Glückseligkeit" bedeutet. Dieses Anandamid kann an bestimmte Rezeptoren im Gehirn und den Nervenzellen binden und sie dadurch aktivieren.

Unterscheiden lassen sich dabei zwei unterschiedliche Rezeptoren, die als CB1 und CB2 bezeichnet werden. Sie wurden ebenfalls erst Anfang der 90-er des vorigen Jahrhunderts entdeckt, wobei CB1-Rezeptoren im Gehirn und Rückenmark sitzen und dadurch vor allem das zentrale Nervensystem beeinflussen, die CB2-Rezeptoren dagegen das periphere Nervensystem. Was die Funktion der Endocannabinoide betrifft, so glaubt man, sie würden vor allem eine Rolle bei der Regulierung des Appetits und der Reduzierung von Schmerzen spielen, aber auch das körpereigene Belohnungssystem stimulieren und damit Freude oder Euphorie auslösen.

Daher gilt es auch als nicht unwahrscheinlich, dass das sogenannte „Läuferhoch" (Runners High), ein Phänomen, das vor allem bei intensiven Langstreckenläufen auftreten kann, ebenfalls im Zusammenhang mit Anandamid stehen. Wie berichtet wird, empfinden manche Läufer eine Art Hochgefühl, sodass sie körperliche Anstrengung und Schmerzen vergessen und sogar glauben, sie könnten ewig weiterlaufen. Und weil Anandamid auch in Kakaopulver nachgewiesen wurde, ließe sich möglicherweise der Heißhunger auf Schokolade ebenfalls auf diese Weise erklären. Allerdings, so heißt es weiter, müsste die Zahl der konsumierten Schokoladetafeln wohl dreistellig sein, um eine deutliche Anandamid-Wirkung zu spüren.

Anders ist es, wenn das Phytocannabinoid THC, das eine sehr ähnliche dreidimensionale Struktur hat wie das Anandamid und daher ebenfalls an die entsprechenden Rezeptoren binden kann, durch den Konsum von Marihuana oder Haschisch reichlich im Körper vorhanden ist. In diesem Fall wird das Endocannabinoid-System spürbar angeregt, wobei vor allem der CB1-Rezeptoren betroffen sind. Das kann zu einem verstärkten körperlichen Wohlbefinden führen, oft verbunden mit Heiterkeit und Ausgelassenheit bis hin zu einem wahren Hochgefühl mit einem gesteigerten Kommunikationsbedürfnis und einer Intensivierung bestimmter Sinneswahrnehmungen. Aber auch ein gesteigerter Appetit, ein Gefühl der Beruhigung und Entspannung, eine Verringerung von Angstgefühlen, besserer Schlaf sowie die Linderung von Asthmabeschwerden, chronischen Schmerzen oder Übelkeit können mit THC-Konsum verbunden sein.

Neben dem THC enthält Cannabis mit dem sogenannten Cannabidiol (CBD) noch eine weitere Substanz, die Einfluss auf den menschlichen Körper haben kann und die manchmal als „brave Verwandte" des THC bezeichnet wird, weil mit dem Konsum keine psychoaktive Wirkung verbunden ist. Es soll aber unter bestimmten Voraussetzungen für eine Steigerung des Wohlbefindens verantwortlich sein, weil dem CBD entkrampfende, entzündungshemmende und beruhigende Eigenschaften nachgesagt werden. Daher soll es bei chronischen Schmerzen, Appetitlosigkeit, Übelkeit, Verspannungen, Schlafstörungen und unter Umständen auch bei Angstzuständen helfen können, wobei zahlreiche Experten eine derart positive Einschätzung zumindest teilweise anzweifeln.

Für medizinische Zwecke und als Rauschdroge benutzt man vor allem die Blütenstände der weiblichen Hanfpflanzen, weil diese besonders hohe Wirkstoffkonzentrationen besitzen. Konsumiert wird der Indischen Hanf normalerweise als Marihuana, einem tabakähnlichen Gemisch aus klein geschnittenen und getrockneten Blütenständen sowie kleinen Blättern in Blütennähe oder als Haschisch, wie das klebrige Harz genannt wird, das winzige Drüsen zur Blütezeit ausscheiden. Dies wird gesammelt, in Blöcke gepresst und anschließend getrocknet. Es ist aber auch möglich, die Wirkstoffe mit Lösungsmitteln zu extrahieren.

Am häufigsten wird Cannabis geraucht. Dazu wird Marihuana oder zerbröseltes Haschisch mit Tabak vermischt und zu einer etwas unförmigen Zigarette, dem sogenannten Joint gedreht oder man benutzt Pfeifen, besonders Wasserpfeifen (Blubber), weil vom abgekühlten Rauch größere Mengen inhaliert werden können. Möglich ist aber auch, Cannabis zum Backen von Keksen, zur Herstellung von Süßigkeiten oder zum Aufbrühen von Tee zu verwenden.

NACH ALTER VÄTER SITTE

Sehr frühe Hinweise auf eine Anwendung von Hanfarzneien könnten aus dem Zweistromland stammen, denn dort hat man Inschriften gefunden, die – sofern sie richtig interpretiert wurden – darauf hinweisen, dass man bestimmte medizinische Eigenschaften dieser Pflanze schon damals kannte. Aber auch von den Skythen, einem nomadischen Reitervolk, das vom 8. Jhdt. v. Chr. an die eurasischen Steppen nördlich des Schwarzen Meeres besiedelte, nimmt man an, dass sie von der ungewöhnlichen Wirkung der Hanf-Inhaltsstoffe wussten. So berichtet der griechische Geschichtsschreiber Herodot, der vermutlich um 485 v. Chr. geboren wurde, Skythen-Krieger würden Hanfsamen auf heiße Steine werfen, um dann den Rauch einzuatmen, nachdem sie sich vorher eine Decke über den Kopf gezogen hatten. Anschließend könnte man sie dann vor Glück und Ekstase schreien und heulen hören. Man nimmt an, dass es sich dabei um eine Art rituelle Reinigung handelte, und weil bei Ausgrabungen skythischer Gräber aus jener Zeit tatsächlich Metallpfannen mit Steinen und angekokelten Hanfresten gefunden wurden, besteht durchaus die Möglichkeit, dass es solche Rituale tatsächlich gegeben hat.

Auch in China wird der Hanf wohl schon seit vielen Jahrhunderten zur Behandlung der unterschiedlichsten Beschwerden eingesetzt, etwa Malaria, Rheuma, Gicht oder Magenbeschwerden. So erwähnt das chinesische Werk *Shennong Bencaojing*, das vermutlich um die Zeitenwende entstand, neben zahlreichen anderen Heilkräutern auch den Hanf, ebenso wie ein Arzneimittelbuch namens *Bencao Gangmu*, das der chinesische Arzt Li Shizhen im 16. Jahrhundert verfasste. Und von der psychoaktiven Wirkung der Pflanze wussten die Menschen damals wohl ebenfalls schon, denn es hieß, man könne mit ihrer Hilfe mit den Geistern in Verbindung treten. Außerdem fand man in einem chinesischen Grab aus der Zeit um ungefähr 700 v. Chr. ein Gefäß mit weiblichen Cannabisblüten, was ebenfalls darauf schließen lässt, dass man die Eigenschaften dieser Pflanze dort schon sehr lange kannte.

Aber auch aus Indien gibt es zahlreiche Hinweise auf eine frühe Cannabisanwendung. Man nutzte es dort vor allem als Mittel zur Behandlung von Tuberkulose, Ruhr, Kopf- und Ohrenschmerzen oder manischen Zuständen, es wurde aber auch eingesetzt, um Fieber zu senken und den Schlaf zu fördern. Außerdem hieß es, aus Hanf zubereitete Arzneien würden den Geist beleben, seien aber auch gallentreibend, verdauungsfördernd sowie appetitanregend und könnten sogar das Leben verlängern oder würden, wenn man sie bei rituellen Handlungen verwendet, für Schutz vor bösen Mächten sorgen. Auch heute gelten Cannabisarzneien dort weiterhin als Stimmungsaufheller und Antidepressiva, außerdem nutzt man sie als Schmerz- und Beruhigungsmittel, ganz abgesehen davon, dass sie aufgrund der psychoaktiven Wirkung als Aphrodisiakum geschätzt werden.

In Europa spielte Cannabis zunächst keine Rolle, weder bei der Behandlung von Krankheiten noch als Rauschmittel. Eine der wenigen Erwähnungen findet man in Dioskurides berühmter *Materia Medica* aus dem 1. Jh. nach Chr., in der man nachlesen kann, dass der reichliche Konsum „die Zeugung vernichtet", aber auch, dass der Saft ein gutes Mittel gegen Ohrenbeschwerden sei. Und den Schriften Galens lässt sich entnehmen, dass Hanf in Rom gern zur Herstellung kleiner Gebäckstückchen verwendet wurde, die man dann bei Festlichkeiten reichte, um auf diese Weise für eine fröhliche Stimmung zu so sorgen.

Später wird der Indische Hanf dann von Hildegard von Bingen erwähnt, der bekannten Äbtissin, die ihn als durchaus heilsam bezeichnet, auch für gesunde Menschen. Besonders empfiehlt sie ihn zur Behandlung von Wunden und Geschwüren sowie als Schmerzmittel oder bei Magenbeschwerden und Übelkeit. Erwähnt wird die Pflanze aber auch in Paracelsus' Schriften, in Hieronymus Bocks *Kreutterbuch* und vom italienischen Arzt und Botaniker Pietro Andrea Mattioli. Letzterer warnt vor dem Genuss, da dies Kopfschmerzen verursachen könne, empfiehlt den Saft aber bei Ohrenschmerzen, während er sich nach Bocks Erfahrungen zur Behandlung von Husten nutzen lässt.

Im Verlauf der nächsten Jahrhunderte nahm die Nutzung dann aber auch in Europa immer mehr zu, sodass Mitte des 19. Jahrhunderts fast die Hälfte aller verkauften Arzneimittel Cannabis enthielten. Genutzt wurden sie unter anderem als Schmerz-, Beruhigung- oder Schlafmittel und zum Stressabbau, man setzte sie aber häufig auch bei Asthma, Husten, Migräne, Rheuma, Hautentzündungen oder Appetitlosigkeit und sogar zur Behandlung von Brandwunden und Hühneraugen ein. Und wegen dieser zahlreichen Anwendungsmöglichkeiten waren Cannabis-Arzneien im 19. Jahrhundert in fast jeder Hausapotheke zu finden. Auf den Markt kamen solche Arzneien normalerweise in Form von Tinkturen, die dadurch hergestellt wurden, dass man die Pflanzenwirkstoffe in Alkohol löste. Manchmal waren es aber auch Mischungen aus Hanf und anderen Pflanzen, darunter beispielsweise Bilsenkraut, bekanntlich eine gefährliche Giftpflanze. Außerdem gab es Cannabisprodukte vereinzelt auch als Süßigkeiten für Kinder, etwa in Form einer Nascherei aus Ahornsirup und Haschisch.

Auch zu Beginn des 20. Jahrhunderts waren Hanfarzneien noch in unterschiedlichster Form erhältlich, anfangs sogar weiterhin rezeptfrei. Damit war allerdings Schluss, als nach der sogenannten Opiumkonferenz im Jahr 1925 neben Heroin und Kokain auch Cannabis zu illegalen Drogen erklärt wurden. In den späten 60er-Jahren des letzten Jahrhunderts erregte der Hanf dann aber doch noch einmal größeres Aufsehen, weil Marihuana und Haschisch sozusagen zu den Hausdrogen der Hippiebewegung (Protestdrogen) wurden. Der dadurch stark zunehmende Konsum führte schließlich dazu, dass dieses Verbot in vielen Ländern verstärkt durchgesetzt wurde. In den letzten Jahren wurde das Rauschmittel allerdings in einigen Ländern, darunter auch Deutschland, in engen Grenzen wieder für bestimmte medizinische Anwendungen zugelassen und inzwischen scheint sich sogar eine weitere Legalisierung anzudeuten.

VIELSEITIGE NUTZPFLANZE

Noch länger als zur Herstellung von Pflanzenarzneien und Rauschmitteln wird Hanf, in diesem Fall aber *Cannabis sativa sativa,* schon
als Faserpflanze genutzt. Verwendet werden dabei die sehr festen,
aber dennoch elastischen Fasern der langen Stängel, aus denen sich
besonders gut Taue und Seile herstellen lassen. Man kann sie aber
auch zu Hanfgarn verarbeiten, um daraus Kleidung, Fischernetze
oder Segeltuch anzufertigen, während sich aus den Samen wertvolles Hanföl als Nahrungsmittel gewinnen lässt. Wie lange der Hanf
schon als Nutzpflanze in Gebrauch ist, weiß natürlich niemand, aber
man nimmt an, dass die Fasern bereits Jahrtausende vor der Zeitenwende für die Anfertigung von alltäglichen Gebrauchsgegenständen
verwendet wurden. Dies gilt vor allem für China, wo man den Hanf
wohl auch schon sehr früh kultivierte, ebenso wie in Zentralasien,
wo es ebenfalls Hinweise auf eine sehr frühe Nutzung von Hanffasern für Seile gibt.

Aber auch in Europa ist der Hanf schon lange eine häufig verwendete Nutzpflanze. So fand man im Grab eines keltischen Fürsten aus
dem 5. Jhdt. v. Chr., das Ende der 1970er-Jahre in der Nähe von Stuttgart ausgegraben wurde, Textilien aus Hanf, ebenso wie in der letzten
Ruhestätte von Arnegunde, einer der Ehefrauen des fränkischen Königs Chlothar I. (ca. 498-561). Und auch in Gräbern aus der Wikinger-
zeit wurden vereinzelt Hanftextilien oder auch Hanfsamen gefunden.

Im England Heinrich des VIII wurden die Sehnen der gefürchteten
Langbögen oft aus Hanffasern gefertigt, und auch zur Papierherstel-
lung benutzte man Hanf. Einst in China entwickelt, breitete sich diese
Technik schnell aus und Mitte des 15. Jahrhunderts wurden dann sogar Gutenberg-Bibeln auf Hanfpapier gedruckt, das sehr viel wider-
standsfähiger ist, als aus Holz hergestelltes Papier. Daher sind diese
Bibeln auch heute noch relativ gut erhalten, ebenso wie die

amerikanische Unabhängigkeitserklärung von 1776, die ebenfalls auf Hanfpapier gedruckt wurde.

Besonders häufig wurden Hanffasern aber zur Herstellung von Tauen und Seilen verwendet, die in Zeiten der Segelschifffahrt reichlich benötigt wurden. Einer der Orte, an denen diese in großer Zahl gefertigt wurden, war die sich lang hinziehende Reeperbahn in Hamburg, die damals noch etwas außerhalb der Stadt lag. Dort waren zahlreiche Menschen, die Reepschläger oder Seiler genannt wurden, tagtäglich damit beschäftigt, Taue, Seile und Stricke in unterschiedlicher Stärke zu drehen und anschließend zu teeren, bevor sie dann auf Segelschiffen zum Einsatz kamen. Als zu Beginn des 19. Jahrhunderts jedoch immer mehr Segelschiffe durch Dampfschiffe ersetzt wurden, waren Hanfseile für die Takelage plötzlich nicht mehr gefragt, sodass in den Hafenstädten zahlreiche Menschen ihre Tätigkeit verloren. Aber auch Baumwolle und später synthetische Stoffe sorgten dafür, dass die Nachfrage nach Hanffasern deutlich zurückging.

Neben den Fasern lassen sich aber auch die nahrhaften Samen des Kulturhanfs verwenden. So wurden diese in der Vergangenheit nicht nur gegessen, sondern man kann aus Ihnen durch Auspressen auch ein fettreiches Öl gewinnen, das viel Kalzium und Magnesium enthält und zudem vitaminreich ist. Daher lässt es sich gut als Speiseöl verwenden, aber zur Herstellung von Margarine, Seife, Lampenöl, Farben und Lacken. Und auch als Tabakersatz wurde der Faserhanf in der Vergangenheit genutzt, vor allen im 18. und 19. Jahrhundert. Damals war echter Tabak noch vergleichsweise teuer, sodass viele Raucher, um sich das Vergnügen überhaupt leisten zu können, auf Ersatzpflanzen oder Ersatzpflanzenmischungen zurückgriffen. Dazu gehörten auch die Blütenstände des Kulturhanfs, die bei der Faserherstellung als Ausschuss reichlich anfielen, und die ja einen deutlich geringeren THC-Gehalt aufweisen als die des Indischen Hanfs. Und da heute viele Menschen auf der Suche nach einer Alternative für den nikotinhaltigen Tabak sind, der über kurz oder lang zu einer Abhängigkeit führt (siehe unten), ist das Rauchen von nikotinfreien Kräutermischungen durchaus wieder in Mode gekommen. Dazu gehören auch die Blüten und Blätter des Kulturhanfs, der nach Aussagen von Konsumenten ein angenehm mildes, krautiges Aroma besitzen soll. Gesundheitsschädlich sind allerdings auch diese Mischungen, die zwar kein Nikotin, aber doch verschiedene giftige Substanzen enthalten, etwa Kohlenmonoxid, Benzol oder Schwermetalle.

KEIN SCHNEE VON GESTERN

Zu den großen Drei unter den pflanzlichen Rauschdrogen gehört schließlich noch das Kokain, oft auch Schnee, Koks, Charley oder Stardust genannt. Im Gegensatz zu Opium und Cannabis stammt es allerdings aus der Neuen Welt, sodass es erst mit den spanischen Konquistadoren nach Europa kam. Gewonnen wird es aus den Blättern des Kokastrauches (*Erythroxylum coca*), der zur Familie Rotholzgewächse (Erythroxylaceae) gehört. Typisch für den Strauch sind längliche, immergrüne Blätter, gelbliche Blüten aus denen sich später rötlich gefärbte Beeren entwickeln sowie eine ebenfalls rote Rinde. Und diesen Merkmalen verdankt die Pflanze auch ihren Gattungsnamen (*erythros* = rot, *xylon* = Holz).

Heimat des Kokastrauches sind die Andengebiete Südamerikas, wobei er in Höhen von bis zu 2000 m vorkommt; außerdem wird er heute in vielen tropischen Gebieten angebaut. In seinem Verbreitungsgebiet werden die Blätter, die als aktive Substanz vor allem Kokain enthalten, schon seit Jahrtausenden zur Behandlung von Schmerzen aller Art, aber auch bei Erkältungen, Bronchitis, Koliken, Rheuma und Asthma angewendet. Noch häufiger nutzt man sie allerdings zur

Erhöhung der körperlichen Leistungsfähigkeit, damit das Leben unter den schwierigen Bedingungen in den kargen Gebirgsregionen erträglicher wird. Möglich ist das, weil das in den Blättern enthaltene Alkaloid Kokain stimulierende, leistungssteigernde und euphorisierende Eigenschaften besitzt und zudem Hunger und Durstgefühl unterdrücken kann; außerdem soll sich die Sauerstoffaufnahme in größeren Höhen verbessern. Um die Kokablätter zu nutzen, werden zunächst die Blattrippen entfernt, der Rest mit Kalk oder Pflanzenasche vermischt, zu einer Kugel zusammengerollt und dann gekaut. Die dabei freiwerdenden Substanzen sorgen für eine aufputschende Wirkung, sodass sich selbst größere Strapazen besser bewältigen lassen.

In Gruppen konsumiert, hat das Kauen aber oft auch eine soziale Funktion, denn es heißt, es könne die Integration erleichtern und die Geselligkeit fördern. Nach ungefähr zwei Stunden ist die Pflanzenkugel normalerweise bis auf einen faserigen Rest aufgebraucht und wird dann zumeist schnell durch eine neue ersetzt. In Peru nennt man diese Zeitspanne des Kauens *coqueada*, und es war früher oft sogar üblich, die Zeit, die es dauert, eine Wegstrecke zurückzulegen oder eine bestimmte Arbeit zu verrichten, in *coqueada* anzugeben.

In einigen Regionen Südamerikas werden die Blätter des Kokastrauches vermutlich schon seit Jahrtausenden genutzt. So fand man in Gräbern, deren Alter auf über 3000 Jahre geschätzt wird, Gefäße mit Kokablättern als Grabbeigaben und beim Ausgraben von noch älteren Siedlungsresten entdeckte man Behälter mit pulverisiertem Kalk – möglicherweise ein Hinweis darauf, dass schon damals Blätter des Kokastrauches gekaut wurden. Außerdem gibt es Statuen, bei denen eine Backe des Gesichtes die charakteristische Ausbeulung zeigt, die typisch für Konsumenten ist, die gerade eine Kugel aus Kokainblättern kauen. Bei den Inkas galt der Kokastrauch als Geschenk der Götter und daher als heilig, was auch daran erkennbar ist, dass

Götterstatuen häufig mit einem Bündel aus Kokastrauchzweigen dargestellt wurden. Und anfangs setzte man die Pflanze auch noch vor allem zu Kultzwecken ein, indem man beispielsweise die Blätter bei religiösen Ritualen verbrannte.

Als die Spanier Südamerika eroberten, wurden sie schon bald auf die ungewöhnliche Pflanze aufmerksam. So staunten sie darüber, dass die Ureinwohner in einigen Gegenden nicht etwa Gold oder Silber als Zahlungsmittel nutzten, sondern die Blätter des Kokastrauches, wie der Historiker Agustín de Zárate (um 1514-1560), der selbst einige Jahre in Südamerika gelebt hat, in seiner *Historia de descrimento y conquista del Peru* aus dem Jahre 1555 berichtet. Außerdem schrieb er: *Die Indios in den Minen können 36 Stunden unter Tage bleiben, ohne zu schlafen und zu essen.*[58]

Berichte dieser Art, die häufig stark übertrieben waren, erregten natürlich auch in Europa eine gewisse Aufmerksamkeit. Zu den Ersten, die sich in Europa intensiv mit dem Kokastrauch befassten, gehörte der italienische Arzt Paolo Mantegazza (1831–1910). Er war in den Fünfzigerjahren des 19. Jahrhunderts ebenfalls einige Zeit in Südamerika gewesen und führte danach eine Reihe von Versuchen mit der neuen Pflanze durch. Dazu gehörten auch Selbstversuche – eine in der damaligen Zeit durchaus übliche Vorgehensweise bei wissenschaftlichen Untersuchungen.

Seinen Darstellungen zufolge hatten geringe Dosen einen anregenden Effekt auf den Verdauungstrakt, mittlere Dosen eine stimulierende Wirkung auf das Nervensystem und die Muskulatur, mit dem Ergebnis, dass er, der eigentlich jede sportliche Tätigkeit vermied, mit Leichtigkeit auf den Schreibtisch hüpfen konnte. Anschließend, so berichtet er, folgte dann ein Gefühl seligen Wohlbehagens. Erhöhte er die Dosis weiter, beobachtete er eine halluzinogene Wirkung bis hin zu Kontrollverlust und Delirium. Wegen dieser Grenzerfahrungen beendete Mantegazza aber schon bald seine Selbstversuche, empfahl alkoholische Extrakte oder auch die Blätter in pulverisierter Form aber durchaus zur Behandlung von Beschwerden des Magen-Darm-Traktes oder bei Anämie.

Schon bald danach gelang es Chemikern herauszufinden, welche Substanz in den Blättern für die Wirkung verantwortlich ist. Nach vielen Vorversuchen, die zumeist daran scheiterten, dass zu wenig Ausgangsmaterial vorhanden war, gelang es schließlich Friedrich Albert Emil Niemann (1834–1861) im Jahre 1860 im Rahmen seiner Dissertation in Göttingen, den wirksamen Bestandteil aus Kokablättern zu extrahieren und zu charakterisieren. Es handelte sich um ein Alkaloid, dem er den Namen Kokain gab und das die Firma Merck bereits 1862 auf den Markt brachte.

SOGAR DER PAPST HILFT MIT

Da Kokain in dem Ruf stand, es könne die körperliche Leistungsfähigkeit erhöhen, begann sich bald auch das Militär für die neue Substanz zu interessieren. So nutzte der an der Würzburger Universität tätige Mediziner Theodor Aschenbrandt das Kokain, um während einer militärischen Feldübung Versuche mit bayerischen Soldaten durchzuführen und stellte dabei eine deutliche Erhöhung der Leistungsfähigkeit fest. So sei die Marschfähigkeit erhöht gewesen, außerdem hätte Nahrungs- und Schlafentzug die Kondition der Soldaten wenig beeinträchtigt, wie er in einem Artikel berichtete, der 1883 in der *Deutschen medicinischen Wochenschrift* erschien.

Wirklich bekannt wurde die neue Substanz aber erst, als der französische Chemiker Angelo Mariani (1838–1914) Mitte des 19. Jahrhunderts den sogenannten Mariani-Wein (Vin Mariani) erfand, der aus Bordeauxwein und extrahierten Bestandteilen von Kokablättern bestand. Nachgesagt wurden dem Getränk eine beruhigende, schmerzlindernde und betäubende Wirkung, es sollte aber auch neue Energie verleihen und die Lebenskraft stärken. Dank dieser positiven Eigenschaften wurde die alkoholische Mixtur, auch wegen der geschickten Vermarktung, schnell ein großer Verkaufserfolg.

Die Liste prominenter Persönlichkeiten, die von diesem Getränk überzeugt waren und es daher regelmäßig konsumierten, ist lang. Beispiele sind die englische Königin Victoria (1819-1901), die amerikanischen Präsidenten Ulysses S. Grant (1822-1885) und William McKinley (1843-1901), der französische Premierminister Félix Jules Méline (1838-1925), Papst Leo XIII (1810-1903), der dem Erfinder aus Dankbarkeit eine Medaille verlieh und mit dessen Bild sogar auf Plakaten und in Anzeigen für den Wein geworben wurde sowie einer seiner Nachfolger Papst Pius X (1835-1914). Weitere Konsumenten waren der amerikanische Erfinder Thomas Alva Edison (1847-1931), zahlreiche Schriftsteller, etwa Alexander Dumas (1802-1870) und Émile Zola (1840-1902), aber auch Schauspielerinnen wie Sarah Bernhardt (1844-1923) und andere Künstler, darunter viele Sänger, weil es hieß, der Wein würde die Stimmbänder stärken. Heute wird vermutet, dass die Mehrzahl der Konsumenten das Getränk schon damals weniger aus gesundheitlichen Gründen nutzte, sondern eher als eine Art Lifestyle-Produkt, von dem sie täglich durchaus 2-3 Gläser tranken (Kinder die Hälfte).

Nachdem sich gezeigt hatte, dass sich mit Produkten dieser Art ein Vermögen verdienen ließ, tauchen schon bald Nachahmer auf. Einer von ihnen war John S. Pemberton, ein Apotheker aus Atlanta in den USA. Auch sein Getränk, das er 1885 auf den Markt brachte, bestand zunächst aus Alkohol und Extrakten von Kokablättern, aber als in seiner Heimatstadt Gesetze erlassen wurden, die den Alkoholkonsum einschränken sollten, ließ er den Alkohol weg und taufte sein neues Produkt Coca-Cola. Das kohlensäurehaltige Getränk enthielt anfangs noch Extrakte von Kokablättern und koffeinhaltigen Kolanüssen (*Cola*), was den Namen erklärt, aber nachdem in den USA und anderen Ländern Anfang des 20. Jahrhunderts der Zusatz von Kokain in Getränken verboten wurde, endete diese Praxis. Dennoch werden der Coca-Cola-Limonade auch heute noch Kokastrauchblätter zugesetzt, weil nur dann der typische Geschmack erhalten bleibt. Daher kauft die Firma alljährlich etwa 1000 Tonnen davon in Südamerika, aus denen allerdings vor der Verwendung das Kokain entfernt wird.

ZWANGHAFTE WIEDERHOLUNG

Wie erwähnt, gelang es Emil Niemann schon 1860 das Kokain aus den Blättern zu extrahieren, aber die Molekularstruktur wurde erst fast 40 Jahre später durch Richard Willstätter (1872-1942) im Rahmen seiner Dissertation an der Universität München aufgeklärt. Und ihm gelang dann 1923 auch die Gewinnung der Reinsubstanz Kokain unter Laborbedingungen. Dazu wurde zunächst ein Alkaloidgemisch aus dem Blättern des Kokastrauches extrahiert, das man anschließend durch Hydrolyse zu Ecgonin verarbeitete, bevor eine Veresterung mit Methanol und eine Benzoylierung erfolgte. Das Ergebnis eines solchen Prozesses ist dann das bekannte weiße, kristalline Kokainpulver.

Wird dieses konsumiert, kommt es zunächst zu einer Beeinflussung der Abläufe im synaptischen Spalt, also der Verbindungsstelle zwischen zwei Nervenzellen oder auch zwischen einer Nerven- und einer anderen Zelle, beispielsweise einer Muskelzelle. Wie bereits erwähnt, wird an dieser Stelle ein elektrischer Reiz in einen chemischen umgewandelt, weil sich nur so die vorhandene Lücke zwischen zwei Zellen überbrücken lässt. Diese Aufgabe übernehmen in speziellen Versikeln gespeicherte Neurotransmitter, etwa Dopamin, das im Falle einer Erregung über die Membran auf der einen Seite ausgeschüttet und von entsprechenden Dopaminrezeptoren in der Membran der anderen Zelle aufgenommen wird, sodass eine Weiterleitung erfolgen kann.

Nachdem der freigesetzte Neurotransmitter seine Aufgabe erfüllt hat, wird er normalerweise von der Zelle wieder zurückgewonnen. Doch genau das verhindert Kokain, weil es die dafür notwendigen Transporter besetzt und dadurch blockiert. Auf diese Weise steigt die Dopamin-Konzentration im synaptischen Spalt auf ein Vielfaches der üblichen Menge an und es erfolgt eine verstärkte Interaktion mit nachgeschalteten Neuronen.

Gleichzeitig erhöht sich durch Kokain aber auch die Konzentration der Neurotransmitter Serotonin und Noradrenalin, und es kommt zu einer deutlichen Aktivierung des körpereigenen Belohnungssystems, denn alle drei Substanzen gehören zu den ebenfalls bereits erwähnten „Glückshormonen". Die können dann eine spürbare Antriebssteigerung hervorrufen, ebenso wie euphorische Gefühle und eine größere Kontaktfreudigkeit.

Auf physischer Ebene kann Kokain außerdem für eine Erhöhung des Blutzuckerspiegels und der Körpertemperatur sorgen, wie auch für eine Verengung der Blutgefäße, erhöhten Blutdruck und ein stärker schlagendes Herz und dadurch für eine bessere Durchblutung vieler Muskeln, was zumindest teilweise die gesteigerte Leistungsfähigkeit durch Kokainkonsum erklären könnte. Außerdem wirkt es sich auf das Schmerzempfinden aus, aber auch auf den Schlaf-Wach-Rhythmus sowie das Schlafbedürfnis. Gleiches gilt für das Hunger- und Durstgefühl, sodass sich das Bedürfnis zur Nahrungsaufnahme deutlich verringert.

Hohe Dosierungen rufen dagegen manchmal Halluzinationen, Angstzustände und sogar paranoide Erfahrungen wie Verfolgungswahn hervor. Möglich ist aber auch eine große Niedergeschlagenheit, etwa aufgrund von auftretenden Schuldgefühlen oder Selbstvorwürfen. Bei Überdosierung kann es im Extremfall dagegen zu lebensgefährlichen Krampfanfällen durch Übererregung von Teilen des Nervensystems kommen, bis hin zu Bewusstseinsstörungen, Koma, Herzinfarkten oder einer Lähmung des Atemzentrums. Beeinflusst wird durch Kokain zudem die Funktion der Kalium-Natrium-Kanäle in den Membranen von Nervenzellen, was die Weiterleitung von Signalen beeinträchtigt, sodass Kokain als lokales Betäubungsmittel eingesetzt werden kann (siehe unten).

Da viele Konsumenten den einmal erfahrenen Lustgewinn immer wieder aufs Neue erleben wollen, kann es schließlich zu einem zwanghaften Konsum kommen, weil das Belohnungssystems nun hauptsächlich auf Kokain reagiert. Außerdem sorgt die verringerte Rückgewinnung der Transmittervorräte dafür, dass die Nervenzellen immer weniger Dopamin freisetzen können. Deswegen müssen die Konsumenten den Verbrauch von Kokain immer weiter erhöhen, bis zu einem Punkt, an dem sich kein Rausch mehr einstellt. Dazu kommt es erst wieder, wenn die Wiederaufnahme des Dopamins in die Zelle normal funktioniert.

JUGENDSÜNDEN

Nachdem der bekannte österreichische Arzt und Neurophysiologe Sigmund Freud (1856-1939), der als der Begründer der Psychoanalyse gilt, auf den oben erwähnten Artikel des Würzburger Mediziners Aschenbrandt stieß, in dem dieser über die leistungssteigernden Effekte nach dem Konsum von Kokain berichtete, begann auch er sich für diese Substanz zu interessieren. Das Thema Kokain erwähnt er erstmals in einem Brief vom 24. April 1884. Damals war er noch ein unbekannter, schlecht bezahlter Assistenzarzt am Allgemeinen Krankenhaus in Wien und daher auf der Suche nach einem Forschungsthema, mit dem er sich einen Namen machen konnte. Anschließend schrieb Freud an seine damalige Verlobte Martha Bernays:

Mit einem Projekt und einer Hoffnung trage ich mich jetzt auch, die ich Dir mitteilen will; vielleicht wird's ja auch nichts weiter. Es ist ein therapeutischer Versuch. Ich lese von Cocain, dem wirksamen Bestandteil der Cocablätter, welche manche Indianerstämme kauen, um sich kräftig für Entbehrungen und Strapazen zu machen. Ein Deutscher [T. Aschenbrandt] hat nun dieses Mittel bei Soldaten versucht und wirklich angegeben, daß es wunderbar kräftig und leistungsfähig mache. Ich will mir nun das Mittel kommen lassen und auf Grund naheliegender Umstände es bei Herzkrankheiten, ferner bei nervösen Schwächezuständen, insbesondere bei dem elenden Zustande bei der Morphiumentziehung (wie bei Dr. Fleischl) versuchen. Vielleicht arbeiten schon viele andere damit, vielleicht taugt es nichts. Aber das Versuchen will ich nicht unterlassen und Du weißt, was man oft versucht und immer will, das gelingt dann einmal. Mehr als einen solchen glücklichen Wurf brauchen wir nicht, um an unsere Hauseinrichtung denken zu dürfen.[59]

Wie in dieser Zeit üblich, unternahm Freud mit einem Gramm Kokain, das er von der Firma Merck in Darmstadt bezogen hatte, zunächst einmal eine Reihe von Selbstversuchen. Dazu heißt es in seiner Studie *Über Coca* aus dem Jahr 1884:

Wenige Minuten nach der Einnahme stellt sich eine plötzliche Aufheiterung und ein Gefühl von Leichtigkeit her ... Man fühlt eine Zunahme der Selbstbeherrschung, man fühlt sich lebenskräftiger und arbeitsfähiger ... Langanhaltende, intensive geistige oder Muskelarbeit wird ohne Ermüdung verrichtet, Nahrungs- und Schlafbedürfnis, die sonst zu bestimmten Tageszeiten auftreten, sind wie weggewischt ... Ich habe diese gegen Hunger, Schlaf und

Ermüdung schützende und zur geistigen Arbeit stählende Wirkung der Coca etwa ein dutzendmal an mir selbst erprobt.[60]

Wohl aufgrund dieser Erfahrung, nutzte Freud die Droge in der Folge allerdings nicht nur zu medizinischen Zwecken, sondern außerdem, um seine Arbeitskraft und seine Konzentrationsfähigkeit zu erhöhen. Aber auch außerhalb seiner beruflichen Tätigkeit begann Kokain schon bald eine Rolle zu spielen. Als er während eines Forschungsaufenthaltes in den Jahren 1885/86 bei dem berühmten französischen Neurologen Jean-Martin Charcot (1825-1893) von diesem zu einem Bankett eingeladen worden war, bei der auch zahlreiche Größen der Pariser Gesellschaft erwartet wurden, schrieb er an Martha Bernays:

Du kannst Dir ungefähr mein mit Neugier und Befriedigung gemischtes Grauen denken. Weiße Handschuhe und Krawatte, selbst ein neues Hemd, Frisieren der letzten noch übrigen Haare, und so weiter. Etwas Cocain, um das Maul öffnen zu können.[61]

Und ein weiterer Brief Freuds an seine Verlobte vermittelt ebenfalls den Eindruck, dass er auch sonst immer wieder einmal „auf Droge" war:

Wehe Prinzeßchen, wenn ich komme. Ich küß Dich ganz wohl und füttere Dich ganz dick, und wenn Du unartig bist, wirst Du sehen, wer stärker ist, ein kleines, sanftes Mädchen, das nicht ißt, oder ein großer, wilder Mann, der Cocain im Leib hat. In meiner letzten schweren Verstimmung habe ich wieder Coca genommen und mich mit einer Kleinigkeit wunderbar auf die Höhe gehoben. Ich bin eben beschäftigt, für das Loblied auf dieses Zaubermittel Literatur zu sammeln.[62]

Insgesamt kam er bei seinen Untersuchungen zu einer positiven Einschätzung, was die Möglichkeiten einer medizinischen Anwendung betraf. So meinte er, man könne Kokain etwa bei depressiver Missstimmung, Asthma oder Verdauungsbeschwerden einsetzen, aber auch bei sexueller Kraftlosigkeit und zur örtlichen Betäubung. Dass Kokain die typischen Eigenschaften eines Lokalanästhetikums besitzt, weil es vorübergehend die Impulsweiterleitung in Nervenfasern und damit den Informationsweg zwischen dem Ort des Schmerzes und dem Zentralnervensystem unterbricht, hatte der Augenarzt Carl Koller (1857-1944), ein Assistent Freuds, herausgefunden.

Zu tun hat auch das mit der unterschiedlichen Ionenverteilung an der Membran von Nervenzellen. Wie bereits in Kapitel 1 geschildert, ist die Konzentration von Kaliumionen normalerweise im Inneren der Zelle hoch, die von Natriumionen niedrig. Umgekehrte Verhältnisse findet man dagegen im Extrazellularraum, wo eine niedrige Kalium- und eine hohe Natriumkonzentration vorherrscht. Diese Verteilungsunterschiede der Ionen an der Innen- und Außenseite der Membranen ermöglichen die Entstehung eines bereits ebenfalls erwähnten Ruhepotenzials, das für eine Reizweiterleitung notwendig ist.

Wird nun ein Lokalanästhetikum an einer bestimmten Stelle eingesetzt, etwa durch Injektion unter die Haut oder durch Auftragen einer Salbe, findet dort eine Blockade der Natriumkanäle statt, mit dem Ergebnis, dass der Aufbau eines Aktionspotenzials erschwert oder sogar verhindert und damit die Weiterleitung von durch Schmerz ausgelösten Reizen. Und das sorgt so für die Unterdrückung des Schmerzempfindens ohne Ausschaltung des Bewusstseins. Eingesetzt wurde Kokain wegen der Unterdrückung der Reizweiterleitung vor allem bei Augenoperationen und Zahnbehandlungen. Inzwischen verwendet man allerdings zumeist synthetische Lokalanästhetika, weil beim Kokain die Gefahr einer Gewöhnung besteht.

Freud wird immer wieder vorgeworfen, er habe mit seinen Kokain-Untersuchungen maßgeblich zur Verbreitung der Droge beigetragen. Allerdings wird der Einfluss des damals noch weitgehend unbekannten Mediziners diesbezüglich wohl stark überschätzt. Und tatsächlich war der Konsum von Kokainpulver zu reinen Genusszwecken vor dem Ersten Weltkrieg, zumindest im deutschsprachigen Raum, kaum verbreitet. Freud selbst gab den Kokain-Konsum zudem recht schnell wieder auf und bezeichnete seine frühen Veröffentlichungen zu diesem Thema später auch als „Jugendsünden". Beeinflusst wurde diese Abkehr wohl sehr stark durch den frühen Tod seines Freundes Ernst Fleischl von Marxow (1846-1891). Dieser hatte sich bei einer Leichensektion eine Verletzung am Daumen zugezogen, der sich schon bald entzündete, sodass er teilweise amputiert werden musste. An dieser Stelle hatte er danach dauerhaft Schmerzen, die er versuchte, mit Morphin zu lindern. Dies hatte schon bald zu einer starken Sucht geführt, von der er sich, wie Freud ihm geraten hatte, durch eine Behandlung mit Kokain zu befreien versuchte. Allerdings benötigte Fleischl auch hier schon bald immer größere Mengen, um seine starken Schmerzen zu bekämpfen, sodass seine Morphinsucht letztlich durch eine Abhängigkeit von Kokain ersetzt wurde. Die Folge war, dass er, gerade einmal 45 Jahre alt, im Oktober 1891 an den Folgen seines jahrelangen Drogenmissbrauchs starb.

KRIEGSFOLGEN

Wirklichen Einfluss auf den zunehmenden Konsum hatte dagegen der Umstand, dass während des Ersten Weltkrieges regelmäßig Kokain an Soldaten ausgegeben oder auch einfach ins Essen gemischt wurde, um so ihre Belastbarkeit zu erhöhen. Die für diesen Zweck angehäuften Vorräte gelangten nach Beendigung des Krieges sehr schnell auf den freien Markt, sodass plötzlich sehr viel Kokain zur

Verfügung stand. Und dies war bei vielen Menschen durchaus willkommen, denn es kam in Deutschland nach Kriegsende zu einer schweren Wirtschaftskrise, verbunden mit Nahrungsmittelknappheit und steigendem Preisen. Daher gab es viele, die glaubten, ihre Lage mit Drogen besser ertragen zu können, sodass in der Folge der nichtmedizinische Kokain-Gebrauch deutlich zunahm.

In den „Roaring Twenties", also den „Goldenen Zwanzigern", folgte dann eine Zeit eines weltweiten Wirtschaftsaufschwungs mit deutlich verbesserten Lebensumständen, auch in Deutschland. Dies sorgte für neue Lebensfreude unter den Menschen, und diese versuchten viele durch Kokain noch zu steigern, sodass der Kokainkonsum nicht etwa zurückging, sondern sogar zunahm. Daher nennt man diese Periode auch die „Snorting Twenties", also das Jahrzehnt des Kokain-Schnupfens.

Häufige Konsumenten waren Literaten, Künstler und Schauspieler, aber die Droge verbreitete sich auch schnell unter anderen vergnügungssüchtigen Großstädtern, ebenso wie in der sogenannten Halbwelt, darunter Straßendirnen und Zuhälter. Vor allem in den Großstädten wurde Kokain jetzt nicht nur auf der Straße angeboten, sondern auch in vielen Restaurants, Nachtklubs, Cabarets und Bars, wo sich Männer und Frauen aller Gesellschaftsschichten mit dem begehrten Genussmittel versorgen konnten. So schrieb der Schriftsteller Curt Riess (1902-1993) über das damalige Berliner Nachtleben, dass es als schick galt, Drogen zu nehmen. Daher bekam man Kokain auch schon bald in jedem zweiten Nachtlokal und oft war die Toilettenfrau die Quelle, die angesteuert werden musste.

Weil durch den zunehmenden Gebrauch nach und nach die Gefahren des Kokainkonsums deutlich wurden, kam es dann aber schon bald zu ersten Verboten der Droge. In den USA war das bereits 1922 der Fall. Dort wurden allein im Jahr 1912 etwa 5000 Todesfälle im

Zusammenhang mit Kokainkonsum registrierte. Diese hohe Zahl hatte auch damit zu tun, dass sogenannte „Speedballs" in Mode kamen, bei denen es sich um eine Mischung aus Kokain und Heroin handelt. Dieser Mix kann eine enorme Euphorie hervorrufen, erhöht aber auch die Gefahr einer tödlichen Vergiftung.

In Deutschland wurde das Kokain 1930 gesetzlich verboten, was aber wenig Wirkung zeigte, weil mit Amphetamin schnell eine Ersatzdroge zur Verfügung stand. Diese Substanz wurde bereits Ende des 19. Jahrhunderts erstmals synthetisch hergestellt und in der Folge zur Behandlung von Atemwegserkrankungen wie Asthma eingesetzt. Später entdeckte man dann, dass Amphetamin auch eine stimulierende und aufputschende und in hoher Dosis euphorisierende Wirkung besaß. Daher eignete sie sich nicht nur gut als Ersatzdroge für Kokain, sondern hatte auch noch den Vorteil, dass sie sich synthetisch herstellen ließ. 1938 wurde dann das verwandte Methylamphetamin (Methedrin) synthetisiert, das eine vergleichbare, aber deutlich stärkere Wirkung hat und das heute auch unter dem Namen „Crystal Meth" bekannt ist.

Nach einem zwischenzeitlichen Rückgang nimmt der Kokainkonsum mittlerweile trotz aller Verbote inzwischen auch in Deutschland seit Jahren wieder deutlich zu. So sprach die Drogenbeauftragte der Bundesregierung Daniela Ludwig bei der Vorstellung ihres Jahresberichtes aus dem Jahr 2020 davon, dass Kokain inzwischen das Megathema geworden sei, und nach Angaben des Bundeskriminalamts gibt es in Deutschland sogar eine Kokainschwemme. Sichtbar wird dies auch an den Mengen von Kokain, die immer wieder einmal vom Zoll beschlagnahmt werden. So entdeckte man im Februar 2021 im Hamburger Hafen in Containern aus Paraguay über 16 Tonnen Kokain mit einem Straßenverkaufswert von mehreren Milliarden Euro, wobei Experten des Zolls aber davon ausgehen, dass für jedes Kilogramm Kokain, das sichergestellt wird, zehn Kilo nicht gefunden werden.

Aber auch die Kontrolle von Abwässern großer Städte auf Drogenrückstände, die seit einigen Jahren durchgeführt werden, zeigt den zunehmenden Verbrauch von Kokain. So stellte man bei Untersuchungen im Jahr 2021 fest, dass sich in Berlin die mit dem Urin ausgeschiedenen Zwischenprodukte, die beim Abbau des Kokains anfallen, seit 2017 von 300 auf ungefähr 600 Milligramm verdoppelt haben.

DIE LIEBEN VERWANDTEN

In den tropischen Wäldern Zentral- und Westafrika Afrika wächst eine Pflanze, deren Inhaltsstoffe ähnlich stimulierende Eigenschaften besitzen wie die des Kokastrauches, sodass man die Extrakte auch das „Kokain Afrikas" nennt. Gemeint ist die Ibogapflanze (*Tabernanthe iboga*), die zur Familie der Hundsgiftgewächse (Apocynaceae) gehört. Es handelt sich um immergrüne Sträucher mit weißen bis rosa Blüten, orangegelben Früchten, die ein wenig an Chilischoten erinnern und einer stark verzweigten, innen gelblich gefärbten Wurzel.

Bei den in der Pflanze enthaltenen Wirkstoffen handelt es sich hauptsächlich um Ibogain (12-Methoxy-ibogamin), ein Indol-Alkaloid, das in geringer Dosis stimulierend wirkt. Daher wird die Wurzel in ihrer Heimat häufig gegen Hunger und Übermüdung oder zur Stärkung und zur Steigerung der Ausdauer gekaut. Bei hoher Dosierung kann es dagegen zu Visionen und Wachträumen kommen, auch wenn die Wirkung nicht mit psychedelischen Substanzen wie LSD (Lysergsäurediethylamid), Meskalin oder DMT (N, N-Dimethyltryptamin) vergleichbar ist (siehe unten). Dennoch benutzen vor allem die Anhänger des sogenannten Bwiti-Kults in Gabun und einigen angrenzenden Regionen die stark bitter schmeckende Wurzel der Pflanze schon seit langer Zeit für magisch-religiösen Zeremonien, vor allem

Heilungs- und Initiationsrituale, bei denen versucht wird, mithilfe der Droge einen Kontakt zu den Vorfahren oder anderen Mächten der Geisterwelt aufzunehmen.

Bekannt geworden ist die Ibogapflanze aber vor allem dadurch, dass sie angeblich helfen kann, Drogensucht zu bekämpfen. Dies will ein junger Amerikaner entdeckt haben, der in den 60er-Jahren des vorigen Jahrhunderts mit verschiedenen Drogen experimentierte, darunter auch Ibogain und den Eindruck hatte, dass die Substanz sein Verlangen nach Heroin, einer von ihm häufig verwendeten Droge, verringerte oder sogar völlig unterdrückte.

Nachdem dies bekannt geworden war, wurde versucht, Ibogain bei Drogentherapien zu verwenden, aber auch viele Jahrzehnte später wird der Einsatz für diesen Zweck immer noch kontrovers diskutiert. Zwar scheinen unter bestimmten Umständen durchaus Erfolge möglich, aber der Konsum von Ibogain kann auch leicht zu einem Spiel mit dem Tod werden. So sind bei falscher Dosierung schwere Krämpfe und Lähmungserscheinungen möglich und sogar der Tod durch Atemstillstand oder starke Herzrhythmusstörungen.

In die Gruppe von Pflanzen, denen eine anregende Wirkung nachgesagt wird, gehört auch der Kathstrauch (*Catha edulis*) aus der Familie der Spindelbaumgewächse (Celastraceae). Es handelt sich um Bäume oder große Sträucher, die hauptsächlich im Jemen, in Äthiopien, Somalia, Kenia und Oman vorkommen, wo man sie benutzt, um ein Stimulans namens Khat oder Qat herzustellen. Dazu bereitet man aus jungen Blättern oder Trieben einen Tee oder kaut sie, ähnlich wie die Blätter des Kokastrauches. Auf diese Weise lässt sich das Hungergefühl unterdrücken, ebenso wie die Müdigkeit, sodass beispielsweise im Jemen und in Somalia angeblich bis zu drei Viertel der Männer diese Droge nutzen. Der Hauptwirkstoffe der Pflanze sind Cathin und Cathinon, zwei mit den Amphetaminen verwandte Alkaloide. In

Europa ist Khat weitgehend unbekannt, weil die Alkaloide spätestens 48 Stunden nach der Ernte praktisch unwirksam werden. Daher kann die Pflanze auch nur regional genutzt werden, denn selbst ein Transport auf dem Luftweg würde sie kaum rechtzeitig zu weiter entfernt lebenden Konsumenten bringen.

Eine weitere Pflanze mit stimulierenden Inhaltsstoffen ist der Chinesische Meerträubel (*Ephedra sinica*), der zur Familie Ephedraceae (Meerträubelgewächse) gehört und vor allem in Teilen Chinas und der Mongolei vorkommt. Es handelt sich um kleine, zweihäusige, ein wenig an Ginster erinnernde Sträucher, die verwandtschaftlich in die Nähe der Nadelbäume gehören. Typische Merkmale sind die rutenartigen, fotosynthetisch aktiven, grünen Zweige mit winzigen Schuppenblättern und die fleischigen, zapfenartigen, roten Scheinfrüchte.

In ihrer Heimat wird die Art schon seit Jahrtausenden als Heilpflanze verwendet, etwa zur Behandlung von Schüttelfrost, Fieber sowie Husten und anderen Atemwegserkrankungen, aber auch als Anregungsmittel, das angeblich schon die Leibwächter Dschingis Khans benutzten, um sich wach zu halten, denn ihnen drohten empfindliche Strafen bis hin zur Enthauptung, wenn sie während der Wache einschliefen. Aber auch Zen-Mönche sollen den Meerträubel verwendet haben, um ihre Konzentration während der Meditation zu erhöhen. Heute nutzt man die Pflanze in vielen Ländern zur Herstellung von Arzneien, etwa solchen zur Behandlung von Asthma, Bronchitis, Erkältungen bis hin zu Heuschnupfen und anderen Allergien.

Hauptverantwortlich für die Wirkung sind vor allem die Alkaloide Ephedrin und Pseudoephedrin. Diese haben eine strukturelle Ähnlichkeit mit Adrenalin und Noradrenalin, die im menschlichen Körper als Stresshormone oder Neurotransmitter dienen. So sind diese beiden Substanzen unter anderem dafür verantwortlich, dass es in Stresssituationen zu einer Mobilisierung der Energiereserven des Körpers und zu einer Steigerung der Leistungsbereitschaft kommt. Möglich ist das, weil die Hormone unter anderem für eine Erhöhung des Blutdrucks durch Verengung der Gefäße, für ein schneller schlagendes Herz und eine Umverteilung des Blutes im Körper sorgen. Dadurch werden vor allem die Muskeln des Bewegungsapparates besser durchblutet und deshalb leistungsfähiger, außerdem stellt die Leber zur Versorgung der Muskulatur mehr Zucker zur Verfügung und die Fettverbrennung wird angekurbelt. Zusätzlich kommt es zu einer Erweiterung der Atemwege und die Bronchien, was die Lungentätigkeit verbessert, und schließlich werden die Verdauungsvorgänge zurückgefahren und das Hungergefühl unterdrückt, damit an dieser Stelle nicht unnötig Energie verbraucht wird. Diese überlebenswichtigen Maßnahmen des Körpers ermöglichen einem Lebewesen dann beispielsweise bei einem Angriff eine schnellere Flucht oder auch einen erfolgversprechenderen Gegenangriff.

Wegen der strukturellen Ähnlichkeit von Ephedrin und Pseudoephedrin mit Adrenalin und Noradrenalin können die Inhaltsstoffe des Chinesischer Meerträubel wie die körpereigenen Hormone wirken, weil sie an die entsprechenden Rezeptoren binden und diese aktivieren. Die Mobilisierung der Energiereserven und Steigerung der Leistungsbereitschaft erklärt dann auch die stimulierende Wirkung der Meerträubel-Alkaloide, ebenso wie ihre Anwendung bei Atemwegserkrankungen. Wegen dieser Eigenschaften kann Ephedrin, das sich auch synthetisch herstellen lässt, allerdings leicht missbraucht werden, etwa als verbotenes Dopingmittel im Sport oder als fragwürdiger Appetitzügler. Außerdem benutzt man sowohl Ephedrin als auch Pseudoephedrin als Grundstoff zur Synthese von Methamphetamin (Crystal Meth).

MEIN KLEINER GRÜNER KAKTUS

Während man die bisher erwähnten Drogen aufgrund ihrer Wirkung zu den Hypnotika und Sedativa (Opiate und Cannabis) bzw. Stimulantia (Kokain) rechnet, geht es nun um die sogenannten Psychedelika, also um Substanzen, die das Bewusstsein und die Psyche verändern können und damit die Wahrnehmung, aber auch das Denken, Fühlen und Handeln. Die bekanntesten Vertreter dieser Gruppe sind LSD (Lysergsäurediethylamid; siehe unten) und das in bestimmten Pilzen (Magic mushrooms) vorkommende Psilocybin. Aber es gibt weitere.

Zu diesen gehört der Peyotl-Kaktus (*Lophophora williamsii*) aus der Familie der Kakteengewächse (Cactaceae). Es handelt sich um stachellose, rundliche, auf der Oberseite abgeplattete und in der Mitte ein wenig eingesenkte, bis 10 cm hohe Kakteen mit einer langen rübenartigen Wurzel sowie weißen bis leicht rötlichen Blüten. Sie kommen hauptsächlich im Norden Mexikos und im südlichen Texas vor, wo sie vermutlich schon seit Jahrtausenden von den indigenen Völkern für rituelle Zeremonien verwendet werden, denn man fand in Texas Reste von getrockneten Peyote-Kakteen, die auf das 4. Jahrtausend vor der Zeitenwende datiert wurden.

Der Grund für die rituelle Nutzung des Peyotl-Kaktus durch die Ureinwohner dieser Region lässt sich leicht erklären, denn er enthält, die psychoaktive Substanz Meskalin, ein zur Gruppe der Phenethylamine gehörendes Alkaloid. Diese Wirkung geht darauf zurück, dass es an Rezeptoren des Nervensystems binden kann, die normalerweise durch den bereits mehrfach erwähnten körpereigenen Neurotransmitter Serotonin aktiviert werden. Diese Substanz kann ganz unterschiedliche Prozesse des menschlichen Körpers beeinflussen, etwa den Schlaf-Wach-Rhythmus, den Appetit, aber auch Stimmungen und

Emotionen. Außerdem ist es in der Lage, das ebenfalls bereits mehrfach erwähnte körpereigene Belohnungssystem anregen, mit dem Ergebnis, dass „Glückshormone" ausgeschüttet werden.

Besetzt im Überfluss vorhandenes Meskalin nun viele dieser Serotonin-Rezeptoren, kann die regulierende Wirkung des Serotonins, das vermutlich vor allem dazu dient, das Gehirn vor sensorischer Überbelastung zu schützen, ausbleiben. Die Folge ist, dass sich bestimmte Sinneseindrücke deutlich verstärken. So ist das Hörvermögen oft stark verbessert, während Hungergefühl und Sexualtrieb abnehmen. Eine andere mögliche Folge ist ein deutlich gesteigertes Selbstwertgefühl, während das logische Denken, die Gedächtnisleistung und die Urteilsfähigkeit sich verringen. Nicht selten kommt es auch zu einem Verlust des Zeit- und Raumgefühls und zu einer starken Veränderung der emotionalen Gefühlslage. So löst der Konsum der Kakteen häufig Heiterkeit bis hin zu Euphorie aus, kann aber auch zu Angstzuständen und Panik führen.

Besonders typisch ist aber, dass Meskalin visuelle Halluzinationen erzeugt, zumeist verbunden mit fantastischen Bildern und einem kaleidoskopartigen Farbenspiel. Außerdem, so berichten Konsumenten, würden sich Gegenstände oft vollständig verformen und seltsame Wesen vor ihren Augen auftauchen. Damit ähnelt die Wirkung der des LSDs, wenngleich sie weniger stark ist.

Ein Augenzeugenbericht über die Effekte eines Meskalin-Rausches hat der britische Sexualforscher Henry Havelock Ellis (1859-1939) hinterlassen, der gegen Ende des 19. Jahrhunderts, auf der Suche nach neuen Behandlungsmöglichkeiten, einen Selbstversuch mit Peyote-Kakteen unternahm. Seine Eindrücke schildert er in einer Ausgabe des *Contemporary Review* aus dem Jahr 1898 folgendermaßen:

Die Visionen wurden deutlich, waren aber immer noch nicht zu beschreiben – es handelte sich hauptsächlich um ein weites Feld von goldenen Juwelen, die mit roten und grünen Steinen besetzt waren und sich ständig veränderten. Dieser Augenblick war vielleicht der herrlichste in diesem Experiment, denn zur gleichen Zeit schien die Luft um mich her von nebelhaften Düften erfüllt zu sein, die zusammen mit den Visionen eine köstliche Wirkung hervorbrachten ... eine Art Rückzug von weltlichen Angelegenheiten und das Auftauchen eines gänzlich innerlichen Lebens, das Erstaunen hervorruft.[63]

Für die Ureinwohner Mexikos müssen solche Eindrücke derart überwältigend gewesen sein, dass sie mit nichts anderem als übernatürlichen Kräften in Verbindung gebracht werden konnten, die auf diese Weise mit den Menschen in Kontakt traten. Daher glaubten sie, nun die Gelegenheit zu haben, die Geisterwelt um Rat zu fragen oder etwas über zukünftige Ereignisse zu erfahren. Das lässt sich auch aus verschiedenen Augenzeugenberichten schließen, die schon bald nach der spanischen Eroberung Mexikos im 16 Jahrhundert nach Europa gelangten. So schrieb der spanische Arzt und Naturforscher Francisco Hernandez de Toledo (1514-1587) in seinem ethnobotanischen Werk *Rerum Medicarum Novae Hispaniae Thesaurus*, das die Pflanzenwelt der neuen Kolonie behandelte: *Wenn man der Volksmeinung glauben kann, besitzt die Wurzel wunderbare Eigenschaften: Wer sie zu sich nimmt, kann hellsehen und weissagen.*[64] Und in einem Bericht aus dem Jahr 1629, den der Missionar Hernando Ruiz de Alarcón (1574–1646) hinterlassen hat, heißt es: *Man trank entweder selbst Peyote oder ließ ihn jemand anderen trinken. Im Rausch erschien dann ein Geist, der sich als Geist des Peyote zu erkennen gab und die gewünschte Auskunft lieferte.*[65]

Typisch ist außerdem, dass die Meskalin-Wirkung bis zu 12 Stunden anhalten kann. Dies zeigt auch der Bericht eines anderen spanischen Missionars, der Ende des 17. Jahrhunderts ein Peyotl-Ritual in Mexiko beobachten konnte:

In der Nähe des Musikanten saß der Gesangsleiter, der den Takt zu schlagen hatte. Beiden stand ein Helfer zur Seite, der sie ablöste, wenn sie müde wurden. Daneben befand sich eine Schale mit Peyote, eine teuflische Wurzel, die gemahlen und von ihnen dann getrunken wurde, damit sie sich während der langen Zeremonie nicht erschöpften. Die Anwesenden begannen einen aus Männern und Frauen bestehenden Kreis zu bilden, so groß, wie es der Platz überhaupt zuließ, dessen Boden zuvor sauber gekehrt worden war. Einer nach dem anderen betrat nun den Kreis zum Tanzen und klopfte mit den Füßen den Takt, während sie gleichzeitig den Musikanten und Chorleiter ermunterten und in den unmelodischen Gesang einfielen, der angestimmt worden war. Sie tanzten die ganze Nacht hindurch, von abends fünf Uhr bis am andern Morgen um sieben, ohne Unterbruch und ohne den Kreis zu verlassen. Als der Tanz zu Ende ging, standen alle, die sich noch auf den Beinen halten konnten. Die meisten konnten jedoch ihre Beine nicht mehr gebrauchen, wegen des vielen Peyotes und Weines, den sie getrunken hatten.[66]

Ab Mitte des 19 Jahrhunderts breitete sich der Peyote-Kult auch unter den Ureinwohnern im Südwesten der USA aus. Sie versuchten ebenfalls, angepasst an ihre eigenen religiösen Vorstellungen, durch den Verzehr der Kakteen den Kontakt zum „Großen Geist" oder anderen Gottheiten herzustellen. Später flossen dann auch zunehmend christliche Elemente in den Peyote-Kult ein und es kam sogar zur Gründung der sogenannten *Native American Church*, die heute als größte Glaubensgemeinschaft indigener Völker in Nordamerika gilt. Und ihren Mitgliedern ist es in vielen Bundesstaaten der USA auch heute noch erlaubt, Peyote bei religiösen Zeremonien zu konsumieren, während der Besitz und Konsum von Meskalin dort grundsätzlich strafbar sind, genau wie in Deutschland, Österreich oder der Schweiz.

Aber auch in einigen Regionen Mexikos blieb der Kult um den Kaktus bis heute erhalten. Das gilt beispielsweise für den kleinen Stamm der Huicholen, dessen Mitglieder sehr zurückgezogen und noch weitgehend unberührt von der Zivilisation in einer unwegsamen Bergregion im Nordwesten des Landes leben. Und obwohl der Peyote-Kaktus dort nicht wächst, ist er doch fester Bestandteil ihrer religiösen Tradition, was vermutlich damit zusammenhängt, dass die kleine Gruppe noch nicht immer in ihrem jetzigen Siedlungsgebiet heimisch war, sondern sich erst um die Zeit der spanischen Eroberungen dorthin zurückzogen hat oder zurückziehen musste. Daher unternimmt alljährlich eine Abordnung von Stammesangehörigen unter Leitung eines erfahrenen Schamanen eine Art Pilgerfahrt in eine Hunderte von Kilometern entfernte Region, um dort – mit einer Sondergenehmigung der mexikanischen Regierung – Peyote-Kakteen zu sammeln.

Früher legten sie diese lange Strecke in einer mehrere Monate dauernden Wanderung zu Fuß zurück, während die Huicholen heute Busse benutzen. Im Sammelgebiet angekommen, erfolgt zunächst eine rituelle Reinigung, gefolgt von weiteren zeremoniellen Handlungen, bevor dann das mehrtägige Sammeln der Kakteen beginnt. Diese werden anschließend in Körben verstaut und in ihre Dörfer zurücktransportiert, damit bis zur nächsten Reise ausreichend Peyote-Kakteen für rituelle Feierlichkeiten zur Verfügung stehen.

In den 1960er-Jahren experimentierten besonders jüngere Menschen in den USA und in Europa mit Meskalin, nicht zuletzt angeregt durch die Lektüre von Büchern wie das 1968 erschienene Werk *Die Lehren des Don Juan* von Carlos Castaneda oder Aldous Huxleys *Die Pforten der Wahrnehmung* aus dem Jahr 1954, in denen es nicht zuletzt um spirituelle und mystische Erfahrungen durch psychoaktive Substanzen geht.

Heute taucht Meskalin in den jährlichen Drogenreports der meisten Länder nur noch am Rande auf. Vereinzelt wurde und wird der Saft des Peyote-Kaktus in Mexiko und Nordamerikas aber noch medizinisch verwendet, etwa zur äußerlichen Behandlung von Schlangenbissen oder Stichen von Skorpionen, wie auch bei Zahnschmerzen, Verbrennungen oder Rheuma. Und es gibt auch noch andere Kakteen-Arten, die Meskalin enthalten, darunter der säulenförmige, bis 6 m hohe San-Pedro-Kaktus (*Echinopsis pachanoi*), der vor allem in Peru früher eine wichtige Rolle als magische Pflanze gespielt hat; außerdem lässt sich die Substanz inzwischen synthetisch herstellen.

KLEINE SAMEN – GROßE WIRKUNG

In der Familie der Windengewächse (Convolvulaceae) gibt es ebenfalls Vertreter, die psychoaktive Substanzen enthalten, wenn das auch nur auf wenige der rund 150 Arten zutrifft. Entdeckt haben die Menschen auch dies schon vor sehr langer Zeit, denn bereits die Azteken benutzen die Samen für rituelle Zwecke. Eine dieser Arten war eine Liane, die sie *coatl xoxouqui* nannten, was – in Anlehnung an die Wuchsform – übersetzt so viel wie „Grüne Schlange" bedeutet. Die Samen hießen dagegen *ololiuqui*, was „Rundes Korn" bzw. „Rundes Ding" bedeuten kann, aber auch „kleine Götter".

Nach Europa gelangten erste Berichte über die ungewöhnliche Wirkung dieser Pflanze vor allem durch den bereits erwähnten spanischen Arzt und Naturforscher Francisco Hernandez de Toledo, der Leibarzt von Philipp II. von Spanien war und von diesem 1570 auf eine Expedition nach Mexiko geschickt wurde, um die Heilpflanzen der neuen spanischen Kolonie zu erforschen. Dort blieb er mehrere

Jahre und führte dieser Zeit ausgedehnte Untersuchungen über die Flora Mexikos durch, die er später in einem Werk veröffentlichte, dessen spanischer Titel sich in etwa als „Der Arzneischatz Neu-Spaniens" übersetzen lässt und in dem über 3000 mexikanische Pflanzen aufgeführt sind. Über die Grüne Schlange schreibt Hernandez: *Wenn die Priester mit ihren Göttern kommunizieren und eine Botschaft von ihnen erhalten wollten ... aßen sie diese Pflanze, und es erschienen ihnen tausend Visionen und teuflische Halluzinationen.*[67]

Einen ähnlichen Bericht lieferte auch der bereits erwähnte spanische Missionar Hernando Ruiz de Alarcónin in seinem „Tratado de Las Supersticiones Y Costumbres Gentílicas Que Hoy Viven Entre Los Indios Naturales de Esta Nueva España." (Traktat über die heidnischen Aberglauben, die heute zwischen den Indianischen Eingeborenen Neu-Spaniens lebendig sind) aus dem Jahre 1629:

Es ist erstaunlich, welches Vertrauen die einfältigen Indios in ihn haben. Sie schreiben ihm Wunderkräfte zu. Sie befragen ihn (den eingenommenen Samen) wie ein Orakel und halten Zwiesprache mit ihm, um zu erfahren, was sie zu wissen begehren, oft Sachen, die man mit dem menschlichen Verstande gar nicht erkennen vermag, wie Verlauf des zukünftigen Lebens oder [den] Ort, wo sich verlorene oder gestohlene Gegenstände befinden ...[68]

Beschrieben wird dort auch, wie ein solcher Trank zubereitet und anschließend verwendet wird. So lässt man die zerkleinerten Samen zunächst in Agavenbier (Pulque) oder anderen alkoholischen Getränken aufquellen und filtriert später die Flüssigkeit. Davon trinkt der Schamane, woraufhin er nach anfänglicher Erregung und Verwirrung in eine Art hypnotischen Zustand verfällt, der es ihm angeblich ermöglicht, seinen Körper zu verlassen und so Kontakt mit Göttern, Geistern oder Dämonen zu treten.

Aber auch zur Aufklärung von Verbrechen sollen die Samen der Grünen Schlange beitragen können, denn es heißt, sobald man einem Verdächtigen von dem aufbereiteten Agavensaft zu trinken gibt, plaudert er alles aus, was man von ihm wissen möchte, weil er in diesem Zustand nicht lügen kann. Die Samen wurden aber nicht nur als rituelles Rauschmittel verwendet, sondern auch als schmerzstillende Arznei oder zur Behandlung von Entzündungen, Fieber, Syphilis, Unfruchtbarkeit oder Tumoren.

Lange wusste man nicht, um welche Pflanze es sich bei der Grünen Schlange überhaupt handelt, aber dann identifizierte der Ethnobotaniker Richard Evans Schultes (1925–2001), der während seiner wissenschaftlichen Tätigkeit unzählige Arzneipflanzen der Ureinwohner Amerikas dokumentierte, sie als *Rivea corymbosa*. Heute wird die Art normalerweise *Ipomoea corymbosa* genannt, man findet sie manchmal aber auch noch unter den Namen *Turbina corymbosa* oder *Convolvulus corymbosus*. Es handelt sich um eine teilweise verholzte Kletterpflanze mit bis zu 10 cm großen Blättern und überwiegend weiß gefärbten Blüten. Das Vorkommen beschränkt sich auf ein Gebiet von Mexiko bis Panama und auf Teile Südamerikas sowie die Westindischen Inseln und den Süden Floridas.

DIE MUTTER ALLER KÖRNER

In den 60-er-Jahren des letzten Jahrhunderts beschäftigte sich erstmals der Schweizer Chemiker Albert Hofmann (1905–2008) mit den Substanzen, die für die ungewöhnliche Wirkung der Ololiuquiranke verantwortlich waren. Wie er und seine Mitarbeiter herausfanden, handelte es sich um Ergolinalkaloide, auch Ergoline oder Ergolinalkaloide genannt sowie bestimmte Lysergsäurederivate. Und diese Substanzen kannte er bereits aus dem Mutterkornpilz (*Claviceps purpurea*).

Der Pilz mit dem recht ungewöhnlichen Namen gehört zur Familie der Clavicipitaceae, ist also ein Ascomycet (Schlauchpilz), der parasitisch auf verschiedenen Gräsern vorkommt, darunter zahlreichen Getreidearten. Aber nicht nur der Name ist ungewöhnlich, sondern auch sein Lebenszyklus, der beginnt, wenn im Frühjahr seine Sporen auf die Narbe einer Getreideblüte gelangen, dort auskeimen und mit ihrem Myzel das Pflanzengewebe durchwuchern. Schon kurz darauf bilden die neuen Hyphen selbst wieder unzählige, der schnellen Vermehrung dienende Konidien (vegetative Verbreitungsorgane) und zusätzlich eine süße Flüssigkeit, den sogenannten Honigtau. Der lockt Insekten an, die bei ihrem Besuch ungewollt immer auch zahlreiche Konidien mitnehmen und auf gesunde Pflanzen verschleppen, sodass innerhalb kürzester Zeit ein ganzes Getreidefeld von Mutterkornpilzen befallen sein kann.

Später im Jahr werden auf den infizierten Pflanzen dann sogenannte Sklerotien („Mutterkörner") gebildet, also bananenförmige, bis zu fünf Zentimeter lange, schwarzviolette Dauerstadien, die wie übergroße dunkle Getreidekörner aus der Ähre herausragen. Diese fallen im Herbst zu Boden und überwintern dort, um dann im nächsten Frühjahr durch Verschmelzung bestimmter Hyphen mehrere Fruchtkörper mit zahlreichen schlauchförmigen Gebilden (Asci) zu bilden, in denen jeweils acht Sporen sitzen, die dann wieder die Narben von Gräsern befallen können.

Durch den Befall vermindert sich natürlich der Ernteertrag ganz erheblich, aber weitaus schlimmer ist, dass die Sklerotien der Pilze mehrere giftige Alkaloide enthalten, darunter die Ergolinalkaloide Ergotamin, Ergosin Ergin und Ergometrin. Diese gelangen, wenn die Mutterkörner nicht vorher aussortiert werden, über das Mehl ins Brot und können so tödliche Vergiftungen hervorrufen. Die ersten Anzeichen sind Kopfschmerzen, Übelkeit, Schwindelgefühl, oft gefolgt von Darmkrämpfen mit Erbrechen und Durchfall sowie Halluzinationen. Bei chronischen Vergiftungen kommt es außerdem zu einer Verengung der Blutgefäße, die dann häufig Durchblutungsstörungen verursachen, verbunden mit einem starken Kribbeln der Haut, bevor dann in schweren Fällen die mangelnde Durchblutung von Fingern, Zehen, Lippen und Ohren dazu führt, dass diese „brandig" werden, also regelrecht abfaulen. Außerdem kann es durch eine Schädigung des zentralen Nervensystems zu schweren Muskelkrämpfen kommen, häufig verbunden mit Verkrüppelungen und anderen physischen Dauerschäden. Vielfach führt die Erkrankung aber auch zu Atemlähmungen oder Kreislaufversagen und damit zum Tode.

Alte Chroniken berichten immer wieder über Massenvergiftungen durch Mutterkornpilze, bei denen es Tausende von Opfern zu beklagen gab. Die ersten Schilderungen stammen aus Frankreich, wo im Jahre 994 angeblich 4000, und bei einer weiteren Vergiftungswelle im Jahre 1041 etwa 2000 Menschen umkamen. Bis Anfang des 20. Jahrhunderts gab es dann in Europa 65 weitere schwere Epidemien, von denen eine zwischen 1770 und 1780 allein in Frankreich und Deutschland über 8000 Todesopfer gefordert haben soll.

Aber auch Kriege hat der unscheinbare, kleine Pilz beeinflusst. So wird von einer besonders schweren Massenvergiftung berichtet, die sich 1722 in Russland ereignete, zu einem Zeitpunkt, als Zar Peter der Große sich gerade anschickte, einen Feldzug gegen die Türken zu unternehmen, um einen eisfreien Hafen im Süden seines Reiches zu erobern. Weil sich jedoch 20.000 Kavalleristen und ihre Pferde an Brot vergifteten, das aus mit Mutterkornpilzen verseuchtem Getreide hergestellt worden war, konnte der geplante Angriff nicht stattfinden. Und ähnlich soll es auch Napoleon gegangen sein, dessen Soldaten und Pferde sich während des Russland-Feldzugs im Winter 1812/13 an konfisziertem Roggen vergifteten, wodurch die Niederlage des kleinen Franzosen beschleunigt wurde.

Da man den Zusammenhang zwischen den Vergiftungen und den Pilzsklerotien zunächst nicht erkannte, gaben die Menschen der geheimnisvollen Seuche die unterschiedlichsten Namen, die die Unsicherheit über die Ursachen deutlich widerspiegeln, etwa Gottesrache, Kribbelkrankheit, Heiliges Feuer oder Antoniusfeuer, in Anlehnung an den Heiligen Antonius, von dem es heißt, er habe sich aufopferungsvoll um die Pflege von Menschen gekümmert, die an einer solchen Vergiftung litten. Erst im 17. Jahrhundert entdeckte man die Verbindung der ständig wiederkehrenden Epidemien mit dem Verzehr von Mutterkörnern, und danach gelang es, Vergiftungsfälle durch Saatgutreinigung und modernere Mühlentechnologien immer weiter zu reduzieren.

Aus diesem Grund gab es bis vor einigen Jahren in den Industrienationen auch praktisch keine Vergiftungen durch Mutterkornpilze mehr, sieht man von gelegentlichen Todesfällen bei Tieren ab, die befallenes Gras oder Heu gefressen hatten. Allerdings hat sich das in der jüngeren Vergangenheit wieder geändert, weil viele Menschen dazu übergegangen sind, biologisch angebautes Getreide direkt vom Erzeuger oder aus Naturkostläden zu beziehen und selbst zu Mehl zu verarbeiten oder in Müsligerichten zu verwenden. Und weil die Vergiftungsgefahr durch *Claviceps*-Alkaloide praktisch in Vergessenheit geraten ist, achten die Verbraucher auch nicht mehr auf die eigentlich unverkennbaren Sklerotien, sodass ein Auftreten der Mutterkornkrankheit jetzt wieder häufiger beobachtet wird.

Allerdings hat der Mutterkornpilz in der Vergangenheit nicht nur Angst und Schrecken verbreitet, sondern er wurde auch schon sehr früh als Arzneimittel verwendet. Erste schriftliche Hinweise finden sich im „Kreuterbuch" des Frankfurter Arztes Adam Lonitzer, in dem erwähnt wird, dass Hebammen die Mutterkornsklerotien nicht nur zur Blutstillung nach der Geburt benutzten wurden, sondern auch als Wehenmittel, denn die Einnahme eines daraus hergestellten Trankes verursacht starke Uteruskontraktionen, wodurch in vielen Fällen die Geburt eingeleitet wird (daher der Name Mutterkorn). Bekannt war aber auch, dass eine Überdosierung starke Gebärmutterkrämpfe hervorruft, die dann nicht selten zum Tode des Kindes führen, sodass der Pilz in der Vergangenheit auch für Abtreibungen benutzt wurde.

Zu Beginn des letzten Jahrhunderts begann sich dann auch die chemische Industrie näher mit den Inhaltsstoffen des Mutterkorn-Pilzes, den sogenannten Ergolin-Alkaloiden zu beschäftigen, nicht zuletzt, um zu versuchen, die medizinischen Eigenschaften effektiver zu nutzen. In den 30er-Jahren stieg auch der oben erwähnte Albert Hofmann, der bei der bei Schweizer Firma Sandoz tätig war, in diese Forschung ein. Dabei gelang es ihm, das Alkaloids Ergobasin, das für die blutstillende Wirkung des Mutterkorn-Pilzes verantwortlich war, durch Partialsynthese herzustellen, also durch die künstliche Herstellung unter Zuhilfenahme eines natürlichen Bausteins.

Bei dem natürlichen Baustein handelte es sich um Lysergsäure, die in den Mutterkörnern zwar nur in geringer Konzentration vorhanden ist, aus anderen Quellen aber schon damals in größerer Menge zur Verfügung stand. Nach diesem Erfolg stellte Hofmann weitere Syntheseversuche mit Lysergsäure an, um zu versuchen, ein Mittel zur Anregung von Kreislauf und Atmung herzustellen. Bei diesen Versuchen entstand durch Zufall auch das Lysergsäurediethylamid, kurz LSD genannt, das die Eigenschaften besaß, psychische Prozesse einschneidend zu verändern.

Als Hofmann diese Substanz bei seinen Versuchen versehentlich aufnahm, wurde er von einer ungewohnten Unruhe und einem Schwindelgefühl befallen, sodass er das Labor verlassen musste. Als er sich zu Hause vorsichtshalber hinlegte, versank er in einem rauschartigen Zustand, bei dem sich etwa zwei Stunden lang fantastische Bilder und ein kaleidoskopartiges Farbenspiel vor seinen Augen auftat. Um dieser Sache auf den Grund zu gehen, entschloss sich Hofmann zu einem Selbstversuch mit dem Lysergsäurediethylamid, bei dem er die aufgenommene Menge aus Mangel an Erfahrung deutlich überdosierte. Was dann geschah, schildert er so:

Ich konnte nur noch mit größter Anstrengung verständlich sprechen und bat meine Laborantin ... mich nach Hause zu begleiten. Schon auf dem Heimweg mit dem Fahrrad ... nahm mein Zustand bedrohliche Formen an. Alles in meinem Gesichtsfeld schwankte und war verzerrt wie in einem gekrümmten Spiegel. Auch hatte ich das Gefühl, mit dem Fahrrad nicht vom Fleck zu kommen. Indessen sagte mir später meine Assistentin, wir seien sehr schnell gefahren. Schließlich doch noch heil zu Hause angelangt, war ich gerade noch fähig, meine Begleiterin zu bitten, unseren Hausarzt anzurufen und bei den Nachbarn nach Milch zu fragen. Trotz meines rauschartigen Verwirrtheitszustandes konnte ich für kurze Augenblicke klar und zweckgerichtet denken – Milch als unspezifisches Entgiftungsmittel. Schwindel und Ohnmachtsgefühl wurden zeitweise so stark, dass ich mich nicht mehr aufrecht halten konnte und mich auf ein Sofa hinlegen musste: Meine Umgebung hatte sich nun in beängstigender Weise verwandelt. Alles im Raum drehte sich, und die vertrauten Gegenstände und Möbelstücke nahmen groteske, meist bedrohliche Formen an. Sie waren in dauernder Bewegung, wie belebt, wie von innerer Unruhe erfüllt. Die Nachbarsfrau, die mir Milch brachte – ich trank im Verlauf des Abends mehr als zwei Liter –, erkannte ich kaum mehr. Das war nicht mehr Frau R., sondern eine bösartige, heimtückische Hexe mit einer farbigen Fratze. Aber schlimmer als diese Verwandlungen der Außenwelt ins Groteske waren die Veränderungen, die ich in mir selbst, an meinem inneren Wesen spürte. Alle Anstrengungen meines Willens, den Zerfall der

äußeren Welt und die Auflösung meines Ich aufzuhalten, schienen vergeb-
lich. Ein Dämon war in mich eingedrungen und hatte von meinem Körper,
von meinen Sinnen und von meiner Seele Besitz ergriffen. Ich sprang auf
und schrie, um mich von ihm zu befreien, sank dann aber wieder machtlos
auf das Sofa ...

Der Höhepunkt meines verzweifelten Zustandes war bereits überschrit-
ten, als der Arzt eintraf. Meine Laborantin klärte ihn über meinen Selbstversuch auf, da ich selbst noch nicht fähig war, einen zusammenhängenden Satz
zu formulieren. Nachdem ich ihn auf meinen vermeintlich vom Tode bedroh-
ten körperlichen Zustand hinzuweisen versucht hatte, schüttelte er ratlos den
Kopf, da er außer extrem weiten Pupillen keinerlei abnorme Symptome feststellen konnte. Puls, Blutdruck und Atmung waren normal. Er verabfolgte
daher keine Medikamente, trug mich ins Schlafzimmer und wachte an meinem Bett. Langsam kam ich nun wieder aus einer unheimlich fremdartigen
Welt zurück in die vertraute Alltagswirklichkeit. Der Schrecken wich und
machte einem Gefühl des Glücks und der Dankbarkeit Platz, je mehr normales Fühlen und Denken zurückkehrten und die Gewissheit wuchs, dass ich
der Gefahr des Wahnsinns endgültig entronnen war.

Jetzt begann ich allmählich das unerhörte Farben- und Formenspiel zu ge-
nießen, das hinter meinen geschlossenen Augen andauerte. Kaleidoskopartig
sich verändernd, drangen bunte, fantastische Gebilde auf mich ein, in Kreisen
und Spiralen sich öffnend und wieder schließend, in Farbfontänen zersprü-
hend, sich neu ordnend und kreuzend, in ständigem Fluss: Besonders merk-
würdig war, wie alle akustischen Wahrnehmungen, etwa das Geräusch einer
Türklinke oder eines vorbeifahrenden Autos, sich in optische Empfindungen
verwandelten. Jeder Laut erzeugte ein in Form und Farbe entsprechendes,
lebendig wechselndes Bild.[69]

Wie wir heute wissen, hatte Hofmann bei seinen Versuchen ein psychedelisch wirksames Halluzinogen hergestellt, das in den 60-er- und

255

70-er-Jahren des letzten Jahrhunderts unter den damaligen Jugendlichen zu einer weitverbreiteten Droge wurde.

Wie LSD ganz genau wirkt, konnte noch nicht völlig geklärt werden. Ähnlich wie beim bereits erwähnten Meskalin und beim DMT (siehe unten) wird der Einfluss der Droge auf die Aktivität bestimmter Rezeptoren für die halluzinogenen Effekte verantwortlich gemacht. So kann LSD wohl jene Rezeptoren des Nervensystems aktivieren, die eigentlich für den körpereigenen Neurotransmitter Serotonin vorgesehen sind. Wie erwähnt, wirkt sich diese Substanz vermutlich hemmend auf bestimmte Areale des Nervensystems aus, um das Gehirn vor einer sensorischen Überlastung zu schützen. Besetzt nun das LSD besagte Rezeptoren, funktioniert die regulierende Wirkung durch das Serotonin nicht mehr wie vorgesehen, sodass sich einige Sinneseindrücke stark verändern.

So kommt es, wie bereits beim Meskalin geschildert, auch hier häufig zu einer deutlichen Steigerung des Selbstwertgefühls, während das logische Denken, die Gedächtnisleistung und die Urteilsfähigkeit abnehmen. Typisch sind zudem ein verbessertes Hörvermögen, der Verlust von Zeit- und Raumgefühl, Desorientierung, Gedankensprünge, Gleichgewichtsstörungen, eingeschränkte Reaktionsfähigkeit, eine Veränderung des Schlaf-Wach-Rhythmus, eine Abnahme des Hungergefühls und Sexualtriebs sowie Sinnestäuschungen, die nicht selten mit visuellen Halluzinationen verbunden sind.

Außerdem ist eine starke Veränderung der emotionalen Gefühlslage möglich. So löst LSD-Konsum häufig Heiterkeit bis hin zu Euphorie aus, es kann aber auch zu Panik und Angstzuständen kommen, bei denen Wirklichkeit und Rausch verschwimmen und selbstzerstörerische Handlungen möglich sind. Außerdem scheint es unter dem Einfluss von LSD eine stärkere Aktivität und Vernetzung von bestimmten Regionen des Gehirns zu geben, die normalerweise nur wenig miteinander interagieren. Und weil die Ololiuquiranke ebenfalls Ergolinalkaloide besitzt, lassen sich die halluzinogenen Effekte, die nach dem Verzehr der pulverisierten Samen auftreten, in ähnlicher Weise erklären, wie beim LSD, wenngleich die Wirkung deutlich geringer ist.

Anfangs wurde vermutet, dass die Ergolinalkaloide von den Windengewächsen produziert wurden, aber das trifft augenscheinlich nicht zu, denn man fand auf den Pflanzen wachsende Pilze aus der Gruppe der Clavicipitaceae, also nahen Verwandten des Mutterkornpilzes. Und man konnte auch zeigen, dass sich nur dann Ergolinalkaloide in den Pflanzen nachweisen ließen, wenn die entsprechenden Pilze ebenfalls vorhanden waren.

Im Gegensatz zum Mutterkornpilz, der sich im Pflanzengewebe ausbreiten kann, wachsen die Pilze bei den Windengewächsen allerdings nur auf der Oberfläche, dringen also nicht ins Wirtsgewebe ein. Und obwohl diese Verbindung nicht sehr eng ist, findet augenscheinlich dennoch ein noch nicht ganz geklärter Transport der Ergolinalkaloide in die Pflanzen statt, die dann dank dieser giftigen Substanzen vor bestimmten Fressfeinden geschützt sind und daher keine Abwehrmaßnahmen gegen den Pilz unternehmen. Aber auch der Pilz profitiert von diesem engen Zusammenleben, denn er bekommt von der Pflanze Nährstoffe, ihm das Wachstum ermöglichen.

Zu den wenigen der über 1500 Arten der Convolvulaceae, bei denen Inhaltsstoffe mit psychoaktiven Effekten nachgewiesen wurden, gehört neben der Grünen Schlange auch noch die Himmelblaue Prunkwinde oder Kaiserwinde (*Ipomoea tricolor*), die heute in vielen Gärten als Zierpflanze gepflegt wird. Sie ähnelt der Ololiuquiranke, hat aber große blaue Blüten. Weitere Arten sind *I. violacea* und *I. asarifolia*, deren Hauptverbreitungsgebiete in Mittel- und Südamerika sowie der Karibik liegt. Dazu kommt noch die Hawaiianische Holzrose

(*Argyreia nervosa*), auch Elefantenwinde oder Silberkraut genannt, die ungeachtet ihres Namens, vor allem in tropischen Regionen Asiens vorkommt.

DER TRANK DER SCHAMANEN

Das vermutlich ungewöhnlichste Gebräu mit psychedelischer Wirkung ist aber wohl ein Trank, der „Ayahuasca" genannt wird und den die Schamanen der Regenwälder am Amazonas sowie tropischen Regionen Perus, Ecuadors, Venezuelas, Boliviens und Kolumbiens sowie Teilen Mittelamerikas vermutlich schon seit Jahrtausenden verwenden, um in Kontakt mit der Welt der Geister und Ahnen zu treten. Wollte der Schamane einen solchen Kontakt mit übernatürlichen Kräften aufnehmen, trank er zunächst Ayahuasca. Nach dem Einsetzen des Trancezustandes, bei dem er das Gefühl hatte, seine Seele würde den Körper verlassen, um in die Welt guten und bösen Mächte eintauchen, versuchte er dann, bestimmte Dinge für die Angehörigen seines Stammes zu regeln, beispielsweise etwas über die Ursachen einer Erkrankung und eine mögliche Abhilfe zu erfahren. Manchmal wurde er auch gebeten, dabei zu helfen verlorene Gegenstände oder ein entlaufendes Tier wiederzufinden oder er versuchte vor einer kriegerischen Auseinandersetzung herauszufinden, was der Gegner plante und wie der Konflikt letztendlich ausgehen würde.

Wie bereits erwähnt, waren unsere Vorfahren davon überzeugt, dass übernatürliche Kräfte alle Aspekte der menschlichen Existenz kontrollieren und beeinflussen würden, angefangen bei der Geburt bis hin zum Tod. Und natürlich galt das auch für Krankheiten, die nach ihrer Überzeugung viele Ursachen haben konnten. Daher behandelten Kräuterärzte oder Schamanen eine leichte Erkrankung mit bekannten Symptomen normalerweise mithilfe traditioneller Heilmittel;

in Fällen, in denen sich die Beschwerden jedoch nicht ohne Weiteres erklären ließen oder alle Behandlungsversuche keinen Erfolg brachten, lagen die Ursachen nach Ansicht der Heilkundigen ganz augenscheinlich tiefer.

Zumeist wurde in solchen Fällen angenommen, dass die Krankheit auf eine Störung der Harmonie zwischen der physischen und der Geisterwelt zurückzuführen war. So hatte der Erkrankte möglicherweise ein Tabu gebrochen und war deswegen von überirdischen Mächten mit einem Bann belegt worden. Aber auch anderes Fehlverhalten konnte den Zorn der Götter heraufbeschwören und eine Bestrafung nach sich ziehen. Und weil in solchen schwerwiegenden Fällen herkömmliche Heilkräuter allein nicht helfen konnten, versuchten die Heilkunden häufig durch Kontakt mit der Geisterwelt zu erfahren, ob es nicht eine andere Hilfe für die Betroffenen gab.

Wie ausgeführt, wurden für diese Kontaktaufnahme normalerweise Pflanzen mit halluzinogener Wirkung zur Hilfe genommen, die heute häufig als magische Pflanzen bezeichnet werden. Welche Arten dabei benutzt wurden ist unterschiedlich, aber augenscheinlich gelang es den Menschen in vielen Regionen der Erde, Pflanzen für solche Zwecke zu finden und einzusetzen, wobei das nach dem Konsum einsetzende, zumeist erregte und oft wirre Gerede des sich in Trance befindlichen Heilers von den Anwesenden als Gespräch mit übernatürlichen Kräften interpretiert wurde. In ähnlicher Weise liefen auch Zeremonien ab, mit denen beispielsweise jugendliche Stammesmitglieder in den Kreis der Erwachsenen aufgenommen wurden, aber es gab auch Rituale, bei denen man die Götter um Regen bat oder versuchte, von ihnen Hinweise auf die Zukunft zu erhalten.

Vor allem bei noch sehr ursprünglich lebenden Bewohnern abgelegener Regionen Südamerikas, die immer noch wenig Kontakt mit der Außenwelt haben, sind vergleichbare Praktiken auch heute noch vereinzelt vorzufinden. So hatte der US-amerikanische Ethnobotaniker Mark J. Plotkin, der in den 1980er-Jahren auf der Suche nach unbekannten Heilpflanzen im nordöstlichen Amazonasgebiet unterwegs war, die Möglichkeit, eine solche Behandlung bei einem Schamanen mitzuerleben. Dabei ging es um seinen stark schmerzenden Ellenbogen, der auf eine alte Sportverletzung zurückging und jetzt wieder aufgeflammt war.

Der Schamane rollte ein trockenes Tabakblatt zu einem Zylinder zusammen und steckte es dann in eine Pfeife, die aus dem braunen Holz der zylindrischen Frucht eines Po-no-Baumes, einem Verwandten der Paranuss gefertigt worden war. Anschließend streute er einige zerriebene Kräuter auf den Tabak, zündete die Pfeife dann mit Streichhölzern an, die ich ihm zuvor gegeben hatte und setzt sich neben mich. Der Geruch des muffigen Tabaks und der süßen, aromatischen Kräuter erfüllten den kleinen Unterstand. Mit der rechten Hand schloss er vorsichtig meine Augen und begann dann einen Sprechgesang anzustimmen, um… die Geister anzurufen. Danach herrschte eine Weile Ruhe, während wir auf die Mächte warteten, die er gerufen hatte. Plötzlich merkte ich, dass eine der Hüttenwände heftig zu wackeln begann, als sei irgendjemand oder irgendetwas hindurchgefahren. Gleich darauf stöhnte der Schamane auf und begann einen Dialog mit jemanden, der durch ihn zu sprechen schien. Dieses Gespräch zog sich nach meinem Empfinden über Stunden hin. Ich fiel langsam in einen traumartigen Zustand, und fühlte mich, als würde ich tiefer und tiefer in ein riesiges Federbett sinken. Irgendwann begann die Wand dann wieder zu wackeln, als sei unser Besucher gegangen und der Medizinmann ergriff vorsichtig mein linkes Handgelenk, hob meinen Arm, blies etwas von dem magischen Rauch auf meinen Ellenbogen und massierte die Stelle mit seinem Daumen …
Schließlich begann der alte Medizinmann erneut mit seinem Sprechgesang, und ich bemerkte, dass mein Körper langsam wie ein trockenes Blatt im

Herbstwind davonschwebte. Gleich darauf sank ich herab und fand mich auf einem weichen Moosbett wieder. Aber auch dieser Zustand währte nicht lange, denn ich glitt plötzlich unter das Dach der Hütte und sah von dort auf den Schamanen herab, der Tabakrauch auf meinen Körper blies.

Während der Schamane mit seinem Sprechgesang fortfuhr, fühlte ich meinen Körper auf den Boden der Hütte zurücksinken. Das war meine letzte Erinnerung, denn ich kam erst wieder zu mir, als mich der Medizinmann sanft weckte. Er half mir auf die Beine, da ich mich ein wenig schwindelig und unsicher fühlte, und dann gingen wir zu dem Pfad, der ins Dorf zurückführte. Es herrschte Vollmond, dessen Licht den Dschungel in ein unheimliches, leuchtendes, silbernes Glühen tauchte.

„Warte hier!" befahl der Medizinmann, als er den Pfad verließ. Einen Moment später kehrte er zurück. Seine rechte Faust war geschlossen. Langsam öffnete er die Hand und ich könnte drei kleine spitze Stöckchen entdecken. „Yolok peleu", sagte er. „Die Pfeile der bösen Geister." Er schloss seine Faust und öffnete sie dann erneut. Jetzt war sie leer. Ich war in diesem Moment zu ängstlich, um weitere Fragen zu stellen.[70]

Wie Plotkin weiter berichtet, glauben die dortigen Bewohner, dass wir alle eine Art Geist in uns haben, der Akawale genannt wird. Wie der alte Schamane, der augenscheinlich auch über gewisses Taschenspielergeschick verfügte, seinem Patienten weiter mitteilte, sei sein Akawale zwar nicht durchlöchert, was vermutlich bedeutet hätte, dass jemand ihn verhext habe. Allerdings gäbe es eine schwache Stelle im „Geister-Ellenbogen", wo die bösen Mächte, die uns ständig umgeben, versuchten einzudringen. Und diese schwache Stelle habe er nun ausgebessert.

Nach Plotkins Angaben hätten die Schmerzen in seinem Ellenbogen nach einigen Tagen tatsächlich aufgehört und seien dann auch sieben Monate lang nicht wieder aufgetreten. Da ihm der Schamane nicht verraten wollte, welche Kräuter er, abgesehen vom Tabak, bei der Behandlung eingesetzt hatte, war es ihm allerdings nicht möglich zu beurteilen, was genau zu seinem merkwürdigen Zustand während der Zeremonie geführt habe. Und er wusste auch nicht, warum es zu der Besserung an seinem Ellenbogen gekommen.

GEMEINSAM SIND SIE STARK

Der Ayahuasca-Sud wurde aber nicht nur bei Heilungsritualen verwendet, sondern auch bei regelmäßigen Zeremonien, die der Verehrung der Ahnen oder der Reinigung der Seele diente und bei denen normalerweise mehrere Stunden gesungen und getanzt wurde. Wie erwähnt, nutzte man sie aber auch bei Initiationsriten, also Festlichkeiten, bei denen die halbwüchsigen, männlichen Mitglieder der Gruppe in die Gemeinschaft der Erwachsenen aufgenommen wurden. Dieses Ritual diente aber wohl gleichzeitig auch dazu, die Vorrechte der Männer in der Gemeinschaft zu zementieren, denn weiblichen Mitgliedern war die Teilnahme verboten, weil das angeblich ihren sicheren Tod bedeutet hätte. Und es heißt, sei vereinzelt bei besonders neugierigen Frauen oder Mädchen sogar Gift eingesetzt worden, um diese Abschreckung zu untermauern.

Wie man aus Berichten von Teilnehmern an solchen Ritualen weiß, erleben die Konsumenten von Ayahuasca in ihrem Rausch zumeist kaleidoskopartige Wechsel unterschiedlichster Farben und Formen sowie intensive Träume, in denen wunderschöne Landschaften vorbeiziehen oder farbige Schmetterlinge, prächtige Vögel und andere hübsche Lebewesen auftauchen. Aber auch Albträume waren möglich, in denen die Konsumenten beispielsweise von wilden Tieren wie Jaguaren oder Riesenschlangen bedroht und angegriffen werden, also den Kreaturen, vor denen sich die Regenwaldbewohner besonders fürchten.

Die genauen Zutaten für das Gebräu, das, abhängig von der jeweiligen Region auch Yagé, Caapi, Dápa, Pindé oder Yajé genannt wird, waren lange nicht genau bekannt. Sicher war nur, dass normalerweise eine große, manchmal bis 30 m lange, im Alter verholzende Kletterpflanze aus der Familie der Malpighiengewächse (Malpighiaceae) verwendet wurde, die mit wissenschaftlichem Namen *Banisteriopsis caapi* heißt, in ihrer Heimat aber ebenfalls Ayahuasca genannt wird, was übersetzt in etwa „Liane der Geister, Toten oder Ahnen" bedeutet oder auch „Seelenranke". Bekannt ist heute, dass diese Pflanze verschiedene Beta-Carbolin-Alkaloide enthält, darunter Harmin und Harmalin, bei denen es sich um sogenannte Monoaminooxidase-Hemmer (MAO-Hemmer) handelt, die in der Lage sind, die Funktion von Monoaminen zu beeinflussen.

Zu den Monoaminen gehören auch verschiedene Neurotransmitter, die, wie bereits mehrfach erwähnt, eine wichtige Rolle bei der Reizweiterleitung im menschlichen Körper spielen. Haben sie diese Aufgabe erfüllt, werden sie entweder von der Zelle wieder aufgenommen und stehen dann für eine weitere Nutzung zur Verfügung, oder eine Monoaminooxidase baut sie ab und macht sie so unwirksam. MAO-Hemmer sind nun in der Lage, diese Monoaminooxidasen zu hemmen und damit den Abbau bestimmter Monoamine zu verhindern, darunter Noradrenalin und Serotonin. Dadurch erhöht sich die Konzentration dieser „Glückshormone" im Gehirn, was eine antriebssteigernde und stimmungsaufhellende Wirkung verursachen kann. Allerdings ist man sich sicher, dass sie für die starke psychoaktive Wirkung mit den ungewöhnlichen psychedelischen Effekten, wie sie von Ayahuasca-Konsumenten beschrieben werden, nicht verantwortlich sein können, denn diese erinnern eher an die Wirkung von LSD oder Meskalin.

Wie schon lange bekannt ist, nutzten die Schamanen für ihr Gebräu aber nicht nur die Ayahuasca-Liane, sondern auch noch andere Pflanzen. Eine davon heißt bei den Bewohnern ihrer Heimat „Chakruna" und mit wissenschaftlichem Namen *Psychotria viridis*, was schon einiges erahnen lässt. Es handelt sich um Sträucher oder kleine Bäume, die zur Familie der Rötegewächse (Rubiaceae) gehören und tatsächlich enthalten diese auch ein psychedelisch wirksames Tryptamin-Alkaloid mit Namen N,N-Dimethyltryptamin (DMT), das die beschriebene, ungewöhnliche Rauschwirkung verursachen kann. So kommt es nach einer anfänglichen Übelkeit zu einer schlagartigen Veränderung der visuellen Eindrücke, wie sie in ähnlicher Form auch bei einem LSD- oder Meskalin-Rausch üblich sind. Außerdem berichten Konsumenten, sie wären von einem großen inneren Frieden beseelt und fühlten sich im Einklang mit der Natur, allen Lebewesen und sogar dem gesamten Universum.

Allerdings treten in diesem Stadium auch ein deutlich erhöhter Blutdruck sowie Schwindelgefühl, Koordinationsstörungen und häufig auch Krampfanfälle auf, außerdem sind Übelkeit, Erbrechen und Durchfall üblich. Bei normaler Dosierung ist sich der Konsument durchaus bewusst, dass er sich in einem Rauschzustand befindet; bei hoher Dosierung ist dagegen ein Abdriften in eine andere Realität möglich, was die Schamanen vermutlich glauben lässt, sie würden in Kontakt mit der Geisterwelt zu stehen. Bei einer sehr hohen Dosierung sind aber auch Angstzustände und Verfolgungswahn nicht selten und einige Konsumenten haben sogar den Eindruck, sie würden wahnsinnig werden oder im Sterben liegen.

Als Beispiel dafür kann die Schilderung des Botanikers Franklin Flores gelten, der an der Universität von Iquitos in Peru tätig ist und der bei seinen Studien über Ayahuasca mehrfach einen von dortigen

Heilern zubereiteten Ayahuasca-Trank verwendet hat. Seine eigenen Erfahrungen und die anderer Teilnehmer schildert er wie folgt:

Plötzlich verwandelt sich das Panorama der Dunkelheit in eine riesige, sich bewegende Spirale. Man wird schreiend in diese Spirale hineingezogen – eine erschreckende Erfahrung. Diese erste Phase der Halluzinationen dauerte ungefähr zehn Minuten. Ihnen folgten Visionen von grotesken menschlichen und tierischen Formen: Eine weibliche Patientin sah eine lange Boa auf sich zukommen ... Sie war unfähig sich zu bewegen, während sich die Boa um ihren Körper wand. Ihre Schreie waren furchterregend ... Möglicherweise zog sich das Tier zurück und sie beruhigte sich. Das Gehör verschärfte sich: ... Die Stimme einer Freundin, die vor kurzem plötzlich verstorben war, konnte deutlich vernommen werden – zunächst sanft, sich dann aber zum höchsten Crescendo steigernd, das anscheinend nicht enden wollte.[71]

Und auch andere Wissenschaftler betonen die ungewöhnliche Wirkung dieser Droge, nach deren Konsum sich das Erleben deutlich von der Realität unterscheidet. So schrieb der kürzlich verstorbene spanische Neurowissenschaftler und Ayahuasca-Forscher Jordi Riba von der Universität Maastricht in den Niederlanden:

Nichts bereitet einen Menschen auf das vor, was bei der Einnahme von Ayahuasca auf ihn zukommt ... Ein Ayahuasca-Erlebnis ist so anders als normale Realität. In unserem täglichen Leben haben wir uns angewöhnt, Gefühle zu unterdrücken, Schwieriges oder Schmerzhaftes von uns wegzuschieben. Unter Ayahuasca ist es nicht möglich, eine Grenze zwischen uns und unseren Gefühlen zu ziehen. Da fühlt man alles tief und deutlich.[72]

Welche Vorgänge beim Konsum von DMT im menschlichen Körper ablaufen, ist nicht vollständig geklärt. Da die Substanz eine ähnliche

Struktur hat wie Serotonin, könnte es sein, dass die mehrfach erwähnte hemmende Wirkung durch Serotonin auf Teile des Nervensystems nicht mehr richtig funktioniert, ähnlich wie vermutlich auch beim LSD- oder Meskalin-Rausch. Inzwischen hat man aber auch andere Rezeptoren entdeckt, die möglicherweise das Ziel von DMT sein könnten und dann vielleicht auch die ungewöhnliche Wirkung dieser Droge erklären würden. Allerdings handelt sich dabei bisher noch um Spekulationen. Fest steht aber, dass sich die psychoaktive Wirkung des Ayahuasca-Tranks nur dann erklären lässt, wenn bei der Zubereitung des Gebräus zusätzlich *Psychotria viridis* verwendet wird.

Allerdings gibt es dabei ein ganz entscheidendes Problem: Die oben erwähnten Monoaminooxidasen sind auch im Magen-Darm-Trakt vorhanden, sodass DMT dort wegen der strukturellen Ähnlichkeit mit Neurotransmittern wie Serotonin sehr schnell abgebaut wird. Daher kann die Droge ihre Wirkung bei oraler Aufnahme auch nicht entfalten. Oder anders gesagt: Wird DMT in Form eines Getränks aufgenommen – passiert so gut wie nichts.

An dieser Stelle kommt nun aber wieder die Ayahuasca-Liane ins Spiel. Sie enthält ja die Beta-Carbolin-Alkaloide Harmin und Harmalin, bei denen es sich um Monoaminooxidase-Hemmer handelt, die in der Lage sind, im Magen-Darm-Trakt vorhandenen Monoaminooxidasen unwirksam zu machen. Werden also mit einem Ayahuasca-Trank gleichzeitig DMT und MAO-Hemmer aufgenommen, unterbleibt der Abbau von DMT im Magen-Darm-Trakt und die psychoaktive Wirkung kann sich auch bei oraler Aufnahme entfalten. Aus diesem Grund müssen bei der Zubereitung des Ayahuasca-Tranks auch unbedingt beide Pflanzen verwendet werden, weil nur dann die von den Schamanen gewünschte Wirkung zustande kommt.

Zunächst blieb die Nutzung von Ayahuasca viele Jahrhunderte lang ausschließlich südamerikanischen Schamanen vorbehalten, aber

seit einiger Zeit erfreut sich das Gebräu auch in Europa und Nordamerika zunehmender Beliebtheit, obwohl der Trank wegen der unangenehmen Nebenwirkungen wie Übelkeit, Erbrechen und Durchfall nicht unbedingt als Partydroge taugt. Es begann damit, dass sich
immer mehr Menschen nach Südamerika aufmachten, um dort unter
Anleitung angeblich erfahrener Heiler an einer traditionellen Aya-
huasca-Zeremonie teilzunehmen. Inzwischen nimmt ihre Zahl immer
weiter zu, sodass man bereits von einem regelrechten Ayahuasca-
Tourismus spricht. Ziel sind heute zumeist kommerziell geführte
Ayahuasca-Zentren, die alljährlich Tausende von Ayahuasca-Touris-
ten anlocken, die an Zeremonien teilzunehmen, die dort angestellte
Heiler durchführen.

Aber auch in Europa werden inzwischen „Schamanische Naturri-
tuale" veranstaltet, bei denen Ayahuasca konsumiert wird. Bei solchen, zumeist mehrere Tage andauernden Treffen sei es möglich, so
wird behauptet, eine neue Verbindung zur Natur und zu sich selbst
zu finden, Tiefenheilung zu erfahren, sein Bewusstsein zu erweitern
und sich von belastenden Dingen aus der Vergangenheit zu befreien,
wie auch von vergifteten, negativen Gedanken, um seinem Leben so
wieder neuen Sinn zu geben. Und auch diese Veranstaltung haben inzwischen einen beachtlichen Zulauf. Warum das so ist, lässt sich nur
schwer sagen. Vermutlich spielt Neugier eine Rolle, aber auch die Suche nach sich selbst und möglicherweise auch der Trend, sich einmal
mit einem anderen „Lifestyle" zu beschäftigen.

Und so heißt es inzwischen auch, wenn Cannabis die Droge der
Hippie-Generation war, dann ist Ayahuasca die der Bio-Generation.
Nicht unerwähnt bleiben darf dabei, dass DMT in Deutschland als Be-
täubungsmittel gilt und der ungenehmigte Umgang daher strafrecht-
lich verfolgt wird. Daher enthalten die in Europa verabreichten
Tränke normalerweise wohl auch keinen psychedelischen Wirkstoff,

sondern höchstens Bestandteile von Ayahuasca-Lianen, die für den erwähnten Überschuss an Neurotransmittern („Glückshormonen") im Gehirn und damit unter Umständen für eine Stimmungsaufhellung sorgen können.

Neben *Psychotria viridis* gibt es noch eine Reihe weiterer Pflanzen mit dem Inhaltsstoff DMT. Das gilt beispielsweise für einen in Mittel- und Südamerika heimischen Baum mit dem wissenschaftlichen Namen *Mimosa tenuiflora*, der in Brasilien „Jurema preta" heißt und ebenfalls zur Herstellung eines psychoaktiven Trankes verwendet wird, dem man „Jurema" oder auch „Yurema" nennt und der ebenfalls mit einem MAO-Hemmer gemischt werden muss. Aber auch das Schilfrohr (*Phragmites australis*) oder das Rohrglanzgras (*Phalaris arundinacea*), die beide auch in Europa heimisch sind, enthalten geringe Mengen an DMT.

DIE TURBOVERSION

Für ähnliche Zwecke wie den Ayahuasca-Trank verwenden südamerikanische Schamanen aber auch das Schnupfpulver *Yopo*. Hergestellt wird es aus den Samen eines Baumes bzw. Strauches mit wissenschaftlichem Namen *Anadenanthera peregrina* oder auch aus der nah verwandten Art *A. colubrina*, die zur Familie der Hülsenfrüchtler (Fabaceae) gehören. Diese Samen, die in bis zu 30 cm langen Hülsen heranwachsen, werden bei Reife geerntet, geröstet, zu Pulver gemahlen und oft noch mit der alkalischen Asche bestimmter Pflanzen oder pulverisierten, kalkhaltigen Schneckenhäusern gemischt, damit sie besser aufgenommen werden. Anschließend blasen sich die Konsumenten das Pulver mit hohlen Pflanzenstängeln oder auch den hohlen Beinknochen großer Vögel gegenseitig in die Nase. Eine solche Zeremonie mit Yopo-Schnupfpulver wurde vom bereits erwähnten Richard E. Schultes wie folgt beschrieben:

Vor dem Yopo-Schnupfen versammeln sich die Waiká-Schamanen und beginnen zu singen. Sie rufen den Hekula-Geist an, mit dem sie in ihrer Berauschung in Kontakt treten. Das Rauschgift wirkt rasch. Es löst einen starken Schleimfluß in der Nase aus, gelegentlich auch ein sichtbares Zittern der Muskeln, besonders in den Armen. Das Gesicht nimmt einen verzerrten Ausdruck an. Dieser Zustand geht bald in einen andern über: Die Schamanen hüpfen herum, gestikulieren und schreien wild und rufen den Hekula-Geist an. Das kräfteraubende Treiben dauert eine halbe, manchmal sogar eine volle Stunde. Schließlich fallen die Tänzer völlig erschöpft in eine tranceartige Erstarrung und geben sich ihren Halluzinationen hin.[73]

Beim psychoaktiven Wirkstoff der *Anadenanthera*-Samen handelt es sich, wie bei *Psychotria viridis,* um DMT. Weil es jedoch über die Nasenschleimhäute aufgenommen wird, besteht nicht die Gefahr eines Abbaus der Droge im Magen-Darm-Trakt, sodass die Substanz sehr schnell ins Blut und dann ins Gehirn gelangt. Und auch einige *Virola*-Arten, etwa *V. calophylla* oder *V. elongata*, die ebenfalls DMT enthalten, werden in Südamerika als Schnupfendroge verwendet.

DER SALBEI DER HEILIGEN

Eine Pflanze mit einem seltenen, aber ebenfalls recht starkem psychoaktiven Wirkstoff ist der Azteken-Salbei, dem man den wissenschaftlichen Namen *Salvia divinorum* gegeben hat, was übersetzt so viel wie „Salbei der Heiligen" bedeutet. Die Art, die zu den Lippenblütlern (Lamiaceae) gehört, kennt man aber noch unter anderen Namen, etwa Zauber-Salbei, Wahrsage-Salbei, Götter-Salbei, Hojas de la Pastora oder Hierba de la Virgen, was aus dem spanischen übersetzt „Blätter der Schäferin" bzw. „Kraut der Jungfrau" bedeutet. Es handelt sich um krautige Pflanzen mit bläulichen Blüten und einem typischen vierkantigen Stängel, deren ursprüngliche Heimat vermutlich der mexikanische Bundesstaat Oaxaca ist. Benutzt werden sie von den dortigen Schamanen vor allem bei Heil- und Wahrsagerritualen, denn bei höherer Dosierung kommt es zu den typischen Rauschzuständen psychoaktiver Substanzen, verbunden mit einer veränderten Wahrnehmung.

Verantwortlich dafür ist der Inhaltsstoff Salvinorin A, über den erst seit den 80er-Jahren des vorigen Jahrhunderts genauere Informationen vorliegen. So weiß man inzwischen, dass er sich, ungeachtet der ähnlichen Wirkung, dennoch von anderen Halluzinogenen wie LSD oder Meskalin unterscheidet. So werden nicht die Serotoninrezeptoren beeinflusst, sondern die Opioidrezeptoren, an die auch Schmerzmittel wie Morphin binden. Verwendet werden die Blätter der Pflanze, die man entweder kaut oder in getrockneter Form raucht. Typisch für den dann einsetzenden Salvinorin-A-Rausch ist, neben der fremdartig veränderten Wahrnehmung der Umgebung, vor allem die verminderte Koordinationsfähigkeit und der oft völlige Realitätsverlust, sodass man kaum noch auf die einfachsten Herausforderungen reagieren kann.

Weil Salvinorin A trotz der unterschiedlichen Wirkung im menschlichen Körper dennoch eine ähnliche Reaktion hervorzurufen kann wie die klassischen psychoaktiven Drogen, gibt es im Westen seit einigen Jahrzehnten ein deutlich verstärktes Interesse am Azteken-Salbei, der inzwischen auch kultiviert wird. Wie bei praktisch allen vergleichbaren Substanzen ist auch beim Salvinorin A, das zu den stärksten halluzinogenen Naturdrogen gehört, kaum vorhersehbar, in welche Richtung sich seine Wirkung entfaltet, sodass Experten eindringlich vor einer Nutzung als Partydroge warnen. Und inzwischen fällt der Azteken-Salbei in Deutschland auch unter das Betäubungsmittel-gesetz, ist somit also eine illegale Droge.

UND ZUM SCHLUSS DER BLAUE DUNST

Wenn es um Drogenmissbrauch geht, wird Nikotin nur selten erwähnt, wie auch der Tabak bei Aufzählungen gefährlicher Giftpflanzen fast nie weit vorn auftaucht. Und auch hier wird die Droge Nikotin, die man zu den Stimulanzien rechnet, erst ganz am Schluss behandelt, wenn auch eigentlich zu Unrecht. Schließlich kommen durch Nikotinkonsum, zumindest indirekt, sehr viel mehr Menschen ums Leben als durch alle bisher erwähnten pflanzlichen Drogen oder auch durch synthetisch hergestellte wie Ecstasy, Speed und Crystal Meth.

Nikotin ist in vielen Nachtschattengewächsen enthalten, aber in besonders hoher Konzentration in Arten der Gattung *Nicotiana*, zu der auch der Virginische oder Echte Tabak (*Nicotiana tabacum*) gehört, der heute normalerweise zur Herstellung von Zigaretten verwendet wird. Es handelt sich um bis 2 m hohe, einjährige Pflanzen mit großen, elliptischen Blättern und Rispen aus weißen bis rosa Blüten. Die Heimat der Pflanze ist der amerikanische Kontinent, wobei man nicht genau weiß, woher die Urform der Art genau stammt, nicht zuletzt, weil Tabak schon sehr lange von den dort lebenden Menschen genutzt und auch kultiviert wird. So hat man bei Ausgrabungen im Bundesstaat Utah im Südwesten der USA, an einer Feuerstelle, die vor etwa 12.000 Jahre genutzt wurde, neben Knochen von Beutetieren und Werkzeugfragmenten auch Tabaksamen gefunden.

Aus späterer Zeit weiß man, dass der Tabak von einigen indigenen Völkern Nordamerikas bei Zusammenkünften des Häuptlings mit den Stammesältesten eingesetzt wurde, etwa wenn es galt, wichtige Entscheidungen zum Wohl des Stammes zu treffen. Aber auch bei

Verhandlungen mit anderen Stämmen wurde die sogenannte Friedenspfeife (Kalumet) bei den Teilnehmern herumgereicht, um getroffene Übereinkünfte zu besiegeln.

Während solcher Versammlungen benutzte man den Tabak vermutlich wegen der beruhigenden Wirkung, die das Nikotin auf die Raucher ausübt. Aber die Heilkundigen setzten ihn auch bei rituellen Zeremonien ein, um sich auf diese Weise in Trance zu versetzen und so eine Verbindung zu übernatürlichen Kräften herzustellen. Dabei kamen allerdings oft auch Mischungen aus Tabak und weiteren Zutaten zum Einsatz, darunter das Bilsenkraut oder der Fliegenpilz (*Amanita muscaria*), die beide bei entsprechender Dosierung halluzinogene Effekte hervorrufen können. Außerdem handelte es sich bei dem damals benutzten Tabak wohl normalerweise nicht *Nicotiana tabacum*, sondern um Arten wie *Nicotiana rustica*, die eine deutlich höhere Nikotinkonzentration aufweisen. Aber auch die Schamanen Süd- und Mittelamerikas benutzten Tabak häufig für ihre Heil- und Zauberrituale. Außerdem wurde er als normales Heilkraut verwendet, etwa zur Behandlung von Fieber, Ohrenschmerzen oder Atemwegserkrankungen sowie zum Desinfizieren von Wunden oder zur Behandlung von Schlangen- und Zeckenbissen.

Für die dem Tabak nachgesagten Eigenschaften ist vor allem Nikotin als wichtigster Inhaltsstoff der Pflanze verantwortlich. Bei diesem Alkaloid handelt es sich um ein starkes Nervengift, das eigentlich die Aufgabe hat, den Tabak vor pflanzenfressenden Insekten zu schützen. Bei entsprechend hoher Dosierung kann die Substanz aber durchaus auch den Tod von Menschen verursachen. So haben Untersuchungen ergeben, dass etwa 500 mg Nikotin für einen erwachsenen Menschen tödlich sein können.

Wie bereits in Kapitel 1 geschildert, kann Nikotin die Nikotinischen Acetylcholinrezeptoren beeinflussen. Diese befinden sich etwa an den motorischen Endplatten, also dort, wo Signale von Nervenzellen an Muskeln übertragen werden, aber auch im Gehirn. Aktiviert werden sie normalerweise durch Acetylcholin, aber weil Nikotin eine strukturelle Ähnlichkeit mit diesem Neurotransmitter hat, kann es die Rezeptoren ebenfalls anregen und zwar länger als Acetylcholin. Geschieht das bei den Rezeptoren an den motorischen Endplatten, kann es zu einer lebensgefährlichen Beeinträchtigung der Muskeltätigkeit kommen, etwa in Armen und Beinen oder im Brustkorb.

Werden die Nikotinischen Acetylcholinrezeptoren dagegen in bestimmten Bereichen des Gehirns aktiviert, erfolgt eine Stimulation des schon häufiger erwähnten Belohnungszentrums. Verbunden ist das mit einer vermehrten Freisetzung von Neurotransmittern wie Dopamin, Adrenalin, Noradrenalin, Serotonin, Endorphin und bestimmten Hormonen, etwa Vasopressin, also kurz gesagt zu einer Ausschüttung von „Glückshormonen". Außerdem kommt es zu einer Verengung der Blutgefäße sowie zu einer Erhöhung des Blutdrucks und des Herzschlags. All dies sorgt für eine Reihe (zumindest subjektiv empfundener) positiver Effekte. Dazu gehört ein einsetzendes Wohlgefühl, das vor allem auf die beruhigende und entspannende Wirkung zurückgeht, es kann aber auch zu einer Unterdrückung des Hungergefühls, einer gesteigerten Wachheit, einer Erhöhung der Konzentration sowie dem Abbau von Stress oder Angst kommen.

Diese Effekte sind der Hauptgrund dafür, dass Menschen rauchen. Allerdings führen dies über kurz oder lang auch zu einer körperlichen Abhängigkeit, weil Raucher versuchen, eine solche Gefühlslage immer wieder herzustellen. Dabei sorgt besonders der erhöhte Dopaminspiegel im Belohnungszentrum des Gehirns für ein zunehmendes Verlangen nach Nikotin. Dies hat nicht zuletzt damit zu tun, dass bei Rauchern in den Membranen bestimmter Zellen zusätzliche Nikotinische Acetylcholinrezeptoren vorhanden sind, die auf normalem Wege nicht mehr alle gesättigt werden können. Das führt dann zu einem ständigen Verlangen nach Nikotin, also letztendlich zu einer weiteren Zigarette, weil andernfalls sehr schnell Entzugssymptome auftreten. Dazu zählen erhöhte Reizbarkeit, starke Stimmungsschwankungen, ein größeres Hungergefühl oder eine innere Unruhe.

Es gibt aber auch eine psychische Abhängigkeit, weil der Tabak-konsum emotional eng mit den positiven Empfindungen während des Rauchens verbunden ist und nicht selten sogar mit bestimmten Situationen, die damit in Zusammenhang stehen. So kann die Erinne-rung an das angenehme Gefühl während der letzten Zigarettenpause dazu führen, dass in der nächsten Pause automatisch wieder eine Zi-garette angezündet wird. Und selbst der Anblick einer Zigaretten-schachtel reicht oft aus, um erneut zur Zigarette zu greifen.

GEFÄHRLICHE ZEITEN FÜR RAUCHER

Als die Europäer die Neue Welt erreichen, wurden sie schnell auf die ungewöhnliche Nutzung der Tabakpflanze aufmerksam, reagierten aber zunächst eher mit Unverständnis. So schrieb der bereits er-wähnte spanische Historiker und Staatsmann Gonzalo Fernández de Oviedo:

Die Indianer üben unter anderen Lastern ein sehr schädliches, das darin be-steht, eine Art Rauch zwecks Betäubung in sich aufzunehmen, den sie tabaco nennen. Die Kaziken nehmen hierzu ein gegabeltes Rohr in Form eines Yp-silon, geben die beiden Gabelenden in die Nasenlöcher und das Rohr in ein angezündetes Kraut. In dieser Weise ziehen sie dann den entstehenden Rauch ein-, zwei-, drei-, viermal ein, soviel sie eben vertragen können, bis sie be-wußtlos werden und wie berauscht auf der Erde hingestreckt in einen schwe-ren und tiefen Schlaf verfallen.[74]

274

Anfang des 16. Jahrhunderts gelangte der Tabak dann auch nach Europa, wo er aber anfangs recht zwiespältig aufgenommen wurde. So bezeichnete der englische König Jakob I. (1566-1625) das Rauchen als widerwärtig, und er ahnte auch bereits, dass es schädlich für die Lungen ist. In Russland war der Genuss sogar verboten, wobei das Auspeitschen noch zu den geringeren Strafen für Raucher gehörte, denn den Unbelehrbaren wurde manchmal die Lippe abgeschnitten oder man verbannte sie nach Sibirien.

Im Herzogtum Lüneburg mussten Raucher bis zum Jahr 1691 sogar damit rechnen, für ihr Laster mit dem Tode bestraft zu werden. Vollstreckt wurden solche Urteile aber wohl nie, anders als im Osmanischen Reich, wo viele Raucher den Kopf durch das Schwert verloren haben sollen. Verlangsamt wurde die Ausbreitung des neu entdeckte „Vergnügens" dadurch allerdings nicht, was auch damit zu tun hatte, dass man inzwischen entdeckt hatte, wie viel Geld sich durch eine Besteuerung des Tabaks verdienen ließ. Und so hatte das ungewöhnliche Kraut schon 150 Jahre nach der Entdeckung Amerikas große Teile Europas erobert. Heute wird die Zahl der Raucher weltweit auf über eine Milliarde Menschen geschätzt.

Für sehr viele dieser unglaublichen Zahl an Rauchern ist ihre Leidenschaft für den „blauen Dunst" allerdings mit erheblichen Konsequenzen verbunden. So sterben nach Schätzungen der Weltgesundheitsorganisation alljährlich sieben Millionen von ihnen durch ihre Sucht, wobei sich diese gewaltige Zahl noch um eine weitere Million von Passivrauchern erhöht, also Menschen, die Tabakrauch ungewollt einatmen müssen. Da eine Zigarette nur etwa 1-2 mg Nikotin enthält, die letale Dosis aber bei etwa 500 mg liegt, erscheint diese Anzahl aber fast unglaubwürdig, denn man müsste schließlich Unmengen von Tabak konsumieren, um in diesem Bereich kommen. Beim Rauchen von

Zigaretten wird das noch unwahrscheinlicher, weil ein Teil des Nikotins durch das Verbrennen des Tabaks zerstört wird.

Und so ist der Grund für die Gefährlichkeit auch ein anderer, denn Zigarettenrauch ist ein Gemisch ausgesprochen schädlicher Stoffe, von denen hier nur die gefährlichsten erwähnt werden sollen. Insgesamt sind mindestens 4800 unterschiedliche Substanzen bekannt, darunter pro Zigarette etwa 10 mg Kohlenmonoxid, das einen Sauerstoffmangel im Blut verursacht und dadurch die Entstehung von Gefäßerkrankungen begünstigt. Krebserregend sind dagegen Benzol, polyzyklische aromatische Kohlenwasserstoffe, Nitrosamine und zahlreiche weitere Karzinogene, während das ebenfalls enthaltene Blei und Cadmium das Gehirn, die Nieren und die Knochen schädigen kann.

Angst machen sollten allen Rauchern aber auch die stark giftige Blausäure und natürlich die etwa 10 mg „Teer" pro Zigarette. Diese zähflüssige, bräunliche Masse setzt sich beim Rauchen vor allem in der Lunge ab und verfärbt sie schließlich schwarz. Außerdem verklebt sie das Flimmerepithel in den Atemwegen, das unter anderem die Aufgabe hat, Krankheitserreger und Schadstoffe aus der Atemluft zu filtern. Und besonders das ständige Einatmen dieser Substanz kann schwere Erkrankungen verursachen, darunter Krebs. Tatsächlich ist das Risiko einer Krebserkrankung bei Rauchern etwa verdoppelt, bei starkem Konsum kann es sogar um das Vierfache erhöht sein. Aber auch Herzinfarkt, Schlaganfall oder eine chronisch, obstruktive Lungenerkrankungen (COPD) gehören zu den häufigen Folgen.

Tabak kann aber nicht nur geraucht werden, sondern es gibt auch Menschen, die ihn kauen (Priem), was früher vor allem bei Seeleuten sehr beliebt war, weil diese auf den damals noch aus Holz gebauten Schiffen aus Sicherheitsgründen nicht rauchen durften. Außerdem besteht die Möglichkeit, Tabak zu schnupfen. Dies war bis Anfang des

19. Jahrhunderts außerordentlich beliebt, bis sich dann aber die Methode des Rauchens immer mehr durchsetzte. Mittlerweile nimmt die Beliebtheit des Schnupftabaks aber wieder zu, nicht zuletzt wegen des Rauchverbots in Lokalen und anderen öffentlichen Orten, aber auch, weil diese Form der Nikotinaufnahme nicht so gesundheitsschädlich ist wie das Rauchen, weil ja die gefährlichen Kondensate durch das Verbrennen des Tabaks nicht entstehen. Empfehlenswert ist das Schnupfen dennoch nicht, weil der Tabak unter anderem besagte Nitrosamine enthält, die ebenfalls gesundheitliche Schäden verursachen können.

Neben dem Tabak gibt es noch weitere pflanzliche Substanzen mit anregender Wirkung. Dazu gehören beispielsweise Kaffee und Tee mit ihren Inhaltsstoffen Koffein oder Theobromin. Aber ihnen geschähe sicher Unrecht, würde man sie zu den Pflanzen mit einer dunklen Seite rechnen. Bei objektiver Betrachtung gehören sie – wenn überhaupt – vielleicht gerade einmal ins Halbdunkel, sodass sie in diesem Buch auch nicht auftauchen.

ANHANG

VERWENDETE LITERATUR

Abraham, Hartwig und Thinnes, Inge: *Hexenkraut und Zaubertrank.* Verlag Urs Freund, Greifenberg 1997.

Ackerknecht, Erwin H.: *Geschichte der Medizin.* Ferdinand Enke Verlag, Stuttgart 1989.

Aigremont, Dr. (Pseudonym von Siegmar Baron von Schultze-Galléra): *Volkserotik und Pflanzenwelt. Eine Darstellung alter wie moderner erotischer und sexueller Gebräuche, Vergleiche, Benennungen, Sprichwörter, Redewendungen, Rätsel, Volkslieder erotischen Zaubers und Aberglaubens, sexueller Heilkunde, die sich auf Pflanzen beziehen.* Band 1 und Band 2. Reihe Ethnomedizin und Bewußtseinsforschung. Hallescher Verlag Trensinger, Halle 1910.

Aksakov, Aleksandr N. [Begr.]: *Psychische Studien: monatliche Zeitschrift vorzüglich der Untersuchung der wenig gekannten Phänomene des Seelenlebens.* Leipzig, 1874-1925. 3. Jahrgang, April 1876. Online im Internet: URL: http://dl.ub.uni-freiburg.de/diglit/psychische_studien1876/0186?sid=04fcf51cdad47b2ed1193904a5c3bba0 Abrufdatum 16.07.2021.

Alt, Peter-André: *Sigmund Freud. Der Arzt der Moderne. Eine Biographie.* CH Beck, München 2016.

Andrae, Heinrich: *Über die Medizin Thomas Sydenhams 1624-1689. Ein Beitrag zur Geschichte der Heilkunde.* Inaugural-Dissertation zur Erlangung der Doktorwürde. Zürich 1900. Online im Internet: URL: https://wellcomecollection.org/works/s2wdkc2d/items?canvas=2 Abrufdatum 09.08.2021.

Anselm, Marina: *So raffiniert inszenierte Kleopatra ihren Selbstmord.* welt.de, 25.06.2010. Online im Internet: URL: https://www.welt.de/wissenschaft/article8182781/So-raffiniert-insze-nierte-Kleopatra-ihren-Selbstmord.html Abrufdatum 09.08.2021

Aschenbrandt, Theodor: *Die physiologische Wirkung und Bedeutung des Cocain muriat. auf den menschlichen Organismus.* Deutsche medicinische Wochenschrift 50/9, Georg Reimer, Berlin 1883, S. 730-732.

Aschner, Bernhard: *Paracelsus: Sämtliche Werke.* Nach der 10-bändigen Huserschen Gesamtausgabe (1589-1591) zum Erstenmal in neuzeitliches Deutsch übersetzt. Alle 4 Bände. 1926-1932. Gustav Fischer, Jena 1926.

Attenborough, David: *Das geheime Leben der Pflanzen.* Scherz Verlag, München 1998.

Barfield, Lawrence; Koller, Ebba und Lippert, Andreas: *Der Zeuge aus dem Gletscher.* Herausgegeben von Alfred Payrleitner. Carl Ueberreuter, Wien 1992.

Beckmann, Dieter und Beckmann Barbara: *Das geheime Wissen der Kräuterhexen.* dtv Verlagsgesellschaft, München 1997.

Behringer, Wolfgang (Hrsg.): *Hexen und Hexenprozesse in Deutschland.* dtv Verlagsgesellschaft, München 2000.

Benn Gottfried: *Gedichte.* Reclams Universal-Bibliothek Nr. 8480. Philipp Reclam jun., Stuttgart 2006.

Bendz, Gerhard (Übers. und Hrsg.): *Frontin – Kriegslisten (Frontinus, Sextus Iulius): lateinisch und deutsch.* Akademie-Verl, Berlin, 1963.

Benzenhöfer, Udo: *Paracelsus.* Rowohlt, Reinbek bei Hamburg 1997.

Berendes, Julius: *Die Physica der heiligen Hildegard.* Wien: Verlag der Pharmaceutischen Post, 1898. Online im Internet: URL: https://publikationsserver.tu-braunschweig.de/rsc/viewer/dbbs_deri-vate_00015880/max/00000002.jpg Abrufdatum 29.07.2021.

Bock, Hieronymus: *Kreütterbuch*. Digitalisierte Ausgabe von 1595. Online im Internet: URL: http://digital.ub.uni-duessel-dorf.de/ihd/content/titleinfo/4290555 Abrufdatum 16.07.2021.

Bocksch, Manfred: *Das praktische Buch der Heilpflanzen*. BLV Verlag, München 1998.

Boland, Maureen und Bridget: *Was die Kräuterhexen sagen: Ein magisches Gartenbuch*. dtv Verlagsgesellschaft, München 1983.

Borger, Sebastian: *Wie Moskau mit vergiftetem Regenschirm mordete*. WELT 06.09.2008. Online im Internet: URL: https://www.welt.de/politik/article2402104/Wie-Moskau-mit-vergiftetem-Regenschirm-mordete.html Abrufdatum 01.08.2021.

Braun, Hans und Frohne, Dietrich: *Heilpflanzen-Lexikon. Wirkungen, Verordnung, Selbstmedikation*. Gustav Fischer Verlag, Stuttgart 1994.

Brill, Klaus: *Gift direkt vom Diktator*. Süddeutsche Zeitung, 02.08.2008. Online im Internet: URL: https://www.carakasamhitaon-line.com/index.php?title=Adhyaya(chapters) Abrufdatum 01.08.2021.

Brodie B.C.: *Experiments and observations on the different modes in which death is produced by certain vegetable poisons*. Philosoph. Transac. Roy. Soc. 101. S.178–195, 1811.

Bown, Deni: *DuMont's Große Kräuter-Enzyklopädie*. DuMont Verlag, Köln 2001.

Budka, Julia: *Heilkunst und Zauberei – Medizin im Alten Ägypten*. Kemet 9, Nr. 4, 2000, S. 13–19. Online im Internet: http://archiv.ub.uni-heidelberg.de/propylaeumdok/3416/1/Budka_Heilkunst_und_Zauberei_2000.pdf Abrufdatum 21.12.2021.

Castaneda Carlos: *Die Lehren des Don Juan*. Fischer Taschenbuch, Frankfurt 2011.

Chevallier, Andrew: *Die BLV Enzyklopädie der Heilpflanzen: Über 550 Heilkräuter, ihre medizinische Wirkung und Anwendung*. BLV Verlag, München 2000.

Curic, Anton: *Die Medizin der Pharaonen. Heilkunst im alten Ägypten.* ECO Verlag, Eltville 1999.

Daiber, Jürgen: *Therapeutisches Scheitern. Freud, das Kokain und die Literatur.* Hofmannsthal Jahrbuch zur Europäischen Moderne, 2020, S. 261-308. Online im Internet: URL: https://www.research-gate.net/publication/346275731_Therapeutisches_Schei-tern_Freud_das_Kokain_und_die_Literatur Abrufdatum 02.11.2021.

Dauncey, Elizabeth und Larsson, Sonny: *Killerpflanzen. Tödliche Verteidigungsstrategien der Pflanzenwelt.* Verlag Franckh-Kosmos, Stuttgart 2018.

Daunderer, Max: *Lexikon der Pflanzen- und Tiergifte.* Nikol Verlag, Hamburg 2001.

Denkow, Wesselin: *Gifte der Natur.* Bechtermünz Verlag, Augsburg 2001.

Dewhurst, Kenneth: *The Quicksilver Doctor: The Life and Times of Thomas Dover, Physician and Adventurer.* John Wright & Sons, Bristol 1957.

Dio, Cassius: *Römische Geschichte.* Übers. Leonhard Tafel, bearbeitet von Lenelotte Möller. Marix Verlag, Wiesbaden 2012.

Dio, Cassius und Veh, Otto: *Römische Geschichte.* Verlag De Gruyter, Berlin 2012.

Christiansen, Frank: *Acht Jahre Haft für Rizin-Bombenbauerin von Chorweiler.* Aachener Zeitung, 26. 06. 2020. Online im Internet: URL: https://www.aachener-zeitung.de/nrw-region/acht-jahre-haft-fuer-rizin-bombenbauerin-von-chorweiler_aid-51863771 Abrufdatum 01.08.2021.

Christie, Agatha: *Das unvollendete Bildnis.* Fischer Taschenbuch, Frankfurt 2013.

Curtius Rufus: *Geschichte Alexanders des Großen.* WBG, Darmstadt 2007.

Daneshgar, Majid: *Shi'ite-Perso Views Towards Abusing Wine and Opium: Is it Addiction or Culture?* Journal of Religious Culture, Hrsg. Edmund Weber. No. 187, 2014. Online im Internet: URL: http://web.uni-frankfurt.de/irenik/relkultur187.pdf Abrufdatum 15.10. 2021.

De Quincey, Thomas: *Bekenntnisse eines englischen Opiumessers.* Insel Verlag, Frankfurt 2009.

Dils, Peter: *Papyrus Edwin Smith.* In: Science in Ancient Egypt. Online im Internet: URL: https://sae.saw-leipzig.de/de/dokumente/papyrus-edwin-smith?version=34 Abrufdatum 19.07.2021.

Dioskurides, Pedanios: *De materia medica.* Übersetzung von Julius Berendes, 1902. Online im Internet: URL: https://docplayer.org/18493245-Dioskurides-de-materia-medica.html Abrufdatum 15.07.2021.

Drews, Vivien-Marie und Morchner, Tobias: *Neue Erkenntnisse zu tödlicher Spritzenattacke.* Hannoversche Allgemeine 29. 10. 2012 Online im Internet: URL: https://www.haz.de/Hannover/Aus-der-Stadt/Uebersicht/Neue-Erkenntnisse-zu-toedlicher-Spritzenattacke Abrufdatum 01.08.2021.

Eckart, Wolfgang U.: *Geschichte der Medizin.* Springer Verlag, Berlin, Heidelberg 1990.

Engel, Fritz-Martin: *Die Giftküche der Natur. Eine Natur- und Kulturgeschichte der Giftgewächse unserer Erde.* Landbuch-Verlag, Hannover 1972.

Ders.: *Zauberpflanzen, Pflanzenzauber.* Landbuch-Verlag, Hannover 1978.

Ders.: *Giftpflanzen – Pflanzengift.* Silva Verlag, Zürich 1984.

Ennet, Diether und Reuter, Hans D.: *Lexikon der Pflanzenheilkunde.* Hippokrates Verlag, Stuttgart 1998.

Erling, Johnny: *Spendabler Millionär mit Katzenragout vergiftet.* welt.de, 04.01.2012, Online im Internet: URL: https://www.welt.de/vermischtes/weltgeschehen/article13798274/Spendabler-Millionaer-mit-Katzenragout-vergiftet.html?cid=socialmedia.email.sharebutton Abrufdatum 08.08.2021.

Ewers, Hanns Heinz *Alraune. Die Geschichte eines lebenden Wesens.* Guth, Karl-Maria (Hrsg.). Hofenberg Verlag. Berlin 2015.

Fink, Gerhard: *Who's who in der antiken Mythologie.* dtv Verlagsgesellschaft, München 1993.

Flashar, Hellmut: *Hippokrates. Meister der Heilkunst.* C. H. Beck, München 2016.

Flavius, Josephus: *Flavius Josephus' Jüdischen Krieg.* Übers. Philipp Kohout. Verlag Quirin Haslinger, Linz 1901, S. 501 (Buch VII, Kapitel 6.3). Online im Internet: URL: https://de.wikisource.org/wiki/Juedischer_Krieg Abrufdatum 16.07.2021.

Franke, Wolfgang: *Nutzpflanzenkunde.* Thieme Verlag, Stuttgart 1985.

Franz, Angelika: *Die Suche nach den ersten Giftpfeilen.* Spiegel, Hamburg 2015. Online im Internet: URL: https://www.spiegel.de/wissenschaft/mensch/praedynastik-6000-jahre-alte-giftpfeile-a-1029007.html Abrufdatum 16.08.2021.

Dies: *War Alexander der Große nur scheintot?* t-online, 2019. Online im Internet: URL: https://www.t-online.de/nachrichten/wissen/geschichte/id_85508766/alexander-der-grosse-war-der-eroberer-der-perserreichs-nur-scheintot-.html Abrufdatum 16.07.2021.

Freud, Sigmund: *Briefe 1873–1939.* Ausgew. u. hrsg. v. Ernst u. Lucie Freud. S. Fischer, Frankfurt 1960.

Ders: *Über Coca.* Neu durchgesehener und vermehrter Separat-Abdruck aus dem Centralblatt für die gesamte Therapie 1884. Verlag von Moritz Perles. Wien 1885. Online im Internet: URL:

https://archive.org/details/Freud_1885_Coca/page/n1/mode/2up?q=Hunger Abrufdatum 05.11.2021.

Frohn, Birgit: *Handbuch der psychoaktiven Pflanzen*. Weltbild Verlag, Augsburg 1999.

Frohne, Dietrich und Pfänder, Hans J.: *Giftpflanzen. Ein Handbuch für Apotheker, Ärzte, Toxikologen und Biologen*. Wissenschaftliche Verlagsgesellschaft, Stuttgart 1987.

Frontin (Sextus Iulius Frontinus): *Frontin – Kriegslisten*. Lateinisch und Deutsch von Gerhard Bendz. Wissenschaftliche Buchgesellschaft, Darmstadt 1978.

Fuchs, Leonhart: *New Kreüterbuch*. Online im Internet: URL: http://digital.bib-bvb.de/view/bvbmets/viewer.0.6.4.jsp?folder_id=0&dvs=1630935306866~904&pid=12647746&locale=de&usePid1=true&usePid2=true Abrufdatum 06.09.2021.

Galen: *Werke des Galenos*. Bearbeitet von Beintker, Erich und Kahlenberg, Wilhelm. Hippokrates Verlag, Stuttgart 1948.

Germer, Renate: *Die Pflanzen des Alten Ägypten*. Artemis & Winkler im Patmos Verlag, Düsseldorf 2002.

Gargia, Celso; de Carvajal, Gaspar; Fritz, Samuel: *Die Eroberung von Peru: Pizarro und andere Konquistadoren*. Edition Erdmann, Wiesbaden 2015.

Gessner, Otto und Orzechowski, Gerhard: *Gift- und Arzneipflanzen von Mitteleuropa*. Universitätsverlag Winter, Heidelberg 1974.

Goethe, Johann Wolfgang von: *Faust. Der Tragödie erster Teil*. Online im Internet: URL: https://www.hs-augsburg.de/~harsch/germanica/Chronologie/18Jh/Goethe/goe_f000.html Abrufdatum 22.08.2021.

Ders: *Faust. Der Tragödie zweiter Teil*. Online im Internet: URL: http://www.zeno.org/Literatur/M/Goethe,+Johann+Wolfgang/Dramen/Faust.+Eine+Trag%C3%B6die/Faust.+Der+Trag%C3%B6die+zweiter+Teil/1.+Akt/Kaiserliche+Pfalz Abrufdatum 22.07.2021.

Goehl, Konrad: *Avicenna und seine Darstellung der Arzneiwirkungen*. Deutscher Wissenschaftsverlag, 2014.

Gonzalez, Cibeles Jolivette: *Avicenna's Canon Of Medicine*. Online im Internet: URL: https://archive.org/details/AvicennasCanonOfMedicine/mode/2up Abrufdatum 01.08.2021.

Graw, Ansgar: *Brief an Obama mit tödlichem Rizin abgefangen*. WELT, 17.04.2013. Online im Internet: URL: https://www.welt.de/politik/ausland/article115377412/Brief-an-Obama-mit-toedlichem-Rizin-abgefangen.html Abrufdatum 02.08.2021.

Graichen, Gisela: *Heilwissen versunkener Kulturen: Im Bann der grünen Götter*. Econ Verlag, München 2004.

Grimm, Jacob und Wilhelm: Deutsche Sagen. Anaconda Verlag, München 2014.

Grimmelshausen, H. J. Christoffel, von: *Der abenteuerliche Simplicissimus*. (Ausgabe 1956). Online im Internet: URL: http://www.zeno.org/Literatur/M/Grimmelshausen,+Hans+Jakob+Christoffel+von/Romane/Der+abenteuerliche+Simplicissimus+(Ausgabe+1956) Abrufdatum 30.08.2021.

Gunkel, Christoph: "*Ich werde sterben, Sie können nichts mehr tun*". Spiegel Geschichte, 17.03.2018. Online im Internet: URL: https://www.spiegel.de/geschichte/giftanschlag-der-fall-skripal-und-der-regenschirmmord-1978-a-1198414.html Abrufdatum 01.08.2021.

Haas, Hans: *Parabeln der Kräutermedizin. Die Geschichte der Heilpflanzenkunde*. Innovations-Verlagsgesellschaft, Seeheim-Jugenheim 1989.

Haerkötter, Gerd und Marlene: *Giftpflanzen. Beschreibung, Wirkung, Geschichten*. Anaconda Verlag, München 2019.

Dies: *Hexenfurz und Teufelsdreck*. Anaconda Verlag, München 2020.

Dies: *Wüterich und Hexenmilch*. Verlag Vito von Eichborn, Frankfurt 1991.

Hall, Katherine: *Did Alexander the Great Die from Guillain-Barré Syndrome?* The Ancient History Bulletin. Vol. 32, 3-4. 2018.

Hambel, Vera: *Die alte Heydnische Abgöttische Fabel von der Alraun. Verwendung und Bedeutung der Alraune in Geschichte und Gegenwart.* Dipl.-Arb., Passau 2002 (PDF). Online im Internet: URL: http://docplayer.org/69590247-Die-alte-heydnische-abgoettische-fabel-von-der-alraun.html Abrufdatum 02.08.2021.

Heine, Heinrich: *Die romantische Schule.* Online im Internet: URL: https://www.projekt-gutenberg.org/heine/romschul/romschul.html Abrufdatum 22.07.2021.

Ders.: *Romanzero.* Online im Internet: URL: http://www.zeno.org/Literatur/M/Heine,+Heinrich/Gedichte/Romanzero Abrufdatum 22.07.2021.

Hepper, Nigel: *Pflanzenwelt der Bibel.* Deutsche Bibelgesellschaft, Stuttgart 1992.

Hernández, Francisco: *Rerum Medicarum Novae Hispaniae Thesaurus, Seu Plantarum Animalium Mineralium Mexicanorum Historia* (Classic Reprint). Online im Internet: URL: https://gdz.sub.uni-goettingen.de/id/PPN473544997?tify={%22panX%22:0.503,%22panY%22:0.756,%22view%22:%22scan%22,%22zoom%22:0.9} Abrufdatum 12.11.2021.

Herodot von Halikarnass: *Die Geschichten des Herodotos.* Übersetzt von Friedrich Lange. Neu herausgegeben von Dr. Otto Güthling. Reclam, Leipzig 1885. Online im Internet: URL: http://www.gasl.org/refbib/Herodotos__Geschichten.pdf Abrufdatum 22.08.2021.

Hippokrates: *Sämtliche Werke*. Ins Dt. übers. und ausführlich comm. von Robert Fuchs. Online im Internet: URL: https://digital.zbmed.de/medizingeschichte/content/titleinfo/7914780 Abrufdatum 21.07.2021.

Homer: *Odyssee*. Übers. J. H. Voß. Vierter Gesang, S. 220-229. Online im Internet: URL: https://www.projekt-gutenberg.org/homer/odyss21/titlepage.html Abrufdatum 18.10.2021.

Hubbard, Ben: *GIFT: Die Geschichte der Giftmörder und Gifte von Arsen bis Zyankali*. Librero Verlag, Kerkdriel 2020.

Huxley, Aldous: *Die Pforten der Wahrnehmung - Himmel und Hölle*. Piper Verlag, München 1995.

Immer, Nicolas: Literaturgeschichte als Provokation. Online im Internet: URL: http://www.nikolasimmer.de/ImmerN_A2011a.pdf Abrufdatum 18.10.2021.

Inkwright, Fez: *Botanical Curses and Poisons: The Shadow-Lives of Plants*. Liminal 11, GB 2021.

Ireland, Robert I. (Hrsg.): *Iuli Frontini Strategemata*. Teubner, Leipzig 1990. Seite 58

Jantzen, Friedrich: *Amors Pflanzenkunde. Pflanzen im Liebesbrauchtum*. Franck-Kosmos Verlag, Stuttgart 1980.

Joachim, Heinrich (Übers.): *Papyros Ebers: Das älteste Buch über Heilkunde*. Aus dem Aegyptischen zum ersten Mal vollständig übersetzt. Reimer, Berlin 1890. Online im Internet: URL: https://digi.ub.uni-heidelberg.de/diglit/joachim1890 Abrufdatum 18.07.2021.

Juvenal: *Die Satiren Des Decimus Junius Juvenalis in einer erklärenden Übersetzung*. Decker, Berlin, Leipzig 1777. Online im Internet: URL: https://digital.slub-dresden.de/werkansicht/dlf/69231/10 Abrufdatum 18.07.2021.

Kästner, Sven: *Als Raucher noch mit dem Tod bestraft wurden*. STERN, Hamburg 2004. Online im Internet:

https://www.stern.de/gesellschaft/tabakkonsum-als-raucher-noch-mit-dem-tod-bestraft-wurden-3542176.html Abrufdatum 09.12.2021.

Kaiser, Peter; Moc, Norbert und Zierholz, Heinz-Peter: *Das Gift der Agrippina. Giftmorde vom Altertum bis zum Mittelalter.* Weltbild Verlag, Augsburg 2001.

Karger-Decker, Bernt: *Gifte, Hexensalben, Liebestränke.* Patmos Verlag, Mannheim 2002.

Keller, Ulrike (Hg.): *Reisende in Ägypten (2200 v. Chr. - 2000 n. Chr.): Ein kulturhistorisches Lesebuch.* Promedia, Wien 2001.

Keudell von, Theodor: *Ayurveda. Das Wissen vom Leben.* Pabel-Moewig Verlag, Rastatt 1997.

Killermann, S.: Der Alraun (Mandragora). Eine natur- und kultur-historische Studie. In: Naturwissenschaftliche Wochenschrift, NF 16, 1917, S. 137–144. Online im Internet: URL: https://www.biodiversity-library.org/item/17767#page/149/mode/1up Abrufdatum 18.07.2021.

Körber-Grohne, Udelgard: *Nutzpflanzen in Deutschland von der Vorge-schichte bis heute.* Nikol Verlag, Hamburg 1995.

Körfers, Angela und Sun, Yutian: *Traditionelle Chinesische Medizin. Arzneidrogen und Therapie.* Wissenschaftliche Verlagsgesellschaft, Stuttgart 2009.

Kostow, Wladimir: *Ricin-Attentate sind keine Einzelfälle - ein Gift kehrt zurück.* Online im Internet: URL: https://web.de/magazine/wissen/ricin-attentate-einzelfaelle-gift-kehrt-17349390 Abrufdatum 16.07.2021.

Külb, Philipp Hedwig: *Cajus Plinius Secundus Naturgeschichte.* Stuttgart 1840–1877.

Küster, Hansjörg: *Wo der Pfeffer wächst. Ein Lexikon zur Kulturge-schichte der Gewürze.* Verlag C. H. Beck, München 1987.

Kramer, Heinrich: Der Hexenhammer. Malleus maleficarum. 3. revi-dierte Auflage. dtv Verlagsgesellschaft, München 2003 (kommentierte Neuübersetzung von Günter Jerouschek und Wolfgang Behringer).

Kronfeld, Ernst Moritz: *Zauberpflanzen und Amulette in der Volksmedizin*. Bohmeier Verlag, Leipzig 2010.

Latour, Alexandra: *Endocannabinoidsystem: Welche Rolle spielt Anandamid im Körper?* Leafly.de - Cannabis als Medizin. Online im Internet: https://www.leafly.de/ Abrufdatum 16.01.2022.

Lauber, Hans: *Macht und Magie heimischer Heilpflanzen: TDM Traditionelle Deutsche Medizin*. Kirchheim Verlag, Mainz 2010.

Lewin, Louis: *Die Gifte in der Weltgeschichte*. Parkland-Verlag, Köln 2000.

Ders: *Die Pfeilgifte. Eine allgemeinverständliche Untersuchung historischer und ethnologischer Quellen*. Gerstenberg Verlag, Hildesheim 1984.

Ders: *Phantastica. Die betäubenden und erregenden Genussmittel*. Voltmedia Verlag, Paderborn 2005.

Lohs, K. und Martinetz, D.: *Gift. Magie und Realität. Nutzen und Verderben*. Nikol Verlag, Hamburg 1986.

Lonitzer, Adam: *Kreuterbuch: Kunstliche Conterfeytung der Bäume, Stauden, Hecken, Kreuter, Getreyde, Gewürtze etc.* Konrad Kölbl Verlag, München 1962.

Ludwig, Otto: *Im Thüringer Kräutergarten*. Greifenverlag, Rudolstadt 1986.

Lutherbibel 2017: Online im Internet: URL: https://www.bibleserver.com/LUT/Matth%C3%A4us27 Abrufdatum 29.08.2021.

Luther, Martin: *D. Martin Luthers Werke*, Weimar 1883-1929. Weimarer Ausgabe – WA. Online im Internet: URL: http://www.lutherdansk.dk/WA/D.%20Martin%20Luthers%20Werke,%20Weimarer%20Ausgabe%20-%20WA.htm Abrufdatum 29.08.2021.

Ders: Luthers Hexenpredigten. Lesebuch zum Thema „Hexen" und „Zauberei" in Predigten, Vorlesungen, Tischreden. Zusammengestellt von Hartmut Hegeler und anderen. Online im Internet: URL: http://www.anton-praetorius.de/downloads/Lesebuch%20zu%20Predigten%20Martin%20Luther%20nach%20Jahren%20geordnet%2030.8.16.pdf Abrufdatum 29.08.2021.

Machiavelli, Niccolò: *Die Alraune: La Mandragola*. Wüllrich, Jürgen (Hrsg.). Books on Demand, Norderstedt 2010.

Malizia, Enrico: *Liebestrank und Zaubersalbe. Gesammelte Rezepturen aus alten Hexenbüchern*. Orbis Verlag, München 2002.

Mann, John: *Mord, Magie und Medizin*. TRIAS – Thieme Hippokrates Enke, Stuttgart 1995.

Marr, J.S., Calisher, C.H.: *Alexander the Great and West Nile Virus Encephalitis*. Emerg Infect Dis. 2003;9(12):1599-1603. Online im Internet: URL: https://doi.org/10.3201/eid0912.030288 Abrufdatum 02.08.2021.

Masters, Michael: *Ist Sucht eine Erfindung der Moderne? Zur Geschichte von Opium und Alkohol*. Online im Internet: URL: http://www.ahnen-sucher.de/ Abrufdatum 12.10.2021.

Mattioli, Pietro Andrea: Kreutterbuch deß hochgelehrten unnd weitberühmten Herrn D. Petri Andreae Matthioli. Camerarius, Joachim (Hrsg.) Franckfort am Mayn: Fischer, Peter: Dack, Heinrich (Erben), 1590. Online im Internet: URL: http://digital.ub.uni-duesseldorf.de/vester/content/titleinfo/4025416 Abrufdatum 02.08.2021.

Ders.: *New Kreutterbuch mit den allerschönsten und artlichsten Figuren aller Gewechsz, dergleichen vormals in keiner Sprach nie an Tag kommen*. Übers. v. Georg Handsch. Melantrich von Auentin und Valgriß, Prag 1563. Online im Internet: URL: https://www.digitale-sammlungen.de/de/view/bsb10149845?page=2,3 Abrufdatum 02.08.2021.

Mayor, Adrienne: *Pontisches Gift: Die Legende von Mithridates, Roms größtem Feind*. wbg Theiss, Darmstadt 2011.

McClam, Erin: *Man Who Mailed Ricin Letters Gets 25 Years in Prison.*
NBC News, 05. 19. 2014. Online im Internet: URL:
https://www.nbcnews.com/news/us-news/man-who-mailed-ricin-letters-gets-25-years-prison-n109196 Abrufdatum 02.08.2021.

McLaughlin, Eliott C.: *Texas actress who sent Obama ricin sentenced to 18 years.* CNN, July 16, 2014. Online im Internet: URL: https://edition.cnn.com/2014/07/16/justice/texas-ricin-actress-sentenced/index.html Abrufdatum 02.08.2021.

Mebs, Dietrich und Schäfer, Christoph: *Kleopatra und der Kobrabiß – das Ende eines Mythos?* Klio, vol. 90, no. 2, 2008, pp. 347-359.
https://doi.org/10.1524/klio.2008.0015 Abrufdatum 02.08.2021.

Michaelis, Christian Friedrich (Übers.): *Wilhelm Witherings Abhandlung vom roten Fingerhut und dessen Anwendung in der praktischen Heilkunde vorzüglich bei der Wassersucht und einigen anderen Krankheiten.* J. G. Müller, Leipzig 1786. Online im Internet: URL: https://www.digitale-sammlungen.de/de/view/bsb10289204?page=1 Abrufdatum 09.08 2021.

Micheletti, Silvia: *Exotic Poisons and Resurrected Donkeys: Charles Waterton and Physiological Experiments with Curare in Early Nineteenth-Century England.* Pharmaceutical Historian, Volume 47/3, 2017.

Miller, Richard Alan: *The Magical and Ritual Use of Herbs.* Destiny Books, Rochester, VT 1983.

Morchner, Tobias: *40-Jähriger in Hannover mit Spritze verletzt.* Hannoversche Allgemeine, 17.02.20112011. Online im Internet: URL:
https://www.haz.de/Hannover/Aus-den-Stadtteilen/West/40-Jaehriger-in-Hannover-mit-Spritze-verletzt Abrufdatum 01.08 2021.

Müller, Katharina: *Meskalin – Mystik aus Kaktusspitzen.* Spektrum der Wissenschaft. Heidelberg, Januar 2019. Online im Internet: URL:
https://www.spektrum.de/wissen/meskalin-mystik-aus-kaktusspitzen/1604544 Abrufdatum 16.11.2021.

Dies: *DMT – Das stärkste Psychedelikum der Welt*. Spektrum der Wissenschaft. Heidelberg, Januar 2019. Online im Internet: URL: https://www.spektrum.de/wissen/dmt-das-staerkste-halluzinogen-der-welt/1604558 Abrufdatum 16.11.2021.

Müller, Ulf und Zöllner, Michael (Hrsg.): *Der Haschisch-Club. Ein literarischer Drogentrip*. Tropen Verlag, Berlin 2002.

Naß, Jens: *Qualitative Risikobewertung zu Gefahrguttransporten von Chlor auf den Verkehrsträgern Straße und Schiene in Deutschland unter dem Aspekt eines möglichen Terroranschlages*. Tectum Wissenschaftsverlag, Baden-Baden 2016.

Nitz, Dido: *Kräuterzauber: Ein ABC der Heil- und Zauberpflanzen*. arsEdition, München 2012.

Novalis: *Hymnen an die Nacht*. Online im Internet: URL: http://archiv-swv.de/pdf-bank/Novalis%20-%20Hymnen%20an%20die%20Nacht.pdf Abrufdatum 21.10. 2021.

Ovid (Publius Ovidius Naso): *Metamorphosen – Verwandlungen*. Übersetzung nach R. Suchier bearbeitet von E.Gottwein. Online im Internet: URL: https://www.gottwein.de/Lat/ov/met07de.php#Iason Abrufdatum 01.08 2021.

Ders.: *Ars amatoria - Lehrbuch der Liebe*. Übersetzt von Heinrich Lindemann. Online im Internet: URL: https://www.projekt-gutenberg.org/ovid/arsamato/arsamato.html Abrufdatum 05.08 2021.

Papyros Ebers. *Das älteste Buch über Heilkunde*. Aus dem Ägyptischen von Dr. med. H. Joachim. Berlin 1800.

Paracelsus: *Septem Defensiones* 1538. Werke, besorgt von Will-Erich Peuckert, Bd. 2, Darmstadt 1965. Entstanden 1538. Erstdruck in lateinischer Übersetzung: Argentorati (Mylius) 1566. Erste deutsche Ausgabe: Basel (Perna) 1574. Online im Internet: URL: http://www.zeno.org/Philosophie/M/Paracelsus Abrufdatum 09.10. 2021.

Petronius Arbiter: *Satyricon: Ein römischer Schelmenroman*. Übersetzt von Harry C Schnur. Reclam, Stuttgart 1986.

Platon: *Sämtliche Werke*. Band 1, Berlin, 1940. Online im Internet: URL: http://www.zeno.org/nid/20009262547 Abrufdatum 09.08 2021.

Plinius Secundus, Cajus: *Die Naturgeschichte des Cajus Plinius Secundus*. Ins Deutsche übersetzt und mit Anmerkungen versehen von Wittstein, Georg Christian, 1810-1887. Online im Internet: URL: https://archive.org/details/dienatuge-schicht03plin/page/n1/mode/2up Abrufdatum 29.07.2021

Ders.: *Naturgeschichte*. Übersetzt von Johann Daniel Denso. 2 Bde., Rostock und Greifswald 1764–1765. Online im Internet: URL: https://www.e-rara.ch/zuz/content/zoom/11337106 Abrufdatum 01.08.2021.

Plotkin, Mark J.: *Der Schatz der Wayana. Abenteuer bei den Schamanen im Amazonas-Regenwald*. Scherz Verlag, München 1994.

Plutarch: *Biographien des Plutarchs mit Anmerkungen*. Von Gottlob Benedict von Schirach. 8 Bände (‚Teile'). George Jacob Decker, Berlin und Leipzig 1777–1780. Online im Internet: URL: https://archive.org/details/biographien06plut/page/n7/mode/2up Abrufdatum 01.08 2021.

Ders.: *Plutarchi vitae parallelae*. Band 2 Fas. 2, Hrsg. Konrat Ziegler, Hans Gärtner, B.G. Teubner, Stuttgart 1994.

Poelchen, Wolfgang und Wirkner, Kerstin: *Ein potenzieller biologischer Kampfstoff*. Pharmazeutische Zeitung, 06. 2003. Online im Internet: URL: https://www.pharmazeutische-zeitung.de/inhalt-06-2003/pharm3-06-2003/ Abrufdatum 01.08 2021.

Prenter, Angelika: *Bewusstseinsverändernde Pflanzen von A–Z*. 2009 Springer Verlag, Berlin 2010. Online im Internet: URL: https://docplayer.org/69251222-Springerwiennewyork.html Abrufdatum 18.11.2021.

Rätsch, Christian: *Lexikon der Zauberpflanzen aus ethnologischer Sicht.* VAM-Verlag, Wiesbaden 1988.

Ders.: *Von den Wurzeln der Kultur. Die Pflanzen der Propheten.* Verlag Sphinx, Basel 1991.

Ders.: *Enzyklopädie der psychoaktiven Pflanzen: Botanik, Ethnopharmakologie und Anwendung.* AT Verlag, Aarau 2018.

Ders.: *Indianische Heilkräuter - Tradition und Anwendung: Ein Pflanzenlexikon.* Eugen Diederichs Verlag, München 1987.

Rätsch, Christian; Müller-Ebeling, Claudia und Storl, Wolf-Dieter: *Hexenmedizin: Die Wiederentdeckung einer verbotenen Heilkunst - schamanische Tradition in Europa. Hexenmedizin und Hexenbilder in Geschichte und Gegenwart.* AT Verlag, Aarau 2011.

Raleigh, Walter: *The Discovery of Guiana.* Online im Internet: https://archive.org/details/discoveryofguian00ralei-ala/mode/2up?view=theater Abrufdatum 01.08 2021.

Reinbothe, Horst und Wasternack, Claus: *Mensch und Pflanze.* Quelle & Meyer, Heidelberg 1986

Riess, Curt: *Das war ein Leben! Erinnerungen.* Langen-Müller, München-Wien 1986.

Roth, Lutz; Daunderer, Max und Kormann, Kurt: *Giftpflanzen. Pflanzengifte: Giftpflanzen von A - Z.* Nikol Verlag, Hamburg 2006.

Rowlings, Joanne K.: *Harry Potter und die Kammer des Schreckens.* Carlsen Verlag, Hamburg 1999.

Rufus, Quintus Curtius: Historiae Alexandri Magni / Geschichte Alexanders des Großen. Lateinisch und deutsch. Übers.: Olef-Krafft, Felicitas, Hrsg., Komm. und Nachw.: Olef-Krafft, Felicitas; Krafft, Peter. Reclam, Stuttgart 2014.

Ruiz De Alarcon, Hernando: Tratado de Las Supersticiones Y Costumbres Gentílicas Que Hoy Viven Entre Los Indios Naturales de Esta Nueva España. Online im Internet: URL:

http://www.cervantesvirtual.com/obra-visor/tratado-de-las-supersti-
ciones-y-costumbres-gentilicas-que-hoy-viven-entre-los-indios-natu-
rales-de-esta-nueva-espana--0/html/ Abrufdatum 18.11.2021.

Schep, Leo J.; Slaughter, Robin J.; Vale J. Allister; Wheatley, Pat: *Was the death of Alexander the Great due to poisoning? Was it Veratrum album?* Clinical Toxicology 52(1):72-77. 2014.

Scherf, Gertrud: *Zauberpflanzen - Hexenkräuter: Mythos und Magie heimischer Wild- und Kulturpflanzen.* BLV Verlag, München 2003.

Seher, Dietmar: *Ließ Roms starker Mann Kleopatra ermorden?* t-online, Ströer Digital Publishing GmbH. Köln, 2019. Online im Internet: URL: https://www.t-online.de/nachrichten/panorama/kriminali-
taet/id_86963490/herrscherin-der-antike-liess-roms-starker-mann-
kleopatra-ermorden-.html Abrufdatum 06.08.2021.

Schmid, Birgit: *Alle trinken plötzlich Ayahuasca. Die Sehnsucht nach einem achtsamen Leben hat die Drogen erreicht.* Neue Zürcher Zeitung, Zürich 30.09.2018. Online im Internet: URL: https://www.nzz.ch/ge-
sellschaft/ayahuasca-abheben-im-emmental-ld.1423565 Abrufdatum 06.11.2021.

Schmidbauer, Wolfgang; vom Scheidt, Jürgen, unter Mitarbeit von Schulenburg, Monika: *Handbuch der Rauschdrogen.* Nymphenburger Verlag, München 2003.

Schmitz, Julia: *Von Schamanen und Scharlatanen.* JÁDU – Das deutsch-tschechisch-slowakische Onlinemagazin des Goethe-Instituts. München 25. Feb. 2021. Online im Internet: URL: https://www.goethe.de/prj/jad/de/the/rau/22127311.html Abrufdatum 06.11.2021.

Schneebeli-Graf, Ruth: *Nutzpflanzen und Heilpflanzen.* Umschau Buchverlag, Frankfurt 1992.

Schönfelder, Peter und Schönfelder, Ingrid: *Der Kosmos Heilpflan-
zenführer.* Verlag Franck-Kosmos, Stuttgart 1988.

Schomburgk R.H.: *On the Urari, the arrow poison of the Indians of Guiana; with a description of the plant from which it is extracted.* Annals and Magazine of Natural History, 7, 407–427, 1841.

Schultes, Richard E.; Hofmann, Albert: *Pflanzen der Götter. Die magischen Kräfte der Rausch- und Giftgewächse. Mit Pflanzenlexikon und Bildatlas.* AT Verlag, Aarau 1997.

Schurz, Josef: *Vom Bilsenkraut zum LSD. Giftsuchten und Suchtgifte.* Verlag Franckh-Kosmos, Stuttgart 1969.

Schwarzenbach, Robin: *Mit Blauem Eisenhut wird seit der Antike gemordet – Geschichte einer todbringenden Pflanze.* Neue Zürcher Zeitung, 09.09.2020. Online im Internet: URL: https://www.nzz.ch/panorama/blauer-eisenhut-geschichte-einer-todbringenden-giftpflanze-ld.1574547 Abrufdatum 06.08.2021.

Seefelder, Matthias: *Opium: Eine Kulturgeschichte.* Nikol Verlag, Hamburg 1996.

Selin, Helaine (Hrsg.): *Encyclopaedia of the History of Science, Technology, and Medicine in Non-Western Cultures.* Springer Netherlands 2008.

Shakespeare, William: *Antonius und Cleopatra.* Online im Internet: URL: https://www.projekt-gutenberg.org/shakespr/antonius/antonius.html Abrufdatum 19.07.2021.

Ders.: *Hamlet, Prinz von Dänemark.* Online im Internet: URL: https://www.projekt-gutenberg.org/shakespr/hamlet-w/hamlet-w.html Abrufdatum 30.08.2021.

Ders.: *Macbeth.* Online im Internet: URL: http://www.zeno.org/Literatur/M/Shakespeare,+William/Trag%C3%B6dien/Macbeth Abrufdatum 10.08.2021.

Ders.: *Othello, der Mohr von Venedig.* Online im Internet: URL: http://www.zeno.org/Literatur/M/Shakespeare,+William/Trag%C3%B6dien/Othello Abrufdatum 18.07.2021.

Ders.: *Romeo und Julia*. Online im Internet: URL:
http://www.zeno.org/Literatur/M/Shakespeare,+William/Trag%C3%B6dien/Romeo+und+Julia Abrufdatum 18.07.2021.

Silberer, Elke. *Ärztin mordete mit Morphium*. Nordwest-Zeitung online. Online im Internet: URL: https://www.nwzonline.de/panorama/aerztin-mordete-mit-morphium_a_1,0,490348572.html Abrufdatum 19.07.2021.

Smith, W.D.A.: *Waterton and Wourali*. British Journal of Anaesthesia 55: 221-225, 1983.

Spindler, Konrad: *Der Mann im Eis*. Wilhelm Goldmann Verlag, München 1993.

Starck, Adolf Taylor: *Der Alraun. Ein Beitrag zur Pflanzensagenkunde*. [Diss. 1916] Baltimore. J.H. Furst Company. 1917

Stewart, Amy: *Gemeine Gewächse. Das A bis Z der Pflanzen, die morden, verstümmeln, berauschen und uns anderweitig ärgern*. Berlin Verlag, Berlin 2011.

Stolberg, Michael: *Medizingeschichte: Tödliche Menschenversuche im 16. Jahrhundert*. Dtsch Arztebl 2014; 111(47): A-2060 / B-1751 / C-1675. Online im Internet: URL: https://www.aerzteblatt.de/archiv/163779/Medizingeschichte-Toedliche-Menschenversuche-im-16-Jahrhundert#literatur Abrufdatum 18.07.2021.

Storl, Wolf-Dieter: *Heilkräuter und Zauberpflanzen zwischen Haustür und Gartentor*. AT Verlag, Aarau 1996.

Sueton: *Kaiserbiographien*. Deutsch von Prof. Dr. Adolf Stahr. Langenscheidtsche Verlagsbuchhandlung, Berlin-Schöneberg, 1913. Online im Internet: URL: https://www.projekt-gutenberg.org/sueton/kaiserbi/titlepage.html Abrufdatum 05.08.2021.

Ders.: *Kaiserbiographien*. Aus dem Lateinischen übersetzt und kommentiert von Ursula Blank-Sangmeister, Marion Giebel, Hans Martinet und Dietmar Schmitz. Herausgegeben und mit einem Nachwort versehen von Ursula Blank-Sangmeister. Reclam, Stuttgart 2018. Online im Internet: https://docplayer.org/118846204-Sueton-kaiserbiographien.html Abrufdatum 05.08.2021.

Tabernaemontanus, Jacobus Theodorus: *Neuw Vollkommentlich Kreuterbuch, Ausgabe von 1625*. Online im Internet: http://www.kraeuter.ch/ Abrufdatum 15.09.2021.

Tacitus: *Germania/Die Annalen*. Goldmann Verlag, München 1964.

Theophrastus. *Theophrast's Naturgeschichte der Gewächse*. Altona: bey Johann Friedrich Hammerich, 1822. 9. Buch, Kapitel 9. ETH-Bibliothek Zürich, Rar 26810. Online im Internet: URL: https://www.e-rara.ch/zut/content/structure/17919567 Abrufdatum 16.07.2021.

Thorwald, Jürgen: *Handbuch für Giftmörder*. Droemer Knaur, München 1994.

Veit, Georg: *Kaiser Claudius. Zwischen Macht und Lächerlichkeit*. Exempla/Consilia: Göttingen (Vandenhoeck&Ruprecht) 1995

Vermeulen, Nico: *Kräuter-Enzyklopädie*. Nebel Verlag, Eggolsheim 2004.

Wagner, Hildebert: *Rauschgift-Drogen*. Springer Verlag, Berlin 1969. Online im Internet: URL:
https://books.google.de/books?id=5xv0BgAAQBAJ&pg=PA102&lpg=PA102&dq=hernando+ruiz+de+alarc%C3%B3n+ololiuqui&source=bl&ots=1FR7OuMkRK&sig=ACfU3U2qJG8eAPO1Wzk-KUOdQU3AAmXFaZA&hl=de&sa=X&ved=2ahU-KEwii3OLm8Zn0AhWPiP0HHaUzCAsQ6AF6BAggEAM#v=onepage&q=hernando%20ruiz%20de%20alarc%C3%B3n%20ololiuqui&f=false Abrufdatum 18.11.2021.

Wawrzyn, Heidemarie: *Avicenna, der Prinz der Ärzte*. GRIN Verlag, München 2018. Page:: Imprint:: GRINVerlagOHG, https://www.hausarbeiten.de/document/441602 Abrufdatum 18.11.2021.

Wille, Timo; Thiermann, Horst und Reineke, Uli: *Vergiftung mit Nervenkampfstoff - Bundeswehr forscht.* Online im Internet: URL: https://www.bundeswehr.de/de/organisation/sanitaetsdienst/aktuelles-im-sanitaetsdienst/vergiftung-mit-nervenkampfstoff-bundeswehr-forscht--4911456 Abrufdatum 02.10.2021.

Wagner, Thomas: *Die Verwendung von berauschenden Substanzen seit dem Altertum im europäischen Kulturkreis: Eine Untersuchung der kulturellen Integration von Rauschmitteln.* Diplomarbeit 2001. Online im Internet: URL: https://books.google.de/books?id=oxa0BgAAQBAJ&pg=PP5&lpg=PP5&dq=Wagner,+Thomas:+Die+Verwendung&source=bl&ots=Rf3jTgR1Yu&sig=ACfU3U382q7Z9e-TpU8nzP4VK3K-Kp6lIQ&hl=de&sa=X&ved=2ahUKEwjB9eGC6cnzAhWTq6QKHWEzBv4Q6AF6BAgXEAM#v=onepage&q=Wagner%2C%20Thomas%3A%20Die%20Verwendung&f=false Abrufdatum 02.10.2021.

Winiarczyk, Marek: *Diagoras of Melos: A Contribution to the History of Ancient Atheism.* Verlag De Gruyter, Berlin 2016.

Winter, Astrid: *Heilpflanzen der Bibel.* Windpferd, Aitrang 1998.

Witherings, William: *An account of the foxglove, and some of its medical uses:with practical remarks on dropsy, and other diseases.* Birmingham, 1785. Online im Internet: URL: https://archive.org/details/b21517356/page/n5/mode/2up Abrufdatum 16.07.2021.

Ziegler, Konrat (Hrsg.): *Plutarch: Große Griechen und Römer.* Artemis, Zürich 1954.

Zohary, Michael: *Pflanzen der Bibel.* Calwer Verlag, Stuttgart 1986.

ANMERKUNGEN

[1] 1. Mose 1,29. Lutherbibel. Online im Internet: URL:
https://www.bibleserver.com/LUT/1.Mose30%2C15 Abrufdatum
26.07.2021.

[2] Paracelsus: *Die dritte Defension wegen des Schreibens der neuen Rezepte.* In:
Septem Defensiones 1538. Werke, besorgt von Will-Erich Peuckert, Bd. 2,
Darmstadt 1965, S. 510. Online im Internet: URL:
http://www.zeno.org/Philosophie/M/Paracelsus/Septem+Defensiones/Di
e+dritte+Defension+wegen+des+Schreibens+der+neuen+Rezepte
Abrufdatum 09.08.2021.

[3] Zitiert nach: Budka, Julia: *Heilkunst und Zauberei - Medizin im Alten Ägypten.*
Kemet 9, Nr. 4, 2000, S. 13–19. Online im Internet: URL:
http://archiv.ub.uni-
heidelberg.de/propylaeumdok/3416/1/Budka_Heilkunst_und_Zauberei_
2000.pdf Abrufdatum 21.12.2021.

[4] Zitiert nach: Lewin, Louis: *Die Gifte in der Weltgeschichte.* Parkland-Verlag,
Köln 2000, Seite 1.

[5] Casanova, Giacomo: *Erinnerungen.* Fünftes Kapitel. Online im Internet:
URL: https://www.projekt-gutenberg.org/casanova/band01/chap05.html
Abrufdatum 09.01.2022.

[6] Sueton: *Kaiserbiographien.* Deutsch von Prof. Dr. Adolf Stahr.
Langenscheidtsche Verlagsbuchhandlung, Berlin-Schöneberg, 1913.

[7] Tacitus: *Germania/Die Annalen.* Goldmann Wilhelm GmbH, 1964. Seite 209-
210.

[8] Juvenal: *Die Satiren Des Decimus Junius Juvenalis in einer erklärenden
Übersetzung.* Decker, Berlin, Leipzig, 1777. Online im Internet: URL:
https://digital.slub-dresden.de/werkansicht/dlf/69231/10 Abrufdatum
18.07.2021.

[9] Ovid (Publius Ovidius Naso): *Metamorphosen – Verwandlungen.*
Übersetzung nach R. Suchier bearbeitet von E.Gottwein. Online im
Internet: URL: https://www.gottwein.de/Lat/ov/met07de.php#Iason
Abrufdatum 01.08 2021.

[10] Tacitus: *Germania/Die Annalen.* Goldmann Wilhelm GmbH, 1964. Seite 215.

[11] Ebd. Seite 216.

[12] Ebd. Seite 216.

[13] Ebd. Seite 216.

[14] Zitiert nach: Keller, Ulrike (Hrsg.). *Reisende in Ägypten (2200 v. Chr. - 2000 n. Chr.): Ein kulturhistorisches Lesebuch.* Promedia, Wien 2001.

[15] Zitiert nach: Seher, Dietmar: *Ließ Roms starker Mann Kleopatra ermorden?* t-online, Ströer Digital Publishing GmbH. Köln, 2019. Online im Internet: URL: https://www.t-online.de/nachrichten/panorama/kriminalitaet/id_86963490/herrscherin-der-antike-liess-roms-starker-mann-kleopatra-ermorden-.html Abrufdatum 06.08.2021.

[16] Platon: *Sämtliche Werke.* Band 1, Berlin, 1940. Online im Internet: URL: http://www.zeno.org/nid/20009262547 Abrufdatum 09.08 2021.

[17] Zitiert nach: Haerkötter, Gerd und Marlene: *Giftpflanzen. Beschreibung, Wirkung, Geschichten.* Anaconda Verlag, München 2019, Seite 240.

[18] Bock, Hieronymus: *Kreütterbuch.* Digitalisierte Ausgabe von 1595. Online im Internet: URL: http://digital.ub.uni-duesseldorf.de/ihd/content/titleinfo/4290555 Abrufdatum 16.07.2021.

[19] Shakespeare, William: *Macbeth.* 4. Aufzug 1. Szene. Online im Internet: URL: http://www.zeno.org/Literatur/M/Shakespeare,+William/Trag%C3%B6dien/Macbeth/Vierter+Aufzug/Erste+Szene Abrufdatum 10.08.2021.

[20] Zitiert nach: Dauncey, Elizabeth und Larsson, Sonny: *Killerpflanzen. Tödliche Verteidigungsstrategien der Pflanzenwelt.* Verlag Franckh-Kosmos, Stuttgart 2018. Seite 118.

[21] Heinrich Heine: *Romanzero.* Online im Internet: URL: http://www.zeno.org/Literatur/M/Heine,+Heinrich/Gedichte/Romanzero/Zweites+Buch.+Lamentationen/Waldeinsamkeit Abrufdatum 15.07.2021.

[22] 1. Mose 30,15. Lutherbibel. Online im Internet: URL: https://www.bibleserver.com/LUT/1.Mose30%2C15 Abrufdatum 16.07.2021.

[23] 1. Mose 30,16. Lutherbibel. Online im Internet: URL: https://www.bibleserver.com/LUT/1.Mose30%2C15 Abrufdatum 16.07.2021.

[24] Hoheslied 7,14. Lutherbibel. Online im Internet: URL: https://www.bibleserver.com/LUT/1.Mose30%2C15 Abrufdatum 16.07.2021.

[25] Zitiert nach: Killermann, S.: Der Alraun (Mandragora). Eine natur- und kulturhistorische Studie. In: Naturwissenschaftliche Wochenschrift, NF 16, 1917, S. 137–144. Online im Internet: URL: https://www.biodiversitylibrary.org/item/17767#page/149/mode/1up Abrufdatum 18.07.2021.

[26] Aksakov, Aleksandr N. [Begr.]: *Psychische Studien: monatliche Zeitschrift vorzüglich der Untersuchung der wenig gekannten Phänomene des Seelenlebens.* Leipzig, 1874-1925. 3. Jahrgang, April 1876, Seite: 179 ff. Online im Internet: URL: http://dl.ub.uni-freiburg.de/diglit/psychische_studien1876/0186?sid=04fcf51cdad47b2ed1193904a5c3bba0 Abrufdatum 16.07.2021.

[27] Zitiert nach: Killermann, S.: Der Alraun (Mandragora). Eine natur- und kulturhistorische Studie. In: Naturwissenschaftliche Wochenschrift, NF 16, 1917, S. 137–144. Online im Internet: URL: https://www.biodiversitylibrary.org/item/17767#page/149/mode/1up Abrufdatum 18.07.2021.

[28] Zitiert nach: Haerkötter, Gerd und Marlene: *Hexenfurz und Teufelsdreck.* Anaconda Verlag. München 2020.

[29] Mattioli PA: Kreutterbuch deß hochgelehrten unnd weitberühmten Herrn D. Petri Andreae Matthioli. Nachdruck der Ausgabe Frankfurt 1590. Online im Internet: URL: http://digital.ub.uni-duesseldorf.de/vester/content/titleinfo/4025416 Abrufdatum 16.07.2021.

[30] Shakespeare, William: Othello, der Mohr von Venedig. 3. Aufzug 3. Szene. Online im Internet: URL: http://www.zeno.org/Literatur/M/Shakespeare,+William/Trag%C3%B6dien/Othello/Dritter+Aufzug/Dritte+Szene Abrufdatum 18.07.2021.

[31] Shakespeare, William: *Romeo und Julia.* 4 Aufzug, 3. Szene. Online im Internet: URL: http://www.zeno.org/Literatur/M/Shakespeare,+William/Trag%C3%B6dien/Romeo+und+Julia/Vierter+Aufzug/Dritte+Szene Abrufdatum 18.07.2021.

[32] Shakespeare, William: *Antonius und Cleopatra.* 1. Aufzug 5. Szene. Online im Internet: URL: https://www.projekt-gutenberg.org/shakespr/antonius/anton15.html Abrufdatum 19.07.2021.

[33] Goethe, Johann Wolfgang von: *Faust. Der Tragödie zweiter Teil.* 1 Akt, Kaiserliche Pfalz. Online im Internet: URL: http://www.zeno.org/Literatur/M/Goethe,+Johann+Wolfgang/Dramen/Faust.+Eine+Trag%C3%B6die/Faust.+Der+Trag%C3%B6die+zweiter+Teil/1.+Akt/Kaiserliche+Pfalz Abrufdatum 19.07.2021.

[34] Heine, Heinrich: *Die romantische Schule.* 3. Buch. Online im Internet: URL: https://www.projekt-gutenberg.org/heine/romschul/chap005.html Abrufdatum 22.07.2021.

[35] Herodot von Halikarnass: *Die Geschichten des Herodotos*. Übersetzt von Friedrich Lange. Neu herausgegeben von Dr. Otto Güthling. Reclam, Leipzig 1885. Online im Internet: URL: http://www.gasl.org/refbib/Herodotos__Geschichten.pdf Abrufdatum 22.08.2021.

[36] Hexenpredigt von Martin Luther über 2. Mose 22 Vers 17 (Ex. 22,17 „Die Zauberinnen sollst du nicht am Leben lassen") im Frühjahr 1526, zwischen dem 11. März und 6. Mai 1526, mitgeschrieben von Johannes Bugenhagen, Luthers engster Mitarbeiter. Online im Internet: URL: http://www.anton-praetorius.de/downloads/Lesebuch%20zu%20Predigten%20Martin%20Luther%20nach%20Jahren%20geordnet%2030.8.16.pdf Abrufdatum 28.08.2021.

[37] Aurifaber, Johannes: Tischreden, Gaubisch, Eisleben 1566, S.307b. Online im Internet: URL: http://www.anton-praetorius.de/downloads/Lesebuch%20zu%20Predigten%20Martin%20Luther%20nach%20Jahren%20geordnet%2030.8.16.pdf Abrufdatum 28.08.2021.

[38] Malizia, Enrico: *Liebestrank und Zaubersalbe*. Orbis Verlag, München 2002.

[39] Zitiert nach: Malizia, Enrico: *Liebestrank und Zaubersalbe. Gesammelte Rezepturen aus alten Hexenbüchern*. Orbis Verlag, München, 2002, Seite 145.

[40] Goethe, Johann Wolfgang von: *Faust. Der Tragödie erster Teil*. Walpurgisnacht. Online im Internet: URL: https://www.hs-augsburg.de/~harsch/germanica/Chronologie/18Jh/Goethe/goe_f121.html Abrufdatum 22.08.2021.

[41] Shakespeare, William: *Hamlet, Prinz von Dänemark*. 1. Akt, 5. Szene. Online im Internet: URL: https://www.projekt-gutenberg.org/shakespr/hamlets/chap01.html Abrufdatum 30.08.2021.

[42] Grimmelshausen, H. J. Christoffel, von: *Der abenteuerliche Simplicissimus*. (Ausgabe 1956). Das erste Buch, 32. Kapitel. Online im Internet: URL: http://www.zeno.org/Literatur/M/Grimmelshausen,+Hans+Jakob+Christoffel+von/Romane/Der+abenteuerliche+Simplicissimus+(Ausgabe+1956)/Das+erste+Buch/32.+Kapitel Abrufdatum 30.08.2021.

[43] Shakespeare, William: *Macbeth*. Online im Internet: URL: http://www.zeno.org/Literatur/M/Shakespeare,+William/Trag%C3%B6dien/Macbeth/Vierter+Aufzug/Erste+Szene Abrufdatum 30.08.2021.

[44] Zitiert nach: Haerkötter, Gerd und Marlene: *Giftpflanzen. Beschreibung, Wirkung, Geschichten*. Anaconda Verlag. München 2019, S. 284.

[45] Mattioli, Pietro Andrea: *New Kreutterbuch mit den allerschönsten und artlichsten Figuren aller Gewechsz, dergleichen vormals in keiner Sprach nie an Tag kommen.* Übers. v. Georg Handsch. Melantrich von Auentin und Valgriß, Prag 1563. Online im Internet: URL: https://www.digitale-sammlungen.de/de/view/bsb10149845?page=2,3 Abrufdatum 02.08.2021.

[46] Dioskurides, Pedanios: *De materia medica.* Übersetzung von Julius Berendes, 1902. Online im Internet: URL: https://docplayer.org/18493245-Dioskurides-de-materia-medica.html Abrufdatum 15.07.2021.

[47] Fuchs, Leonhart: *Das Kräuterbuch von 1543.* Online im Internet: http://waimann.de/capitel/236.html Abrufdatum 15.09.2021.

[48] Zitiert nach Sandgrub: Jacobus Theodorus Tabernaemontanus Neuw Vollkommentlich Kreuterbuch, Ausgabe von 1625. Online im Internet: URL: http://www.kraeuter.ch/ Abrufdatum 15.09.2021.

[49] Zitiert nach Schultes, Richard E. und Hofmann, Albert: *Pflanzen der Götter. Die magischen Kräfte der Rausch- und Giftgewächse. Mit Pflanzenlexikon und Bildatlas.* AT Verlag, Aarau 1997, Seite 129.

[50] Ebd. Seite 129.

[51] Zitiert nach Kronfeld, Ernst Moritz: *Zauberpflanzen und Amulette in der Volksmedizin.* Bohmeier Verlag, Leipzig 2010, Seite 28.

[52] Benn Gottfried: Gedichte. Reclams Universal-Bibliothek Nr. 8480. Stuttgart 2006. S. 24/25.

[53] Homer: *Odyssee.* Vierter Gesang, S. 220-229 (Übers. J.H. Voß) Online im Internet: URL: https://www.projekt-gutenberg.org/homer/odyss21/chap004.html Abrufdatum 14.10. 2021.

[54] Lutherbibel 2017. Online im Internet: URL: https://www.bibleserver.com/LUT/Matth%C3%A4us27 Abrufdatum 09.10. 2021.

[55] Zitiert nach: Immer, Nicolas: Literaturgeschichte als Provokation. Online im Internet: URL: http://www.nikolasimmer.de/ImmerN_A2011a.pdf Abrufdatum 18.10.2021.

[56] Novalis: Hymnen an die Nacht. Seite 2. Online im Internet: URL: http://archiv-swv.de/pdf-bank/Novalis%20-%20Hymnen%20an%20die%20Nacht.pdf Abrufdatum 21.10. 2021.

[57] Zitiert nach: Müller, Ulf; Zöllner, Michael (Hrsg.): Der Haschisch-Club. Ein literarischer Drogentrip. Tropen Verlag, Berlin 2002, Seite 23.

[58] Zitiert nach: Schmidbauer, Wolfgang; vom Scheidt, Jürgen, unter Mitarbeit von Schulenburg, Monika: Handbuch der Rauschdrogen. Nymphenburger Verlag, München 2003, Seite 187.

[59] Zitiert nach: Daiber, Jürgen: Therapeutisches Scheitern. Freud, das Kokain und die Literatur. Hofmannsthal Jahrbuch zur Europäischen Moderne, 2020, S. 267 Online im Internet: URL: https://www.researchgate.net/publication/346275731_Therapeutisches_S cheitern_Freud_das_Kokain_und_die_Literatur Abrufdatum 02.11.2021.

[60] Freud, Sigmund: Über Coca. Neu durchgesehener und vermehrter Separat-Abdruck aus dem Centralblatt für die gesamte Therapie 1884. Verlag von Moritz Perles. Wien 1885, S. 13. Online im Internet: URL: https://archive.org/details/Freud_1885_Coca/page/n1/mode/2up?q=Hung er Abrufdatum 05.11.2021.

[61] Zitiert nach: Daiber, Jürgen: Therapeutisches Scheitern Freud, das Kokain und die Literatur. Hofmannsthal Jahrbuch zur Europäischen Moderne, 2020, S. 269 Online im Internet: URL: https://www.researchgate.net/publication/346275731_Therapeutisches_S cheitern_Freud_das_Kokain_und_die_Literatur Abrufdatum 02.11.2021.

[62] Ebd. S. 269 Online im Internet: URL: https://www.researchgate.net/publication/346275731_Therapeutisches_S cheitern_Freud_das_Kokain_und_die_Literatur Abrufdatum 02.11.2021.

[63] Zitiert nach: Mann, John: Mord, Magie und Medizin, S. 109. TRIAS – Thieme Hippokrates Enke, Stuttgart 1995.

[64] Zitiert nach Schultes, Richard E. und Hofmann, Albert: Pflanzen der Götter. Die magischen Kräfte der Rausch- und Giftgewächse. Mit Pflanzenlexikon und Bildatlas. AT Verlag, Aarau 1997, Seite 134.

[65] Zitiert nach Schmidbauer, Wolfgang, von Scheidt, Jürgen: Handbuch der Rauschdrogen. München 2003, S. 254.

[66] Zitiert nach Schultes, Richard E. und Hofmann, Albert: Pflanzen der Götter. Die magischen Kräfte der Rausch- und Giftgewächse. Mit Pflanzenlexikon und Bildatlas. AT Verlag, Aarau 1997, Seite 134.

[67] Zitiert nach: Mann, John: Mord, Magie und Medizin, S. 67. TRIAS – Thieme Hippokrates Enke, Stuttgart 1995.

[68] Zitiert nach: Wagner, Hildebert: Rauschgift-Drogen. Springer-Verlag, Berlin, Heidelberg, New York 1969, S. 102. Online im Internet: URL: https://books.google.de/books?id=5xv0BgAAQBAJ&pg=PA102&lpg=PA1 02&dq=hernando+ruiz+de+alarc%C3%B3n+ololiuqui&source=bl&ots=1F R7OuMkRK&sig=ACfU3U2qJG8eAPO1WzkKUOdQU3AAmXFaZA&hl =de&sa=X&ved=2ahUKEwii3OLm8Zn0AhWPiP0HHaUzCAsQ6AF6BAg gEAM#v=onepage&q=hernando%20ruiz%20de%20alarc%C3%B3n%20ol oliuqui&f=false Abrufdatum 18.11.2021.

[69] Albert Hofmann: LSD–mein Sorgenkind. dtv Verlag, München 1993, Seite 29-32 .

[70] Plotkin, Mark J.: Der Schatz der Wayana. Abenteuer bei den Schamanen im Amazonas-Regenwald. Scherz Verlag, Bern, München, Wien 1994, Seite 211-212.

[71] Zitiert nach: Mann, John: Mord, Magie und Medizin. TRIAS – Thieme Hippokrates Enke, Stuttgart 1995, Seite 113-114.

[72] Zitiert nach: Müller, Katharina: DMT – Das stärkste Psychedelikum der Welt. Spektrum der Wissenschaft. Heidelberg, Januar 2019. Online im Internet: URL: https://www.spektrum.de/wissen/dmt-das-staerkste-halluzinogen-der-welt/1604558 Abrufdatum 16.11.2021.

[73] Zitiert nach Schultes, Richard E. und Hofmann, Albert: Pflanzen der Götter. Die magischen Kräfte der Rausch- und Giftgewächse. Mit Pflanzenlexikon und Bildatlas. AT Verlag, Aarau 1997, Seite 119.

[74] Zitiert nach Schmidbauer, Wolfgang, von Scheidt, Jürgen: Handbuch der Rauschdrogen. München 2003, S. 161.